高薪城市

THE NEW GEOGRAPHY OF JOBS

Enrico Moretti

[美]
恩里克·莫雷迪
——著
邢春冰 等
——译

决定收入的因素
不是简历，
而是你住哪儿

文化发展出版社
Cultural Development Press

图书在版编目 (CIP) 数据

高薪城市 /（美）恩里克 · 莫雷迪（Enrico Moretti）著；邢春冰等译 . —北京：文化发展出版社，2021.5
ISBN 978-7-5142-3382-7

Ⅰ . ①高… Ⅱ . ①恩… ②邢… Ⅲ . ①就业 – 经济地理学 – 研究 Ⅳ . ① C913.2 ② F119.9

中国版本图书馆 CIP 数据核字（2021）第 063360 号

著作权合同登记号 图字：01-2020-3898

高薪城市

作者：[美] 恩里克 · 莫雷迪　　邢春冰等译

责任编辑：侯　铮
产品经理：夜　莺
出版发行：文化发展出版社有限公司（北京市翠微路 2 号 邮编：100036）
网　　址：www.wenhuafazhan.com
经　　销：各地新华书店
印　　刷：三河市冀华印务有限公司

开　　本：700mm × 980mm　1/16
字　　数：200 千字
印　　张：16.5
版　　次：2021 年 8 月第 1 版
印　　次：2021 年 8 月第 1 次印刷
I S B N：978-7-5142-3382-7
定　　价：55.00 元

如发现图书质量问题，可联系调换。质量投诉电话：010-82069336

译者序

本书的作者恩里克·莫雷迪（Enrico Moretti）是美国加州大学伯克利分校的经济学教授，这本书写于他在斯坦福大学休学术假期间。作者在致谢中说，相对于写技术性的学术论文，现今的经济学家们没有很大的动力去写书。在中国，也基本如此。写书尚且如此，就更不要说去翻译别人的著作了。但是，当磨铁的沈老师联系我翻译此书时，我还是欣然接受了这个任务。此前，我已经读过此书的英文版，深感这本书不仅对于我们认识美国的社会经济，而且对于思考中国当前的很多社会经济问题，乃至中美关系都极有价值。因此，我希望更多的中国读者能读到它。

本书论述的内容涉及结构转型、产业发展、收入差距、教育、移民、房价等各个方面，无一不是关系到国家和地区的繁荣及家庭与个人生活福祉的重要问题。但是，与那些抓眼球的新闻报道不同的是，作者通过这本书引领我们去探究这些问题背后更为重要的长期趋势与深层次的原因。

从书名可以看出，这是一本从区位和空间视角来探讨劳动力市场和工作机会的书。这个领域的研究之所以重要且引人入胜，首先，是因为工作及工作地点的选择对于每个人都是十分重要的决策；其次，地理位置和空间距离在过去数十年中变得愈加重要了，而这，正是本书的核心内容。

对于不同教育水平的劳动者而言，美国自 20 世纪 80 年代以来，不仅大学毕业生与高中毕业生之间的工资差距显著上升了，而且大学和高中毕业生的地理分布也日渐分化：那些历史上大学生较多的地区吸引着越来越多的高学历劳动力，而那些低教育水平的地区则越来越以高中毕业生为主。很显然，不同教育（收入）水平的劳动力之间收入差距的扩大及其在地理上的“大分化”会对一国的经济产生非常深远的影响，房价的差别只是其中之一。

工作在地理分布上的分化为什么发生以及是如何发生的呢？其直接原因是传统制造业的衰落和创新产业的兴起，更深层次的原因则是技术进步和全球化。作者生动地为我们展现了技术进步和全球化如何使美国的传统制造业和以制造业为主的地区逐渐衰落，以及创新产业如何焕发出勃勃生机。通过这些描述，我们可以了解生产率的提高、生产外包以及国际贸易如何使美国本土的制造业岗位减少，同时我们也知道了创新产业如何发展壮大并同时带动地区的就业增加。作者特别对创新部门的乘数效应进行了细致的分析——该部门的增长不光增加了本部门的就业，还带动了其他部门；尤其是创新部门的高收入带来了对本地服务的需求，创造了本地部门的就业。

创新离不开人力资本。为什么高教育水平的劳动力喜欢聚集在教育水平较高的城市呢？这主要是因为对于创新产业而言，面对面、近距离的沟通交流尤其重要。这不仅是因为碰撞出新的想法需要如此，企业的融资、运营和管理也同样如此。这就使得距离非但没有如一些人断言的那样“死去”，反而变得异常重要了。当然，使人们集聚的机制还有很多。比如，高学历的夫妻倾向于迁移到大城市，一个主要原因是大城市可以为高学历的夫妻双方提供就业机会。

那么，什么样的城市能够成为创新集聚地呢？对于那些落后和衰落的地区，如何使其具有吸引力呢？这就涉及一些城市之所以成功，而另一些城市不成功的“原始”原因。遗憾的是，很多看似合理的解释（如宜人的气候、临近大学）都不能成立；相对而言，历史和偶然的因素发挥了更大的作用。那么，如何改变呢？现有的一些尝试效果如何呢？很显然，这是极难回答的问题。由于集聚效应，依靠小规模、分散的力量很难达到理想的政策效果；通常需要一些“大推动（big push）”，才能“启动”一个地区的良性循环，带来持久的集聚效应。作者列举了一些成功的例子（如赋权区项目以及田纳西河谷管理局项目），但也指出成功是很难复制的。

作者最后指出，一个国家的发展取决于教育，而教育水平的提高无非是通过对教育的投资和吸收高教育水平的移民。无论是哪个方面，美国都需要改变其现状。

以上是对本书内容的简略总结。本书虽然是一本通俗读物，但书中呈现的内容体现了作者乃至学术界相关领域的最新研究成果。以往关于工作机会、收入以及收入差距的大量研究，通常忽略了地理因素；而将劳动力市场和地理因素结合起来考察则是近些年来学术研究的前沿领域。由于劳动力市场和地理因素的相互作用，其中涉及劳动力的消费选择、区域选择（迁移决策）、房地产市场等各个方面。对这个领域的问题进行分析，包括对一些区域性的政策进行评价一直是充满挑战的。而要在各种力量中抽丝剥茧、条分缕析地娓娓道来，就更非易事。莫雷迪在这个领域做了大量开创性的工作，因此，他来写这样一本书对读者来说是一件十分值得庆幸的事。

本书的分析对象是美国，因此是读者了解美国经济社会的绝佳读物之一。虽然作者说，这本书不关注那些即时性的新闻，但是书中的分析无疑对我们了解当下的美国及其内政外交都是极其重要的。此外，书中也随处可见中国的影子——作者在第一章的开篇就提到了中国。如今，中美的贸易摩擦已经成为影响两国乃至世界经济前景的重要因素。这本书虽然无法为中美贸易摩擦提供解决方案，但能够为试图了解其背景的人提供丰富的参考资料和理性的分析。

单就中国而言，本书的很多分析也颇具启发意义。在某些方面，全球化和技术进步在以惊人的类似方式影响着中国的社会经济。虽然中美两国的经济发展阶段不同、经济结构存在较大差异，但是生产率提高的规律、创新的规律以及集聚的力量是相似的。随着中国经济的转型升级，人口和产业的集聚也变得越来越重要、越来越明显。我们也有理由相信，工作地点的选择在中国会变得越来越重要。

因此我相信，通过阅读此书，读者们将能够更好地理解如下问题：为什么中国的大城市越来越大？人才为什么倾向于离开一些地区，流向另一些地区？大城市的房价为什么高？近年来为何各地上演“抢人大战”？……同时，本书的内容也有助于我们反思现有的政策，包括户籍制度、大城市控制人口增长的政策，以及一些区域发展政策。当然，莫雷迪对美国的分析并不能也不应该代替对中国的研究，书中的结论也不能被简单照搬来制定中国的政策。针对相关的问题，中国的学者仍需要结合中国的实际情况开展因地制宜的研究。

本书的译稿是集体劳动的结果。Lina 翻译了引言，孙妍和吴晋翻译了第一章，杨紫薇和翁淑虹翻译了第二章，李彦龙和杨紫薇负责第三章，吴姗姗和杨鹏翻译了第四章和第五章，董森负责第六章，吴晋负责第七章。最后，由我对全书做了审校。由于时间和水平有限，不当和错误在所难免，希望专家和读者不吝指正。

目录

Contents

Smart Labor: Microchips, Movies, and Multipliers

第二章

智能劳动：微芯片、电影和乘数效应

The Great Divergence

第三章

大分化

Forces of Attraction

第四章

吸引力

The Inequality of Mobility and Cost of Living

第五章

流动的不平等和生活成本

Poverty Traps and Sexy Cities

第六章

贫困陷阱与性感城市

The New "Human Capital Century"

第七章

新"人力资本世纪"

The New
Geography of Jobs

引言

Introduction

门洛帕克（Menlo Park）是硅谷中心一个活跃的社区，距斯坦福大学修剪整齐的校园和许多硅谷最具活力的高科技公司仅几分钟路程。在加利福尼亚州的一些最富有的街区的环绕下，它的街道两边排列着20世纪中叶的牧场式房屋、新建的小型豪宅以及低层公寓楼等各式建筑。1969年，大卫·布里德洛夫（David Breedlove）还是一位年轻的工程师，有一位漂亮的妻子和一栋位于门洛帕克的房子。当时他们正在期待着他们第一个孩子的降临。布里德洛夫喜欢他的工作，甚至拒绝了来自硅谷标志性的高科技巨头惠普（Hewlett-Packard）的工作机会。尽管如此，他还是考虑离开门洛帕克搬到一个叫维塞利亚（Visalia）的中型城镇。维塞利亚距门洛帕克约三小时车程，坐落在以农业为主的圣华金谷（San Joaquin Valley）的中心地带的一片干燥平原上。其居民区给人的感觉和许多南加州社区一样：宽阔的街道旁排列着单层式房屋，带灌木和棕榈树的草坪，个别后院还带有游泳池。它夏天炎热，七月的最高温度通常能达到34摄氏度，冬季则较冷。

大卫·布里德洛夫倾向于搬去污染较少、通勤时间更短、学校更安全的乡村社区。像当时许多城市地区一样，门洛帕克似乎没有朝着正确的方向前进。最后，布里德洛夫辞掉了他的工作，出售了在硅谷的房子，打包行李，举家搬到了维塞利亚。他不是唯一一个这样做的人。当时许多受过良好教育的专业人士也正在离开城市，搬到较小的社区，因为他们认为这些社区更适合养育家庭。然而事情并没有像他们预期的那样发展。

1969 年，门洛帕克和维塞利亚都混合居住着拥有不同收入水平的居民。维塞利亚是一个拥有大量体力劳动者的以农业占主导的社区，但也有相当数量的专业人士的中产阶级家庭。门洛帕克的人口主要是中产阶级，但也有大量的工人阶层和低收入家庭。这两座城市并不完全相同——门洛帕克典型居民的教育水平比维塞利亚典型居民的教育水平稍高，并且薪水也略高，但差异相对较小。20 世纪 60 年代后期，这两座城市的学校质量相当，犯罪率相似，尽管门洛帕克的暴力犯罪，尤其是严重袭击的发生率稍高一些。两地的自然环境都很有吸引力。门洛帕克更靠近太平洋海滩，维塞利亚则靠近内华达山脉（the Sierra Nevada）、红杉和国王峡谷国家公园（Sequoia and Kings Canyon National Parks）。

今天，这两个地方简直是天壤之别，但不是像大卫·布里德洛夫想象的那样。硅谷地区已发展成为世界上最重要的创新中心，就业机会比比皆是，其居民的平均薪水在美国是第二高的。这里的犯罪率很低，学区是全州最好的，空气质量也非常棒；整整一半的居民拥有大学文凭，许多人拥有博士学位，这使其成为全国教育水平排名第五的城市地区。门洛帕克一直吸引着大大小小的高科技企业，包括最近加入的脸书（Facebook）总部。

相比之下，维塞利亚受过大学教育的工人比例在全国排倒数第二，几乎没有居民拥有研究生学位，那里也是美国平均工资最低的地区之一。它是中央山谷（Central Valley）地区唯一一个没有四年制大学的主要城市。这里的犯罪率很高，学校根本无法应付大量的非英语语言学生，因此属于加州最差的学校。维塞利亚也一直是污染最为严重的美国城市之一，特别是在夏季，热浪、交通和农业机械排放的烟雾导致其臭氧水平在全美排名第三。

这两个社区不仅不同，而且每年都在变得越来越不同。在过去的30年里，硅谷一直像磁铁一样吸引着来自世界各地的好工作和技术人才。大学毕业生的比例增加了三分之二，涨幅在美国大都市区中排第二。相比之下，维塞利亚创造的高薪工作机会几乎没有，在30年里，拥有大学学位的当地工作人员的比例几乎没有提高，按照这一指标，该地区是在全美表现最差的地区之一。

对于像大卫·布里德洛夫这样一个有着坚实职业基础的高学历的专业人士，在1969年放弃门洛帕克而选择维塞利亚是一个完全合理的决定。这在今天几乎无法想象。虽然这两个城市仅仅相距200英里[1]，但它们好像处于两个完全不同的星球。

维塞利亚和门洛帕克之间的分化并非个案。它反映了一个全国范围内的更大的趋势。美国最新的经济地图显示出日益扩大的差距，它不仅表现在人与人之间，也表现在社区之间。少数拥有“正确”的产业和坚实的人力资本基础的城市持续吸引着优秀的雇主并提供着高工资。而在另一极，那些拥有“错误”的产业和有限的人力资本基础的城市则陷入了困境，只能提供没有前途的工作和很低的平均工资。这种分化——我将称它为大分化（the Great Divergence）——起源于20世纪80年代，从那时起，美国城市之间的差别越来越多地由其居民的受教育水平决定。拥有大量受过大学教育的工人的城市开始吸引更多的大学毕业生，而那些有着低教育水平劳动力的城市则开始失去阵地。尽管在1969年，维塞利亚确实有一小部分由专业人士组成的中产阶级，但它今天的居民，特别是最近搬到那里的居民，绝大多数是没有任何技术的。门洛帕克在1969年有许多低收入

1　1英里约为1.6千米。——译注

家庭，但今天它的大多数新居民有着大学或硕士学位以及中上流阶层的收入。在地理上，美国的劳动力越来越多地按照受教育程度分布在不同的地区。就在美国社区经历去除种族隔离的同时，它们在教育和收入方面的隔离却变得越来越明显。

当然，任何国家都存在社区居民的教育程度或高或低的情况。但今天，美国各社区之间的差异比过去一个世纪中任何时候都要大。教育水平的差异导致了劳动生产率进而是工资上同样大的差异。那些在顶层城市的工人要比底层城市的同类工人多赚 2 倍到 3 倍，而且差距还在不断增长。

技能工人比例高的城市能够提供高工资，这并不仅仅是因为它们有很多受过大学教育的居民，同时这些居民挣的工资也高。其背后的道理会很有趣也称不上令人吃惊，但它确实有着更深层次的原因。一个工人的受教育水平不仅影响他自己的工资水平，也影响着他周围的整个社区。许多受过大学教育的居民的存在深刻地改变着当地的经济。他们影响了可供选择的就业种类和包括低技能工人在内的每一个住在那里的工人的生产率。其结果便是，这不仅给技能工人，也给大多数工人带来了更高的工资水平。

我认为大分化是在过去的 30 年中发生在美国的最重要的事情之一。正如我们将会发现的，美国社区之间日益增长的经济鸿沟不是意外，而是根深蒂固的经济力量的必然结果。与传统产业相比，知识经济具有地理集聚的内在倾向。在这方面，最初的优势很重要，未来在很大程度上取决于过去。一个城市已有的成功会为其孕育更多的成功，因为那些可以吸引技术工人和好工作的社区会变得更有吸引力。未能成功吸引技术工人的社区则将进一步失去竞争力。

美国社区之间的日益分化不仅就其本身而言是重要的，而且对于认识美国社会也非常重要。虽然分化首先是经济上的，但它现在已经开始影响文化认同、健康、家庭稳定，甚至政治。高教育水平的美国人聚集在一些社区，低教育水平的美国人聚集在另外一些社区，这倾向于放大和加剧所有其他方面的社会经济差异。例如，美国不同城市居民的预期寿命有着巨大的差距，这些差距在过去 30 年中一直在扩大。不同社区的离婚率、犯罪率和政治影响力也在不断分化。这些趋势正在重塑我们这个社会的方方面面。

近年来，美国的士气并不是特别高涨。对经济衰退的恐惧普遍存在，对美国在世界上的地位以及经济前景的不安全感与日俱增。从精心表述的报刊专栏到粗俗的脱口秀广播节目，从理发店的闲谈到高雅的学术座谈会，“美国梦之死”的讨论无处不在。尽管在政治路线上存在严重的分裂，美国的左派和右派却几乎都同样地为经济担忧。

从表面看来，我们似乎确实有理由去担心。中产阶级的薪资正在下降，好的工作岗位变得稀缺。拿一个典型的具有高中教育程度的 40 岁男性工人来说：调整通货膨胀以后，现在他的小时工资比他父亲在 1980 年的小时工资低 8%。这意味着，在美国的近代史上，第一次出现了普通工人的生活水平与上一代相比没有得到改善的情况。事实上，用几乎所有衡量标准来评估，他都变得更糟了。最重要的是，收入不平等正在不断扩大，面对未来的不确定感变得越来越普遍。

但是真实的经济图景要比人们当前讨论的更复杂、更有趣，也更令人吃惊。美国的劳动力市场正经历着重大的转变。虽然一些行业和职业正在消亡，但另一些正在变得越来越强大，还有一些则刚刚诞生，这些必然会为行业结构带来巨大变化。最重要的是，工作的地理分布正在以深刻而不可逆转的方式发生变化。虽然这些趋势是全国性的，甚至是全球性的，但它们对美国不同城市和地区的影响截然不同。例如，全球化、技术进步和移民对处于不同地区的美国工人所产生的影响是不同的。一些城市的居民因此而受益，但是另外一些城市的居民却因此而受到伤害。随着旧的制造业城市的消失，新的创新中心正在崛起，并将成为繁荣的新引擎。美国正在进行着前所未有的就业、人口和财富的再分配，这种趋势在未来的几十年里可能还会加速。

经济地图中的一些变化是由一些我们无法控制的长期力量决定的，另外一些变化则可以被塑造和管理。但所有这些没有一个是随机的、混乱的，或不可预知的。最终，它们都反映了明确而又相当基本的经济原理。不幸的是，它们往往被大量随时波动的股票市场数据和最新就业数据所掩盖。关注短期事件往往导致所获信息不完整、无关紧要或既不完整也无关紧要。今天、本周，甚至这个月发生的事情都不是很有启发性，因为经济基本面的演进速度要慢得多。

但是，如果我们退一步看看大局，那些推动这些变化的力量就会很清楚地显露出来。它们远比道琼斯指数的日常变化更迷人、更重要。这本书审视了对于我们的生活而言真正重要的长期趋势——过去 30 年美国劳动力市场所发生的巨大变化以及这些变化背后的经济力量。但它同时也具有前瞻性，试图洞察将在未来 30 年塑造我们的经济的趋势。

经济学家们喜欢将周期变化与长期变化区分开来。前者是指由衰退和扩张的不断循环引起的经济的上下波动，后者则指由更深层次但缓慢变动的经济动力驱动的长期发展。目前在媒体、国会、白宫等场合关于经济的公开辩论都集中在短期波动上。这种辩论考虑的时间范围通常为六个月或最多为一年——我们如何结束衰退？今年的预算应该包括什么？失业会如何影响下一次选举？这本书的焦点几乎完全集中在推动长期趋势的力量上。理解这些变化为什么发生、发生在哪里，以及它们如何影响每个美国人是至关重要的。我们的工作、我们的社区和我们的经济命运全系于此。

美国正在发生的变化也可以在全球范围内看到。新的经济强国正在取代旧的。曾经是微小的、在地图上几乎不可见的小点，现在已经变成了拥有数千家新公司和数百万新工作的繁荣的特大城市。没有什么地方比中国的深圳所经历的这种变化更明显了。如果你还没有听说过深圳，你应该很快就会听到。深圳是世界上发展最快的城市之一。在短短的30年里，它已经从一个名不见经传的小渔村变成了一个拥有超过1000万居民的大都市。在美国，即使像拉斯维加斯（Las Vegas）或凤凰城（Phoenix）这样快速增长的城市，它们的规模也只是3倍或4倍于30年前。而深圳的人口在同一时期增长了300倍以上。在这个过程中，深圳已成为一个世界范围内的制造业之都。

深圳的崛起确实令人瞩目，因为它几乎完全与美国制造业中心的衰落同步而行。30年前，深圳是一个广东省南部以外的人甚至都不曾听说过的不起眼的小镇。然而，当中国的领导人在1979年将深圳列为中国第一个“经济特区”时，它的命运，以及千百万美国制造业工人的命运便被封定了。这些地区很快成为吸引国外投资的磁石。随后，这些投资导致数以千计的新工厂在深圳诞生。这些工厂正是许多美国制造业工作机会流向的地方。

正如底特律（Detroit）和克利夫兰（Cleveland）已然衰落一样，深圳也已然崛起。这个地方遍布着各种大型的生产工厂。每年，深圳的天际线上都会增加新的高层办公楼和公寓。随着越来越多的农民离开农村到不断扩张的工厂中寻找薪水更高的工作，深圳的劳动力规模也在日益扩大。中国人称深圳为“一天一座楼，三天一条路”的城市。当你沿着宽阔的街道行走时，你会感受到这个城市的活力和乐观精神。在过去的20年中，深圳是中国出口最多的城市，它也建造了世界上最繁忙的港口之一，四处遍布着巨大的起重机、庞大的卡车和各种颜色的集装箱。每天24小时，每周7天，每年365天，这些装满货物的集装箱被装载到开往美国西海岸的巨型货船上。每年2500万个集装箱离开港口，几乎每秒钟一个。在不到两周的时间内，这些商品将会被装上一辆辆卡车开往沃尔玛配送中心、宜家仓库或苹果商店。

深圳是组装苹果手机（iPhone）的地方。如果有一个全球化的典范，它就是苹果手机。苹果公司（Apple）在设计和优化其供应链方面所花的精力并不亚于手机设计本身。苹果手机的生产过程说明了新的全球经济正在如何重塑就业的地理分布并对美国工人构成新的挑战。

位于加利福尼亚州库比蒂诺（Cupertino）的苹果工程师们构思并设计了苹果手机。这是整个生产过程中唯一全部发生在美国的环节。它涉及产品设计、软件开发、产品管理、营销和其他高附加值部分。在这个环节，劳动力成本不是主要的顾虑。重要的因素是创造力和独创性。苹果手机的电子元件——虽然复杂但并不像产品设计那样具有创新性——主要在新加坡和中国台湾制造，只有少数一些部件是在美国生产的。生产的最后环节是劳动最密集的：工人组装硬件和准备发货。这部分的关键因素是劳动力成本，在位于深圳郊区的工厂完成。这是世界上最大的工厂之一，它规模非凡：有 40 万名工人，有宿舍、商店，甚至电影院。它更像是一座城中之城，而不是一个工厂。如果你在网上购买苹果手机，它会直接从深圳邮寄给你。令人难以置信的是，在它到达美国消费者手中之前，只有一个美国工人实际接触过这个最终产品：联合包裹服务公司（UPS）送货的工人。

从表面上看，苹果手机的故事令人不安。在这里，你有一个捕获了世界各地消费者的标志性的美国产品，但美国工人只参与最初的创新阶段。其余的过程，包括制造复杂的电子元件，已经转移到海外。因此，我们很自然地想知道，在未来的几十年里，还会有什么留给美国工人？美国是否进入了不可逆转的衰落阶段？

在过去的半个世纪里，美国经济已经从以生产有形商品为中心转变为以创新和知识为中心。创新部门就业岗位的增速超过了其他部门。这些工作的关键要素是人力资本，它包含了人的技能和创造性。换言之，人是必不可少的投入要素——是他们不断地提出了新的想法。两股摧毁传统制造业的力量——全球化和技术进步——也正在推动创新部门就业机会的增加。大衰退（Great Recession）暂时延缓了这种增长，但从长期来看，它仍然呈上升趋势。

全球化和技术进步使许多实物商品变得廉价，同时提高了人力资本和创新的经济回报。稀缺的要素不再是物质资本而是创造力，这在人类历史上是第一次。毫不奇怪，创新者占据了新产品价值的最大份额。苹果手机由634个零部件组成。在深圳创造的价值很低，因为组装可以在世界任何地方进行。即使是精密的电子零件，如闪存和视网膜显示屏，因为激烈的全球竞争，也只会产生有限的价值。苹果手机的大部分价值来自它最初的创意、独特的工程构思以及美丽的工业设计。这从根本上解释了为什么苹果公司能够从每台苹果手机得到321美元——比任何一个产品生产中的零件供应商得到的多很多。这个事实太重要了，这不仅因为它意味着苹果公司的利润以及国家自豪感，还因为它意味着好的工作。

创新部门包括高端制造业（如设计苹果手机或苹果平板电脑）、信息技术、生命科学、医疗器械、机器人学、新材料和纳米技术，但创新不仅仅限于这些高技术行业。任何产生新想法和新产品的工作都属于创新。有娱乐创新者、环境创新者，甚至金融创新者。他们的共同特点是创造了世界上从未见过的东西。我们倾向于把创新理解为设计出新的实物商品，但它们也可以是在服务方面，如全新的接触消费者的方式或崭新的利用空闲时间的方式。今天这些领域才是真正赚钱的地方。苹果赚到的321美元的一部分最终进了苹果股东的腰包，但有一些则到了库比蒂诺的苹果员工那里。由于公司强劲的盈利能力，它愿意不断地创新和雇用员工。研究表明，公司创新力越强，员工的薪酬就越高。

你可能会认为，如果你在谷歌（Google）或是一家生物技术公司工作，创新的兴起是相当令人兴奋的；但如果你是一名教师、医生或警官，那么创新就没有那么重要了。毕竟，大多数美国人永远不会在高科技初创公司工作。他们为什么要关心创新的兴起呢？然而，事实证明，创新不但关系到那些直接为高科技企业工作并且受过良好教育的人员，比如说科学家、工程师和新想法的创造者，同时也关系到大多数美国普通工人。

如果你在美国的一个城市散步，你在街上看到的大部分人会是店员、发型师、律师和服务员，而不是创新者。大约有三分之一的美国人要么在政府部门工作，要么在教育和卫生健康部门服务，其中包括教师、医生和护士。另外四分之一的美国人从事零售、休闲和服务业，其中包括在商店、餐馆、电影院、戏院和酒店的工作人员。还有14%的人从事专业和商务服务，其中包括法律、建筑和管理公司的雇员。总体而言，美国三分之二的就业岗位都在本地的服务行业。而且在过去50年里，这个数字一直在悄然增长。大多数工业化国家的本地服务行业的百分比都差不多。在这方面，产品和服务是当地生产和当地消费的，因此不面临全球竞争。虽然本地服务的就业岗位占绝大多数，但它是经济增长的结果，而不是原因。原因之一是本地服务行业的生产率往往不会随着时间的推移而改变太多。理发、餐厅服务、开公交车或者教数学所花费的劳动量和50年前是一样的。相比之下，由于技术进步，创新部门的生产率每年都在稳步增长。从长远来看，如果没有显著的生产力增长，社会上就不会出现工资增长。50年前，制造业是这一增长的动力，这一部门提高了美国工人——包括从事本地服务的工人——的工资。今天，创新部门是增长的推动者。因此，创新部门的发展情况决定了许多美国人的薪水，不管他们是否在创新部门工作。

创新的兴起对我们所有人都很重要的第二个原因是，它与近乎神奇的创造就业的经济学有关。创新产业把“好工作”和高工资带到了它们所聚集的社区，而且它们对当地经济的影响远比其直接效果要深刻得多。吸引一个科学家或软件工程师到一个城市会引发乘数效应，提高那些提供本地服务的人的就业和薪资水平。本质上，从一个城市的角度来看，一份高科技的工作不仅仅是一份工作。确实，我的研究表明，对于城市中每一份新增的高科技工作，最终会产生出五份高科技部门之外的工作，其中既有高技能职业（律师、教师、护士），也有低技能职业（侍者、美发师、木匠）。旧金山的推特（Twitter）公司每招一个新的软件设计师，该地区就会因此出现诸如咖啡师、私人教练、医生和社区出租车司机等五份新的就业机会。虽然创新永远不会为美国创造出大多数的就业岗位，但它对美国社区的经济产生了超比例的影响。大多数行业都有乘数效应，但创新部门拥有最大的乘数：大约是制造业的 3 倍之多。稍后，我们将会了解为什么会发生这种情况。现在，我只想指出，乘数效应对本地发展策略有着重要和令人惊讶的含义。其中之一便是，一个城市或一个州为该地区的低技能工人创造就业机会的最佳方式是吸引那些雇用高技术人才的高科技公司。

但这并不意味着每个人都能在新的创新经济中获益。过去 30 年来劳动力市场的转变创造了一个本质上不平衡的经济版图。随着大分化的加速，美国的社区之间变得越来越不同。我们习惯用二分法来思考美国：红色州与蓝色州、黑人与白人、富裕阶层与贫困阶层。如今却有三个美国。其中一极是创新中心——那些拥有受过良好教育的劳动力和强大的创新部门的城市。它们在不断地成长，正在创造出更多、更好的工作岗位并吸引更多的高技能人才。在另一极是曾经被传统制造业所主导的城市。伴随着失业和居民流失，这些城市正在迅速衰落。还有一些城市处在以上两极之间，并可能朝两极中的任何一个方向发展。这三个美国正在加速分化。矛盾的是，美国增长引擎的成功正在导致美国社区之间产生出深刻且日益严重的不平等。正如我们将会发现的，在这个过程中的赢家和输家并不总是如我们预想的那样。

事情并没有像人们预想的那样发展。在 2000 年互联网热的顶峰时期，所有领域的观察家们几乎一致认为“新经济给公司和工人提供了更多地理位置上的自由”。在关于全球化最具影响力的书籍之一《世界是平的》（*The World Is Flat*）一书中，托马斯·弗里德曼（Thomas Friedman）有个著名的论断：手机、电子邮件和互联网大大降低了沟通障碍，以至于地理位置变得无关紧要。距离已经死了。地理位置毫不重要。

这一论断还在不断地引起共鸣。这一观点的核心在于，无论人们住在哪里，他们都可以几乎没有成本地分享知识和运送产品。根据这一观点，现在集中在高成本地区如硅谷和波士顿的好工作将很快分散到美国和国外的低成本地区。一个经验丰富的软件工程师在印度赚 3.5 万美元。同一个人在硅谷赚 14 万美元。为什么美国公司在可以通过外包节省很多的时候，还会在硅谷继续招聘呢？同样，如果在硅谷的劳动力成本比在亚拉巴马州的莫比尔（Mobile）高 3 倍，公司最终将迁往亚拉巴马州。这一观点接着认为，这种分散的过程将比制造业的分散速度更快，因为数字用户线路（DSL）传输软件代码比跨边界运输笨重的商品要容易得多。在这样一个对未来的愿景中，美国那些伟大的创新中心将从地图上消失，创新工作将均匀分布在全国各地。这一观点的关键预测是美国社区间的趋同。低成本地区将吸引越来越多新的高薪工作。诸如克利夫兰、托皮卡（Topeka）和莫比尔这些落后的城市将增长得更快。由于高昂的成本，旧金山、纽约、西雅图以及类似的城市终将衰落。

但数据根本不支持这种观点。实际的情况恰恰相反。在创新领域，公司的成功不仅取决于工人的素质，还取决于它周围的整个生态系统。这一点很重要，因为它使得创新比传统制造业更难摆脱地域限制。一个纺织厂是一个独立的实体，基本上可以放在世界上劳动力丰富的任何地方。相比之下，一个生物技术实验室就很难挪地方，因为你需要迁移的将不仅是一个公司，而是整个生态系统。

越来越多的研究表明，城市不仅是个人的集合，而且是复杂的、相互关联的环境。这种环境能够促进新想法和新商业模式的产生。例如，工人之间的社交互动往往会产生学习机会，从而提高创新力和生产力。和聪明的人在一起会使我们更加聪明，更具创新性。通过聚集在彼此附近，创新者们促进了彼此的创新精神，变得更加成功。因此，一旦一个城市吸引了一些创新的工人和创新的公司，它的经济会产生变化，使其对其他创新者来说更具有吸引力。随着一些城市集聚越来越多的就业、人才和投资，以及另外一些城市的迅速衰落，最终，这成了造成美国社区间大分化的原因。这个趋势不仅在重塑我们的经济，而且也在对整个社会产生深刻影响。这意味着，美国的不平等越来越多地体现在地域间的差距，而不仅仅是阶级差距。

这并不意味着那种认为低成本地区注定要迎头赶上的观点是没有价值的。从全球范围来看，过去 10 年最重要的经济发展是像巴西、中国、波兰、土耳其、印度，甚至一些非洲国家这样的发展中国家的人民生活水平有了令人难以置信的改善。它们强劲的经济表现大大减小了这些国家与富国之间的差距，从而促进了收入水平的显著趋同。这是可喜的消息。虽然很少有人意识到这一点，但如果我们从全球层面来衡量，不平等已经急剧下降了。在过去的 50 年里，美国南部的追赶是另一个趋同的例子。在 20 世纪 60 年代，许多南方州比美国其他地方都要穷得多，但在接下来的几十年里，它们的经济以更快的速度增长了。

然而，在这两个例子中，迎头赶上的过程在地域上参差不齐。一些南方城市，如奥斯汀（Austin）、亚特兰大（Atlanta）、达勒姆（Durham）、华盛顿特区（Washington D. C.）、达拉斯（Dallas）和休斯敦（Houston）

的经济增长速度比其他地区快得多，从而增加了南方各地区之间的差距。发展中国家也表现出类似的区域差异。在中国，上海的人均收入已经达到了接近富裕国家的水平。上海学生在标准化测试中以巨大优势胜过美国和欧洲学生。上海的公共基础设施比大多数美国城市的都要好。但是，中国西部的农业地区取得的进步要小得多。即使中国和富国之间的差距缩小了，但中国的地区间差距却明显扩大了。

到底是什么驱动着这些趋势？为什么分化越来越大，而不是像很多人预期的那样越来越小？这本书探讨了这些趋势的根源及其对美国社区的意义，考察了美国能够吸引创新型公司的独特之处。理解创新部门的工作为何正在美国的创新中心集聚，是理解我们经济未来的关键。

尽管有各种关于“距离之死”和“扁平世界”的炒作，但在哪里居住却比以往任何时候都更重要了。不管你是否在创新领域工作，无论你是自我雇用还是为他人工作，你的居住地极大地影响着你生活的各个方面，从你的事业到你的财务状况，从你遇到的人到你的孩子所接触的价值观。随着美国城市的分化，了解就业地理分布的新趋势比以往任何时候都更为重要。

接下来的这些章将是一次考察这个新的经济版图的航程。我们将探索那些正在崛起的城市和正在消亡的城市。我们将前往遥远的土地和熟悉的地方。我们将会见到一位在皮克斯动画工作室（Pixar）工作的色彩科学家和一位在旧金山的书籍装订商。我们将行走在西雅图生气勃勃的先锋广场（Pioneer Square）的街道上，这里曾一度以戒毒诊所而闻名，而现在它是星佳（Zynga）和蓝色尼罗河（Blue Nile）等公司的所在地。我们将造访柏林这个欧洲最性感却仍然贫穷得令人惊讶的城市，以及罗利－达勒姆（Raleigh-Durham）这个相对沉闷但日益繁荣的城市。我们将了解为什么沃尔玛网站（Walmart.com）不得不离开阿肯色州（Arkansas），以及这对弗林特（Flint）的汽车工人和阿尔伯克基（Albuquerque）的呼叫中心员工意味着什么。这样，我们将发现世界经济的变化是如何重塑美国的工作场所和美国社区的。这些力量将决定未来就业的地理分布和特定城市、地区的命运。我们将了解是什么导致了这些变化，以及它们将如何影响我们的事业、我们的社区和我们的生活方式。

但首先我们要了解我们是怎么走到今天这一步的。过去的一个世纪里，美国曾历经贫穷，随后变为一个繁荣的中产阶级社会。这是如何做到的？身处动荡的变化之中，我们还能维持我们的繁荣吗？

The New Geography of Jobs

第一章 美国铁锈

American Rust

每年，数百万的中国和印度农民离开他们的村庄，迁往不断蔓延的城市中心，到数量不断增多的工厂中工作。美国人带着惊叹和焦虑的复杂心情，禁不住去观察这一幕：这些大工厂创造了数百万的制造业岗位，商品不断从那里生产出来，随之而来的是那里的人们生活水平不断提高。美国人也许已经忘了，曾经，我们也是利用同样的方式——创造好的制造业工作——从低收入社会过渡到了中等收入社会。

1946 年，“二战”刚刚结束，与现在相比，当时的美国家庭很穷。工资和消费水平都比较低，婴儿死亡率很高。冰箱和洗衣机等家用电器都很罕见，仅有 2% 的家庭拥有电视。对于大多数人而言，购买新鞋在当时就是一件大事。但是，在之后的 30 年里，美国社会经历了历史上一次深刻的经济变革。工资和收入以惊人的速度增长，社会各阶层的消费也爆炸式地增加。前所未有的富足感和乐观主义弥漫在美国的大部分地区。到了 1975 年，美国婴儿死亡率下降了一半，生活水平提高了 1 倍。家用电器变得很便宜，以至于每个人都负担得起。购买新鞋已经是不值一提的事情，同时，几乎所有的家庭都拥有电视。在短短一代人的时间里，美国就变成了一个中产阶级国家。

在快速发展的那些年，中产阶级收入的增长与汽车、化工、钢铁等制造业生产率的提高密切相关。对于数百万的工人来说，工厂中一份好的、高薪的稳定工作便是美国梦。随之而来的是中产阶级在经济上和文化上的的生活待遇，从拥有住房到拥有周末和暑期。简而言之，这意味着繁荣和乐观。当时美国最有活力的地区是底特律、克利夫兰、阿克伦、加里和匹兹堡等制造业圣地。这些城市是令全世界都羡慕的地方。它们的实力与繁荣明显和工厂、大烟囱、满是油污的设备、有形产品（经常是重型的实物）的生产有关。1950 年，底特律达到了经济实力的顶峰，成为美国第三富裕的城市。当时的底特律相当于如今的硅谷，它的发展得益于顶尖公司空前的集聚，其中许多公司都是其领域的世界领导者，同时它还吸引了很多最具创造力的创新者和工程师。工业化给美国带来的繁荣在 20 世纪 50 年代达到了顶峰。当时，通用汽车（General Motors）的首席执行官查尔斯·威尔逊（Charles Wilson）有句名言："对通用汽车有益的就是对国家有益的，反之亦然。"

使上述这一切成为可能的是工人生产率的空前提高。由于更好的管理实践以及对新的更现代的机器的大量投资，1975 年美国工厂工人每小时的生产量提高为 1946 年的 2 倍。这种生产率的提高对美国的繁荣产生了两种强化效应。一是导致了工资大幅增加。虽然生产率的提高主要限于制造业，但工资增长却不是。二是较高的生产率促使制造商更有效地生产商品，进而使得商品变得更加便宜。像汽车和家用电器等曾经极其昂贵的产品，都变成了人们负担得起的大众商品。1946 年，收入处于中间位置的家庭为购买普通规格的雪佛兰汽车不得不花费一半的收入，而到 1975 年只需花费不到四分之一的收入。

低价格和高工资的结合对美国社会的文化和经济结构产生了深远的影响。与此同时，购物中心的扩张以及大众营销和广告的兴起推动了消费者体验的转变。消费的大量增加使得"消费主义"这个新词被创造出来。经过几个世纪与自然和匮乏的斗争，这个新的富裕社会为普通家庭提供了前所未有的物质福利。在典型的家庭里，仅仅是因为他们生活在美国，父母便可预期孩子会比他们富裕 1 倍。

1978 年秋，美国制造业的就业水平达到了顶峰，近两千万名美国人在工厂工作。那一年，吉米 · 卡特（Jimmy Carter）是美国总统，《油脂》成为票房最高的电影，肥皂剧《达拉斯》成功吸引了各类电视观众。那个秋天，美国经济运行良好，实现了国内生产总值和就业的稳步增长。但是之后，增长引擎突然停止。制造业的就业水平增长减缓，之后又停滞，最后开始倒退。而之前正是制造业帮助美国从大萧条的动荡过渡到战后年份的稳定发展。伊朗革命导致 1979 年年初石油价格猛涨。汽车产业首先受到冲击，此后这种冲击很快蔓延到其他部门，生产成本的上升导致公司裁员。但当石油价格回落后，制造业岗位仍在继续减少。起初看似是暂时性的下降，最后却演变成了持续的、痛苦的下降，直至今日。

巨人的没落

制造业不再是经济增长引擎的事实确实令人震惊。尽管现在的美国人口比 1978 年要多得多，但制造业的就业岗位却仅是顶峰时期的一半左右。目前制造业工作已不是多数人的选择，制造业仅雇用了不到十分之一的美国工人，并且这一比例还在逐年下降。如今一个美国人在餐馆工作的可能性要明显高于在工厂中工作的可能性。图 1 展示了制造业就业数量在过去 25 年里的变化。自 1985 年以来，美国平均每年失去 37.2 万个制造业就业机会。这并不仅仅反映经济衰退等短期现象，即使在经济扩张阶段，制造业也出现了就业量减少的现象。根据美国劳工局的数据，以“裁剪和缝制服装制造业”“服装针织制造业”以及“棉、化纤纺织及印染精加工”为首，未来 10 年中就业机会减少最多的 20 个部门中将有 19 个属于制造业。如果目前的这种趋势一直持续，当我的儿子（现在 3 岁）进入劳动力市场的时候，美国洗衣工人的数量将超过制造业工人。

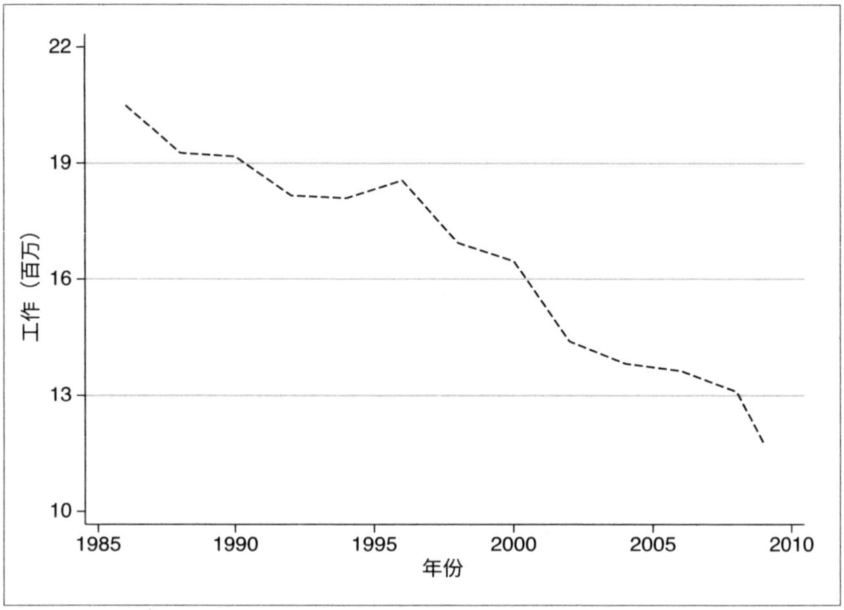

图 1　制造业就业的下降

制造业不再是地区繁荣的动力，而更可能是衰落的象征。美国的大型制造业中心曾经是那么富有和充满豪情，现在却变得如此凋敝，在人口减少和经济前景堪忧的问题中挣扎。与过去相比，它们变得黯然失色，许多制造业中心面临着从经济版图上消失的风险。它们的名字是城市衰败和不可逆转的衰落的代名词。2000 年与 2010 年的人口普查（Census of Population）数据显示：由于受卡特里娜飓风的影响，新奥尔良（New Orleans）成为人口规模下降幅度最大的大都市区。但紧接其后是底特律

（−25%）、克利夫兰（−17%）、辛辛那提（−10%）、匹兹堡（−8%）、托莱多（−8%）和圣路易斯（−8%）。这些“锈带地区”的城市如同年复一年一直持续地受到卡特里娜飓风袭击一样。底特律地区的人口规模自20世纪50年代末达到顶峰后，此后50年里居民一直在减少，其现在的人口规模回到了100年前的水平。底特律三分之一的居民生活在贫困线以下，它也是暴力犯罪率最高的城市之一。那里的工厂消失了，烟囱消失了，满是油污的设备也消失了，以往薪水丰厚的制造业工作也一去不复返了。

然而，尽管数字已经令人惊讶，但它们还无法充分反映出制造业衰退对我们社会的影响。从某种意义上讲，整个生活方式正在消失。在就业问题的讨论中，我们常常忽略的一点是，制造业就业减少的直接影响并不是对这些城市最大的伤害：随着工厂倒闭，这些城市的很多服务性工作也消失了。我的研究表明，制造业工作每减少1个，其所在社区的其他部门将会有1.6个额外的工作机会消失，包括理发师、服务员、木匠、医生、清洁工和零售商。而建筑业就业受到的影响尤其严重。在“锈带地区”，对于低学历的工人来说，建筑业是除制造业外报酬最高的工作。但所有这些建筑业工作最终都依赖制造业收入的支持。当制造业的收入枯竭之后，社区其他行业成员的生计也会受到影响。

整个国家的情绪已经变得更为低落。人们明显地为这种发展趋势感到担忧，这种忧虑甚至超过了2008~2010年经济衰退所带来的痛苦。最近的一项民意调查显示：美国制造业的衰落给美国人带来了“经济危机感”。根据《波士顿环球报》（*The Boston Globe*）的分析，主要原因是人们普遍担心“美国不能再生产足够多的东西”。而在1984年《我的家乡》这首歌中，布鲁斯·斯普林斯汀（Bruce Springsteen）完美展现了那些因工厂倒闭而受到严重打击的东海岸和“锈带地区”社区的忧虑情绪。他的歌词中包括了那些空店面以及消失的工作：“好像没有人想再来到这里。”25

年后，斯普林斯汀歌词里的忧虑感似乎变得更加普遍。

制造业部门由盛转衰是美国过去60年经济史上最重要的事实之一。对未来的悲观，包括关于“美国优越主义”结束的讨论，都源于制造业的衰落。虽然从1946~1978年，普通家庭的生活水平翻了一番，但自此生活水平便一直停滞不前。以一位拥有高中文凭和20年工作经验的40岁普通男性工人为例，在1946~1978年，他以今天的美元换算的小时工资从8美元上涨到了16美元，但1978年后，他的实际工资却下降了2美元。

到底发生了什么？是什么引起了如此惊人的逆转？许多人将其归咎于银行和金融家。这种观念在国民心中根深蒂固，比占领华尔街运动要久远得多。在奥利弗·斯通（Oliver Stone）的著名电影《华尔街》中，20世纪80年代的经济转型被描绘为普通大众的诚实、纯洁与华尔街的腐败、道德不端之间的斗争，普通大众的诚实和纯洁由马丁·辛（Martin Sheen）扮演的可敬、知足的蓝领工会代表所体现，华尔街的腐败和道德不端由马丁·辛的儿子查理（Charlie）扮演的年轻的股票经纪人所体现。这个年轻的股票经纪人为了在无情的商业竞争中获得成功，不惜任何代价，以至于最终几乎毁掉了他父亲所在的公司。30年后，好莱坞对美国经济困境的看法并没有改变。在2010年的电影《合伙人》中，本·阿弗莱克（Ben Affleck）刻画了一位白领，由于贪婪的首席执行官为了取悦华尔街、提升公司股价而野蛮裁员，他最终失业了。两部电影有着惊人的相似之处。在这两部电影中，好人都制造真实的触手可及的商品——前一部电影中，他们为一家航空公司工作，后一部中，他们为一家造船公司工作；而坏人则利用股票和期权巧取豪夺，把时间用于激进的买进和卖出，最终毁掉了工作。在《合伙人》电影中，令人印象最深刻的场景之一是两个下岗的工人探访生锈废弃的造船厂，他们低语：“我们曾在这里制造实实在在的东西。”

在任何一个故事中，贪婪的金融家和衣着光鲜、咄咄逼人的雅皮士都会成为引人注目的罪魁祸首。然而事实上，华尔街并没有消灭美国蓝领工人，这是历史使然。美国制造业就业问题是结构性的，它反映了过去半个世纪以来不断增强的深层的经济力量：全球化和技术进步。

从工厂到私立学校

如果有一个品牌能够展现美国工业历史，那就是李维斯（Levi Strauss & Company）。在 20 世纪 90 年代初我搬到旧金山的时候，这个城市还有一个李维斯工厂。李维斯创立于淘金热时期的 1853 年，当时一名 24 岁的德国移民者开始为淘金者提供耐用的裤子。旧金山的工厂从那时起就开始运作，它是数千家曾经分散在美国城市街区的制造工厂之一。1994 年的夏天，我参观了这个工厂，当时数十名的员工中大多数都是拉丁美洲裔妇女，她们在剪裁、缝制注册商标号为 501 号的牛仔裤。我还清楚地记得那时我很好奇她们这份工作能干多久。多年来，该公司一直试图保护美国员工，但是每小时 9 ～ 14 美元的工资再加上福利使其生产成本明显高于竞争对手。最终，在 2001 年，公司关闭了在美国的所有工厂，将生产转移到了亚洲。而在旧金山的工厂现在成了贵格会[1]的精英私立小学，每年的学费为 24045 美元。

对此我并不觉得奇怪。如果有什么让我觉得奇怪的话，那就是李维斯居然抵制了外包那么久。同行业的其他公司，如盖璞（Gap）、拉尔夫·劳伦（Ralph Lauren）和老海军（Old Navy），都很早就将生产转向了海外。在这方面，服装业可以称得上是整个制造业的典型代表。“二战”后的 10

1 贵格会是基督教新教的一个派别，成立于17世纪的英国。贵格会的信徒曾经受到英国国教迫害，与清教徒一起移民到美洲，但随后又受到清教徒的迫害。——译注年里，纺织业是美国劳动力市场的重要组成部分。从就业的角度看，美国最重要的产业集群不是底特律的汽车产业，而是纽约的服装产业。就在20世纪80年代中期,美国服装业的公司仍然雇用了一百多万名工人。而如今，该数字已经下降了90%以上。花一分钟看一下你的衣服产于哪里。如果你穿的是美国公司出售的衣服，它们很可能是由像越南或孟加拉国这些地方的第三方厂商制造。虽然美国品牌蓬勃发展，但仅有少数的工作岗位——设计、营销、销售——留在了美国。

有趣的是，从表面上看，这种情况与苹果公司很相似：设计和营销在美国，而所有零部件由亚洲的厂商生产。但是，二者存在一个非常重要的区别。对于服装和一般的传统产品，设计和营销工作岗位很少，且没有明显的增长；而在创新部门，设计和工程岗位很多，而且数量在快速增长。

不久以前，我们从低工资国家进口的商品并不多。在1991年时，从这些国家进口的产品不到美国制造业进口的3%，如此低的比例不会影响大量的就业。但是在过去的20年里，世界已经成为商业往来日益频繁的地球村。到2000年，从低收入国家进口的产品占美国进口的比例已经翻了一番，到2007年，又翻了一番。而进口比例的增长主要来自中国。导致这种现象的原因是大量商品的生产由高劳动力成本的富裕国家转向了低劳动力成本的贫穷国家。苹果手机能很好地说明这一点，世界上有很多低成本的地方可以生产它的零部件，包括相当复杂的部件。

发展中国家的劳动力价格低廉，相比美国的工厂，那里的工厂更倾向于使用较少的机器，这使它们更灵活、更有能力应对变化，进而为它们带来了额外的优势。在最近的一次采访中，一位在中国做生意的美国商人说：“人们认为在中国生产的优势是成本低廉，而实际上，真正的优势是快。”另一位在中国工作的美国工业设计师补充道：“人是最灵活的机器，机器尚需重新编程，但你可以让工人下周做完全不同的事情。”和美国工厂不同的是，中国的工厂可以在一夜之间对生产计划或设计上的变化做出调整。

全球化对美国蓝领工作的影响在每个城市是不一样的。经济学家大卫·奥特尔(David Autor)、大卫·多恩(David Dorn)和戈登·汉森(Gordon Hanson) 的一项重要的新研究发现，从中国进口商品的影响在很大程度上取决于你的居住地。像普罗维登斯（ Providence ）和布法罗（ Buffalo ）这样倾向于生产与中国产品相似的、传统的、低附加值产品的制造业城市，遭受了更多由竞争带来的巨大的负面冲击。相比之下，像华盛顿特区、休斯敦这样有着不同的制造业的城市，受到的影响较小。对于同中国直接竞争的城市，进口导致了当地失业率上升、劳动参与率下降以及更低的工资。有意思的是，所有这些成本并非都由直接受影响的失业工人承担，部分成本是由其他美国人以政府救助的形式承担。研究表明，从中国进口产品增加了美国福利金的使用，如失业保险、食品券甚至是伤残保险，这些经常被作为隐藏的福利。虽然贸易的直接影响是高度本地化的，但最终的成本至少部分通过联邦政府资助的项目由其他地区的纳税人承担。

经济全球化的影响也因企业反应能力的差异而截然不同。尼古拉斯·布鲁姆（ Nicholas Bloom ）、米尔科·德拉卡（ Mirko Draca ）和约翰·范·里宁（ John Van Reenen ）最近的研究表明，发展中国家的贸易增长导致了更快的技术升级，但最终的结果则取决于每个公司的调整意愿。利用 1996~2007 年 12 个工业化国家的 50 万家企业的综合数据，这些经济学家发现，面对中国进口竞争的企业倾向于进行技术升级：购买更多的计算机、在研发上投入更多、发明更多的专利、更新管理政策。具有讽刺意味的是，这种外部威胁已经变成了美国公司提高生产率、促进美国经济增长的一种非常重要的驱动力。但并不是每个人都会从中获益。虽然高科技公司成功地应对了威胁，但那些技术创新有限、信息技术投资有限、生产力有限的低技术公司却很难应对中国进口的冲击，最终导致裁员或破产。因此，经济全球化促进了技术进步，进而增加了对高教育水平工人的需求，但减少了对非技术工人的需求。

制造业的新潮

当然，在制造业就业水平下降的大趋势下也有例外。例如，高端时装业对劳动力成本的敏感度低于其他制造业，更多地依赖设计师和熟练裁缝的位置。此外，当地手工艺品的吸引力明显回升。如今，本地生产的每样东西，从食品到衣服，从自行车到家具，都很流行。从纽约、普罗维登斯到波特兰（Portland）、明尼阿波利斯（Minneapolis），越来越多的手工作坊出现，并在当地的时尚精品店销售商品。

现在，在旧金山的李维斯工厂旧址附近，挤着几十家手工作坊，生产像 Cut Loose 这样的品牌服装，衣服的缝制与染色都在旧金山完成。在李维斯工厂的对面，一家名为共同品（The Common）的精品店专门从事供应、生产、设计活动，使用传统制造技术制作耐用产品。他们时尚的成衣衬衫在加利福尼亚设计、剪裁和缝制。而沿着街道的几个街区，曾经是一家汽车美容修理店，现在已经成为一家发展成熟的巧克力工厂。蒲公英巧克力店就坐落在一座美丽的红砖建筑内，销售价值 9 美元的巧克力棒，由两位看起来非常干净的潮流人士手工制作，他们热衷于发现最好的有机马达加斯加豆。在距离东边几英里的地方，DODOcase 公司已经接管了一家旧的、几乎破产的装订厂，用于手工制作带有个性化标志和环保竹制部件的苹果平板电脑的保护壳。在布鲁克林（Brooklyn），当地的食品生产业正在蓬勃发展。《都市》（*Metropolis*）杂志报道说："似乎市镇上每个 28 岁的青年人都会手工制作腌菜。"而在布鲁克林海军工业园区，有数十家小型制造厂生产产品。由于越来越多的本地生产商想要进入，工业园区的空间变得供不应求，与底特律和弗林特数百家废弃的工厂形成了鲜明对比。

一个世纪前，布鲁克林是美国城市制造业的中心之一。在“二战”期间的顶峰时期，其海军工业园区雇用了 7 万人，他们每天 24 小时三班倒。从今天的所有现象来看，人们可能会得出这样的结论：城市制造业正在以小规模高科技产品的形式回归，它们雇用受过大学教育的年轻人，以当地市场为目标。费拉设计（Ferra Designs）是一家专门从事建筑制造的金属工厂，在海军工业园区租用了约 930 平方米的地方。合伙人杰夫·卡恩（Jeff Kahn）最近向《都市》杂志表示，他的 15 名员工中大多数是来自附近普拉特学院的拥有大学学位的工业设计师。“他们大多数人的年龄在 30 岁以下，热衷于艺术并想了解如何建造，这是制造业的复兴。”他认为海军工业园区的成功预示着美国城市制造业的起死回生。“中国的商业成本正在不断上升。”他说，“美国有机会利用尖端技术和新一代的有志青年重新获得一些制造业份额。”

这种观点在美国许多城市地区日益普遍，并且被成千上万个对手工制作感兴趣的年轻人所接受。我之前参观了在李维斯工厂附近新建的高档手工布料制造厂，这不免有一种讽刺意味：同一个地方，20 年前受教育不足的西班牙裔妇女在这里裁剪、缝制李维斯服装，然而现在是数十名受过良好教育的年轻白人裁剪、缝制类似的产品。

从文化的角度来看，这些创意很有意思，也很值得支持，这也是它们能够成为当地报纸中越来越多特写文章的主题的原因。本地生产有助于获得一些原本可能流向海外的财富，但在很多情况下作用很小。这些举措并不能解决美国就业不足的问题。首先，手工制造注定只是残存的商机。它创造的就业机会太少，以至于无法产生很大的影响。更重要的是，这些工作不能成为社区就业增长的推动力，它们将永远是其他部门创造财富的结果。这是一个很重要但常常被人误解的观点。在传统的制造业中，产品倾向于销往全球各地。但是，对本地生产商品的消费则注定取决于一个地区现有的财富。毕竟，当地人必须为这 40 美元的手工 T 恤衫和 9 美元的手工巧克力棒付账。像纽约和旧金山这样的城市，金融和高科技产业是创造财富的部门，而正是这些财富支持着当地的手工业。

此外，本地制造业之所以具有吸引力，一部分原因是我们认为它生产的产品是特殊的，这使得该部门很难在扩大规模的同时，仍然让消费者认同产品的“独特”属性。以“AA 美国服饰”（American Apparel）为例，它经营着北美最大的服装厂。这家雇用了 5000 名工人的工厂，位于洛杉矶市中心的多层建筑中，离金融中心的高楼只有几条街的距离。该公司的营销重点在于支付工人体面的工资——缝纫工是每小时 12 美元，并提供医疗保险。它的 T 恤衫在年轻、受过良好教育、时尚的都市消费者中备受欢迎。而这些 T 恤衫除了它们的制作地点，没有什么特别之处。美国的服装生产变得如此稀少，以至于在洛杉矶市中心生产的这一举措本身就使得该产品脱颖而出，让“AA 美国服饰”成功吸引了威廉斯堡（Williamsburg）、奥斯汀和华盛顿的很多时尚人士，这是一个时代的标志。它不是一个糟糕的商业模式。由于人们认为“AA 美国服饰”这个品牌很酷，所以公司能够以高价出售产品，从而弥补相对较高的生产成本。然而，对于美国其他的纺织工人而言，这种模式不能被广泛复制。“AA 美国服饰”的商业模式本身是建立在产品独特性的前提之上的。如果每个公司都在城市地区生产，这个独特性的竞争优势也就不存在了。

中国和沃尔玛如何帮助穷人

美国人没有自卑感。与欧洲的政治家不同，美国的政治家通常把美国称为“世界上最伟大的国家”，而把美国工人则称为“世界上最好的工人”。

当然，有很多理由使人们作为美国人而感到自豪。但是，就像其他国家的工人一样，美国工人在擅长制造一些东西的同时也不擅长制造其他的一些东西。这算不上什么坏事。在全球化的经济中，你不需要擅长做每一件事情。事实上，你甚至也不应该去尝试做每件事。只要你能够提供足够好的一些东西作为交换，让别的国家为你提供其他东西是更好的选择。这是有道理的：大卫·贝克汉姆（David Beckham）应该专注于成为最好的足球运动员，让别人为他建造房屋、剪头发、制作衣服。

经济学家几乎在所有问题上都存在争论，但他们都赞同"比较优势"原则。这个原则的核心洞见是，如果每个国家都集中发展相对生产率较高的行业，那么每个国家都会获益。每个国家都出口自己的优势产品，用来交换进口别国具有生产优势的其他商品。净效应使我们最终都会变得富有一些。实际上，这使我们富有得多。如今美国的国民收入相比没有国际贸易的情况高出了数十亿美元。全球化的这个作用发挥得如此之好，以至于我们认为这是理所当然的。当今的美国消费者预期，大多数电子产品，从电脑到大尺寸平板电视，将变得一年比一年便宜。有证据表明，从中国进口产品增长最多的部门也是消费品价格下降最多的部门。

有趣的是，这种变化趋势使得穷人比富人受益更多。芝加哥大学的两位经济学家最近研究了不同收入家庭的消费模式。研究中的参与者每次从杂货店购物回来，都会扫描记录其购买的所有商品。他们利用这一非常丰富的数据研究发现，与典型的高收入消费者消费的商品价格相比，低收入消费者购买商品的价格增长幅度要小得多。自 1994 年以来，最贫穷的 20％的家庭的价格指数增长速度，比最富有的 20％的家庭的价格指数增长慢三分之一左右。

对此有两种可能的解释：中国和沃尔玛。低收入的消费者倾向于购买更多由中国和其他低工资国家生产的商品，如玩具、便宜的衣服和负担得起的消费类电子产品。由于经济全球化的作用，过去 15 年来这些商品的价格涨幅要小于其他商品。而且在许多情况下，商品价格实际上是下降的，如消费类电子产品。相比之下，收入较高的消费者倾向于购买更多的私人服务——从理发、清扫房屋到餐饮和健康等各种服务。由于私人服务较少受到外国竞争的影响，高收入消费者最终从全球化中受益较少。

另一种解释是沃尔玛等大型超市的扩张。由于低收入消费者在超市的购物次数是高收入消费者的 2 倍，故超市扩张对穷人的影响大于富人。即使低收入消费者不在沃尔玛购物，他们也能够从沃尔玛创造的价格竞争中受益，因为沃尔玛的许多商店都位于低收入地区。经济学家埃梅克·巴斯克（Emek Basker）研究了沃尔玛超市的进入对当地价格的影响，发现不仅沃尔玛的价格比较低，而且它的进入也使当地其他商店的价格下降了 6%~12%。

比较优势原则告诉我们，具有不同产业结构的国家在相互贸易中获得的收益最多，在就业机会方面损失最小。新兴国家如中国、巴西和印度，它们的经济与美国有很大差异，所以彼此之间开展贸易的收益会非常大，而美国就业机会的增加更会集中在创新部门。一旦你从比较优势的角度看待问题，那些由很多媒体提出的关于国际竞争的一般观点就显得很愚蠢。传统观点认为，如果我们的一个贸易伙伴，如中国，生产变得更有效率，对我们来说是个坏消息，因为这意味着中国将会偷走我们的工作。但贸易并不是像足球比赛那样的零和博弈，如果你的对手赢了，你就输了。事实上，如果我们的贸易伙伴变得更有效率，我们从那个国家购买的商品就会变得更便宜，会使我们的消费者变得更宽裕。

总体而言，我们从较低工资国家进口商品的影响是高度不均衡的，会导致更多的低技能工人失业。同时，进口产品的成本更低，节省了消费者的财富。这是全球化的一个悖论：在就业方面受到冲击最严重的人群作为消费者却会获益更多。

生产率悖论

全球化只是制造业就业水平下滑的一个原因。尽管制造业面临困境，美国却仍然生产许多产品。而我们很容易忘记这一点，因为我们在商店里买到的几乎所有东西都写着“中国制造”。尽管对于很多消费品确实如此，但对于很多高端的非消费品，如飞机、工业机器、高端医疗设备却并非如此。报纸很少报道如下的事实：美国工厂的产出水平与中国是相当的，它是日本的 2 倍多，是德国和韩国的好几倍。仅仅是美国制造业的产出就比整个英国的经济规模还要大，而且还在增长。自 1970 年以来，美国制造业产量翻了一番，而且仍在不断增加。

到底发生了什么？如果制造业产量持续增长，为何工作岗位会不断减少？出现这种看似矛盾的现象的原因在于，得益于技术进步和对新的、更复杂的机械设备的投资，美国工厂的生产效率明显高于以往，生产同样数量的产品需要的工人越来越少。如今，美国工厂的工人平均每人每年能生产价值 18 万美元的商品，是 1978 年的 3 倍。一般来说，较高的生产率对经济来说是一件好事，但对蓝领工作的冲击很大。以通用汽车为例。在 20 世纪 50 年代的底特律辉煌岁月，每一个通用汽车员工每年平均生产 7 辆汽车；到了 20 世纪 90 年代，上升到了每年约 13 辆；而现在是每年 28 辆。这对就业的影响是显而易见的：与 1950 年相比，如今通用汽车生产每辆汽车所需的工人数量减少了四分之一。那些在制造业工作的工人与以往相比变得更有效率了，因此挣的工资更高，只是能在制造业工作的人已经大量减少了。

这是另一个奇妙的经济增长悖论：生产率的提高降低了消费者的购买价格，并增加了工资，但最终也导致了就业减少。批评家们强调就业损失，但实际上，劳动生产率的提高是使社会变得更加繁荣和提高人们生活水平的主要途径。这种现象并不新鲜。美国经济从农业时代过渡到工业时代就经历了类似的转变。150 年以前，一半的美国劳动力从事农业生产，而如今仅有 1%。我们中的大多数人可能一辈子也碰不到一个农民。由于技术进步——如拖拉机、肥料、优质种子等的使用——今天的农作物产量大得多，价格也便宜得多。伴随农业生产率在 20 世纪的迅速提高，农村收入增加，但农业工人的需求下降，因此农民大量转移到城市工厂。如今同样的转变再次发生，制造业生产率的提高减少了制造业的就业岗位，却也——平均而言——增加了我们的收入。

生产率悖论也存在于新兴产业。看看图 2 展示的美国计算机制造业和半导体制造业的就业变化情况。在过去的 25 年里，计算机和半导体的销售量在世界范围内激增，但是这两个部门的就业水平却大幅下滑。与个人计算机出现之前的 1975 年相比，如今的计算机制造业的生产工作更少。图 2 表明计算机制造业就业水平最高的年份是 1988 年——当年苹果公司推出了麦金托什机 IIx（Macintosh IIx），康懋达（Commodore）公司向包括我在内的粉丝们销售了 150 万台 C64。当时便携式电脑非常少，计算速度慢得出奇，电脑机身则是由石料制成的。半导体产业的就业情况与计算机产业类似。今天，我们经常看到州和市政府争相吸引半导体工厂，但是半导体产业的生产工作在过去的 10 年里却一直在下降。

在我看来，这大概是美国制造业衰落现象中最非比寻常的方面：即使是尖端的高科技电子产品也难逃商品生产部门的一般规律。当我向全球半导体领导者英特尔（Intel）首席经济学家保罗·托马斯（Paul Thomas）展示这些图表时，他并没有感到特别惊讶。自动化已经使个人电脑和半导体生产的劳动密集程度大幅降低。这一点与汽车产业非常相似。最重要的是，许多零部件的组装和制造已经移至国外，正如我们从苹果手机的例子

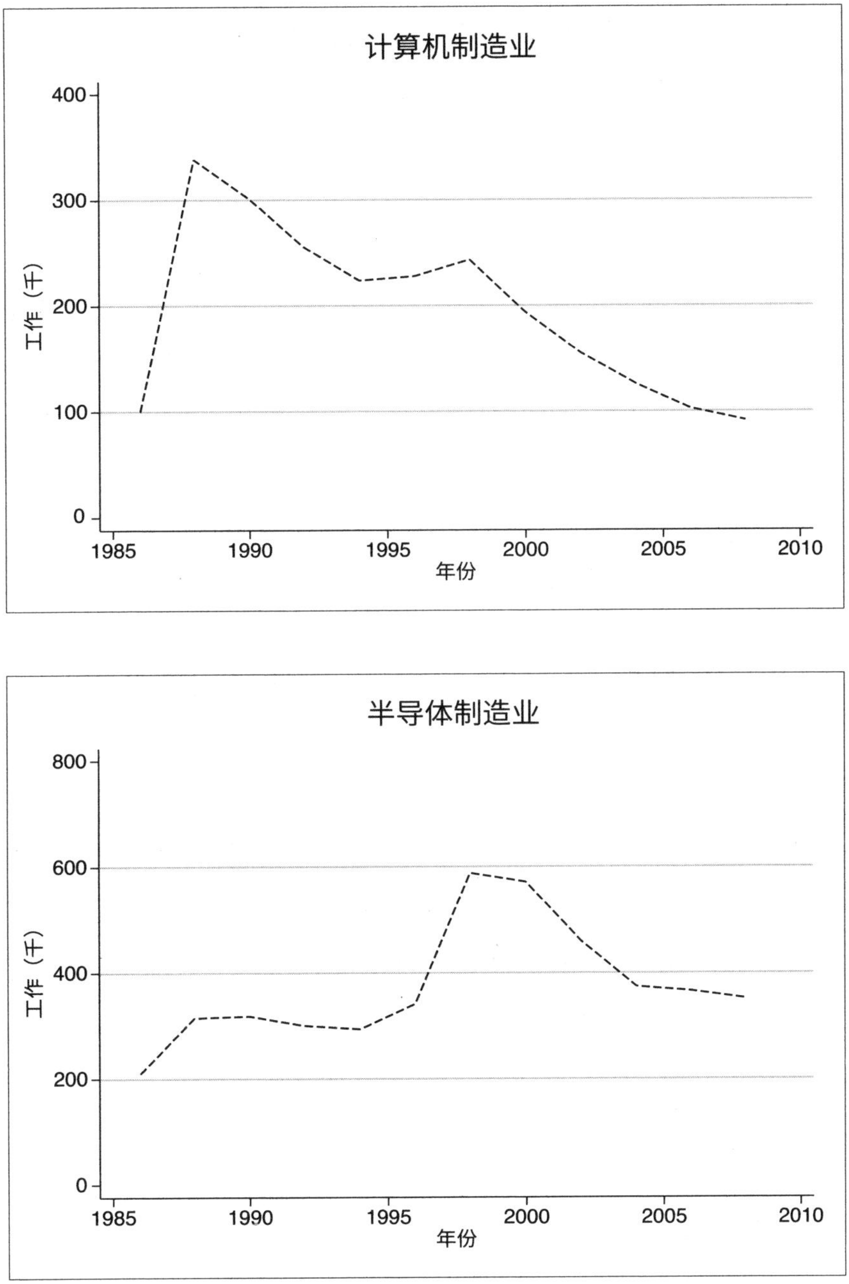

图 2　计算机与半导体制造业的就业变化

中看到的那样。第一批 200 台苹果 I 电脑，是由史蒂夫·乔布斯（Steve Jobs）和史蒂夫·沃兹尼亚克（Steve Wozniak）于 1976 年在位于洛斯阿尔托斯的乔布斯著名的车库中组装而成的。到了 20 世纪 80 年代，苹果公司在加利福尼亚州弗里蒙特（Fremont）的一家工厂生产大部分 Mac 电脑。但在 1992 年，苹果公司关闭了该工厂，先将生产转移到加利福尼亚州成本较低的其他地区和科罗拉多州，之后又转移到爱尔兰和新加坡。其他美国公司也都遵循这一模式。正如詹姆斯·法洛斯（James Fallows）曾经说的："每个美国人都听说过戴尔、索尼、康柏、惠普、联想 -IBM ThinkPad、苹果、日本电气（NEC）、捷威（Gateway）和东芝。几乎没有人听说过广达、仁宝、英华达、纬创、华硕。然而实际上，这些著名品牌的便携式电脑和笔记本电脑中，近 90% 都是由中国大陆的这五家公司中的某一家生产的。"

保罗·克鲁格曼（Paul Krugman）曾经开玩笑说："经济萧条、失控的通货膨胀或内战都会使一个国家变得贫穷，但只有生产率增长才能使其富裕。"他是对的。数据显示，过去 200 年来，美国人均收入的增长与劳动生产率的提高密切相关。世界上的每个国家及大多数历史时期都是如此。这是有道理的。毕竟，劳动生产率的提高意味着一个工人可以在每小时内生产更多的产品。而生产率的增长动力又来自哪里呢？纵观人类历史，创新和技术进步一直是提高人们生活水平的重要驱动力。创新也是自工业革命开始以来，推动西方经济以前所未有的速度增长的引擎。归根结底，我们在物质享受上的福祉依赖于不断创造出新思想、新技术和新产品。

美国劳动力市场的中空现象

全球化和技术变革对劳动力市场的影响是极其不平均的。自 1978 年以来，美国制造业蓝领工人数量骤降，而制造业的工程师人数却翻了一番。总的来说，美国劳动力市场的就业机会整体集中在高技能、高工资的职业（专业的、技能型的和管理类的）以及低技能、低工资的职业（食品服务、个人护理和安保服务）。中等工资、中等技能的白领和蓝领工人的就业机会大幅度下降。正如麻省理工学院劳动经济学家大卫·奥特尔所指出的那样，劳动力市场正在失去中端就业，出现了中空现象。

新技术往往对高技能劳动力有利，减少了对许多需要中等技能劳动力的职业的需求，同时很少影响到低技能劳动力从事的职业。奥特尔和他的两位同事在 2003 年一篇颇具影响力的文章中指出，计算机和机器人在执行常规任务方面非常高效——这些任务通常可以通过遵循明确的规则来完成，如重复的顾客服务、文档保存以及许多由中等收入白领完成的其他工作；但它们在非常规任务方面却是低效的。过去由银行出纳员完成的许多工作，现在都由自动存取款机（ATM）和基于网络的程序执行，但对于涉及非常规任务的工作（抽象的或是手工的），情况却完全不同。像木匠、卡车司机、房屋清洁工、保安人员以及其他许多包含非常规手工任务的职业并未受到计算机的直接影响。事实上，计算机的使用使得涉及“非常规问题解决和复杂沟通任务”——那些在科学、工程、市场以及很多其他领域的任务——的工作变得更有效率。例如，记者、建筑师和科学家因为可以在工作中使用计算机和互联网而变得更高效。

《美国牧歌》（*American Pastoral*）是菲利普·罗斯（Philip Roth）写的关于 20 世纪六七十年代美国社会思潮转变的伟大小说，它记录了新泽西州一个犹太家庭的兴衰。小说里与西摩斯维德·利沃夫（Seymour “Swede” Levov）梦想破灭一样令人心酸的，是罗斯关于纽瓦克（Newark）社会结构解体的描述。在这个故事里，利沃夫继承了一个小型手套工厂，那是一个正在消失的世界的缩影，经验丰富的蓝领工人深深地热爱着自己的工作，为自己拥有的技能感到自豪，并乐于向下一代传授经验。通过描述从这些工作中所获得的满足感和自尊感，罗斯对比了这类工人与那些从事新的漂浮不定的工作的劳动者的价值观。手套工厂里稳定的中产阶级职位被不稳定的服务工作所取代，这些工作的人员流动率很高，且自豪感很低。

劳动力市场的中空现象和中产阶级的减少不是一种过渡性的趋势，也不只是存在于纽瓦克或美国，在工业化的经济体中都是普遍存在的。奥特尔研究了自 1993 年以来，16 个主要欧盟经济体中就业岗位的变化，包括低、中、高三种工资职业。和美国一样，这些国家的中等工资的工作数量也都在减少，而低工资和高工资的就业岗位却在增加。

历史潮流

我们一生中最美好的时光是在工作中度过的。每天早上，我们向所爱的人道别，赶往我们的办公室、隔间、柜台、工厂、实验室或任何我们称之为“工作”的地方。在一天中的大部分时间，一年中的大部分日子，一生中的大部分岁月，我们都将最好的精力献给了工作。工作变得如此重要，以至于在很多情况下决定了人们如何看待我们，甚至决定了我们如何看待自己。工作也决定了我们的生活水平和居住环境。对于我们中的一些人来说，薪水和工作时间决定了我们有什么样的家庭，可以负担多少个孩子，以及能够花多少时间陪伴他们。简而言之，我们个人和集体的福利取决于有什么样的工作以及工作可能提供的保障。然而在相当长的一段时间里，就业的形势并不好。

我不仅仅在谈论 2008~2010 年的经济大衰退。经济衰退和扩张确实总会影响就业岗位的数量与种类，而自 2008 年以来这方面的形势尤其严峻。但经济萧条与扩张都是短期现象。经济的起起落落一直在发生而且还会继续发生。但它们只是影响就业的一个小的方面，更重要同时也更有趣的是长期趋势，它最终决定了我们的生活水平。

最近我们观察到的一些迹象表明制造业就业水平的长期下滑可能放缓。中国的工资一直在攀升，这是经济繁荣可以预期的结果。而从美国公司的角度来看，中国人民币的升值进一步增加了劳动力成本。为应对成本上升，通用电气在海外设厂多年后，重新在肯塔基州开设了制造厂。卡本奈特（Carbonite）公司也将一个呼叫中心从印度搬回了波士顿。而奥的斯电梯公司在墨西哥生产了 12 年后，将生产从诺加莱斯（Nogales）转移回南卡罗来纳州（South Carolina）。甚至也出现了与外包相反的“内包”现象，外国公司开始在美国投资设厂。一家名为“运城”的中国公司就在南卡罗来纳州的斯帕坦堡（Spartanburg）开设了工厂，他们发现那里的成本比上海低。这些现象引起了越来越多的专家和评论家的注意，他们认为美国制造业即将翻开新的篇章，经历一场复兴。然而，尽管这些现象都是引人注目的媒体报道，但它们并不具有代表性。它们之所以会引起我们的注意，正是因为它们是与趋势相悖的例外。[1]

2011 年制造业就业出现意外增长，是多年以来的第一次明显增长，这进一步加强了人们认为制造业即将复苏的观念。但事实上，2011 年就业之所以增加，是因为在 2008~2009 年大衰退时期出现了大量失业，且失业情况比平时严重得多，因此在 2011 年经济复苏后出现了就业大量增加的现象。展望未来，几乎没有迹象表明图 1 中所展示的制造业就业的长期下降趋势会发生永久性的转变。

当我们面对痛苦的失业时，很多人认为我们可以并且应该通过保护制

1　就“运城”而言，决定迁往南卡罗来纳州的一个重要因素是该州工资税减免的优惠政策。

造业免受外部和内部威胁来扭转局面。有人认为生产实实在在的东西对美国有着特殊的意义，我们应该利用联邦政府的全部力量来阻止美国“好的蓝领工作”的流失。这个论点更复杂的版本出现在无数专栏文章、《纽约时报》和一系列最新著作中，他们认为适当的立法可以阻止制造业的衰落。在这一版本的论点中，提出的政策通常都标有像“制造业的国家战略”等吸引人的名称，但它们无一不包含着保护主义政策、补贴或两者兼有。

本质上，“制造业倡导者”是在提议与历史抗争。他们的论据——无论是高深的说法还是民粹主义的观点——都忽略了一个简单的事实：导致制造业下降的力量是难以阻止的。英国国王卡努特大帝（King Canute）相信他能令潮汐退去，结果却险些被淹死。与他一样，制造业倡导者也不能简单地对历史潮流发号施令。

那么如果工作机会不在制造业，它们会在哪里呢？当前，美国大约有1.41 亿名工人，其中约 1.12 亿人在私营部门，其余人则从事各种形式的政府部门的工作。我们每年在工作上共投入 25222.28 亿个小时。如果我们不再从事生产产品的工作，我们每天都在做什么呢？更重要的是，我们以后会做什么？什么会推动我们前进？

第二章

智能劳动：微芯片、电影和乘数效应

Smart Labor: Microchips, Movies, and Multipliers

如果你认为整天学习数学很无聊,那你需要重新思考一下。多米尼克·格林恩（Dominic Glynn）是一位数学家，也是皮克斯动画工作室的色彩科学家和首席工程师，他的工作就是赋予动画形象以生命力。他的办公室位于加利福尼亚州爱默里维尔市（Emeryville）皮克斯明亮的红砖建筑中，里面充满着各种玩具，这在皮克斯公司总部并不罕见。格林恩制作过很多电影，包括《赛车总动员》(*Cars*)、《料理鼠王》(*Ratatouille*)、《机器人总动员》(*WALL-E*)、《飞屋环游记》(*Up*)和《玩具总动员 3》(*Toy Story 3*)。如果你喜欢那些电影中的色彩，那么你要感谢格林恩和他的团队。格林恩 30 多岁，会拉巴洛克小提琴，还有一个 3 岁的漂亮女儿。当我见到他时,他正在忙于完成《赛车总动员 2》(*Cars 2*)的制作。他告诉我，他使用的数学很简单，但由于某种原因，我对此持怀疑态度。从技术上讲，他所做的称为图像处理工程，本质上是由建立人类颜色视觉的数学模型组成。它是色彩科学、计算机科学和数学的混合。格林恩从方程式开始，以惊奇又五彩斑斓的故事结束，而这些故事让皮克斯成为行业中的领导者。

皮克斯的创造性基因根深蒂固。该工作室由标志性的《星球大战》(*Star Wars*)导演乔治·卢卡斯（George Lucas）创立，之后被苹果公司的史蒂夫·乔布斯收购，后来又被迪士尼收购。从一开始，公司的定位就是艺术与技术的紧密结合。起初技术层面占主导地位。早年间，皮克斯主要是一家电脑硬件公司。它的皮克斯图像计算机用于为医院和医学研究机构进行图形设计，但是高达 13.5 万美元的高昂成本使得该计算机的经营没能获得成功。作为一个不同领域交叉带来创新的绝好例子，一个名叫约翰·拉塞特（John Lasseter）的员工为了展示该技术的视觉力量，开始制作计算机动画短片。1984 年，拉塞特在一次行业大会上展示了一部名为《安德鲁和威利的冒险》（*The Adventures of André and Wally B*）的短片。这部短片引起了轰动。每个人都立刻意识到这部短片是计算机动画行业的重大飞跃。

皮克斯找到了它真正的使命。它摆脱了硬件方面而选择了电影制作。今天的皮克斯公司总部位于制药实验室和生物技术初创公司之间，那是一个想象力和主题公园的工厂。它自诩是电影业中集发明家、艺术家和怪才于一身的最成功的商业混合体。约翰·拉塞特现在是该公司的首席创意官，他曾执导过许多票房最高的成功影片。媒体非常喜欢他，因为他的艺术天才，也因为他鲜艳的夏威夷衬衫——显然他不是一个穿正装的人。

虽然皮克斯不再制造计算机硬件，但艺术与技术之间的创造性张力依然存在，并且这可能是公司成功的根本。每部电影的制作都是在项目的艺术和技术层面之间不断来回沟通进行的。像格林恩这样的技术人员的工作就是通过开发技术，让故事和人物更丰满，带来更好的视觉效果，让艺术层面得到更好保护。这是融合了技术创造力和艺术表现力的最好的创新，它产生了有价值的新东西。通过技术性的和富有创造性的提升，皮克斯革新了动画艺术。在这个过程中，它已经成为一个家喻户晓的名字，取得了前所未有的商业成功，并且几乎获得了全球电影评论家的赞誉。皮克斯已经获得了 26 项奥斯卡奖，平均每部电影获得了两个以上的奖项。

皮克斯的成功最终离不开像格林恩这样的人的才能和创造力。在我们的大部分消费都产自亚洲的时代，梦想的制造仍然在加利福尼亚州进行。皮克斯有着迪士尼乐园般的氛围，它的公司花园被巨大的《玩具总动员》木偶所主宰，动画家们有着无政府主义的气氛，皮克斯感觉就是典型的美国风格。这也让我们难以想象其公司总部会迁往深圳。

什么是创新型工作

过去 50 年来，美国经济逐渐从传统制造业转向知识创造、思想和发明创新。随着传统制造业工作不断消失，创新型部门逐渐增长。它很快就会成为 20 世纪五六十年代制造业曾经的样子：美国繁荣的主要动力。

在 20 世纪 80 年代和 90 年代初期，全球创新总体稳定，世界上每年的专利数量约为 40 万项。但自 1991 年以来，全球研发投资一直在增加。2010 年，全球专利数量超过 80 万项，并且几乎每年都达到新的高度。美国 2010 年最大的专利生产商是 IBM（5866 项专利）、微软（3086 项）、英特尔（1652 项）和惠普（1480 项）。最大的专利类别是制药（凸显着生命科学行业对美国创新的重要性），接下来就是信息技术、化学和材料科学、科学仪器、电信以及排名较低的新兴行业，如纳米技术。要找到与传统制造业相关的类别，你必须深入排名第 37 位和第 38 位的陆地车辆和金属加工。与 2010 年的排名相比，1992 年的排名显得有些过时了。1992 年，IBM 已经接近顶峰，但 IT 和生命科学领域的知名度要低得多，而生产传统制造业产品和摄影设备的公司则位于顶尖的创新者之列。佳能、富士和柯达都是当年十大专利生产商之一。

创新部门的工作不容易定义，因为创新有很多形式。当然，它们包括高科技领域：信息技术、生命科学、清洁技术、新材料、机器人技术和纳米技术。但创新型工作还包括科学和工程之外的部分劳动力市场。就与多米尼克·格林恩和皮克斯一样，创新型工作经常出现在意想不到的地方。它们的共同之处在于对人力资本和人类智慧的密集使用。

越来越多的怀疑者质疑创新对美国经济的重要性，他们认为就业增长不足以抵消制造业的减少。英特尔前任 CEO 安迪·格罗夫（Andy Grove）曾批评美国“错误地相信初创企业创造就业机会的力量”。泰勒·考恩（Taylor Cowen）颇具影响力的著作《大停滞》（*The Great Stagnation*）认为，像脸书或推特这样的公司雇员不多，因为它们的大部分内容都依赖用户，而且其规模实在太小，无法取代过去的巨头，诸如福特（Ford）和通用汽车等。

但从数据中得出的情况要复杂得多。以互联网部门的就业为例。甚至在看这些数据之前，我就猜测互联网的就业在增长。毕竟，网络已经成为我们获取新闻、购买产品、搜索信息、彼此联系以及寻找合作伙伴时最喜欢的地方。然而，我仍然吃惊于互联网就业的急剧增长。根据美国人口普查局（U.S. Census Bureau）收集的全美企业的综合数据，我估计在过去 10 年里互联网部门的就业人数增长了 634%，是同期其他经济部门就业总体增长率的 200 倍以上（这个数字甚至不包括高科技领域以外的互联网相关工作，如网上购物）。如图 3 所示，就业增长率是爆炸式的，并且在过去 5 年中一直在加速。如果劳动力市场的其他部分像互联网领域一样发展，那么不仅没有失业，而且每个公民（包括婴儿和老人）都会有两个新的职位空缺。这个领域的薪水总额增长更加剧烈——按今天的美元计算，10 年间增长会高达 712%。

持怀疑态度的人士所指出的没有错，脸书在门洛帕克市总部直接雇用的员工仅有 1500 名，另有 1000 名员工分散在美国各地。虽然这一数字迅速增长，但通用电气和通用汽车在美国的员工人数分别为 14 万和 7.9 万人。但脸书只是一个平台，而其中大多数吸引人的应用程序都是由其他公

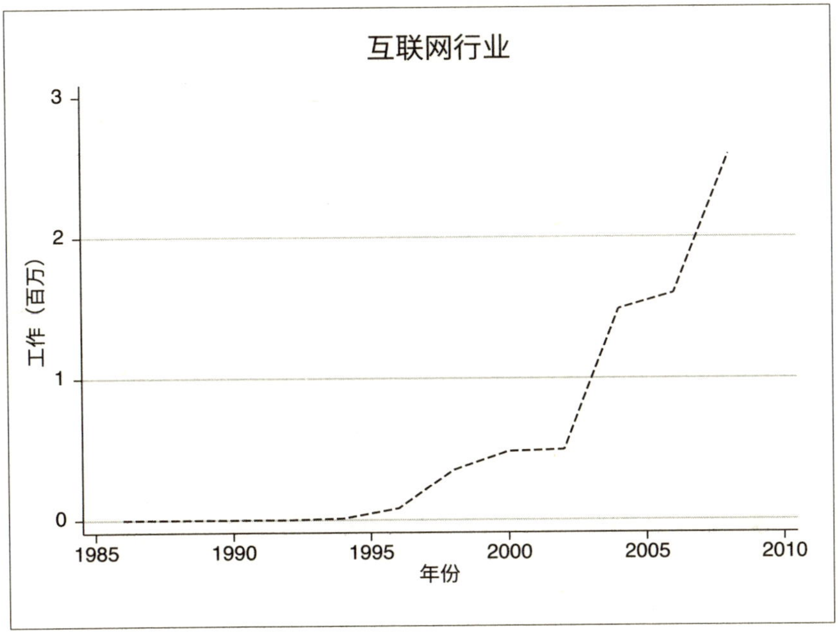
互联网行业
3
2
1
0
工作（百万）
1985
1990
1995
2000
2005
2010
年份

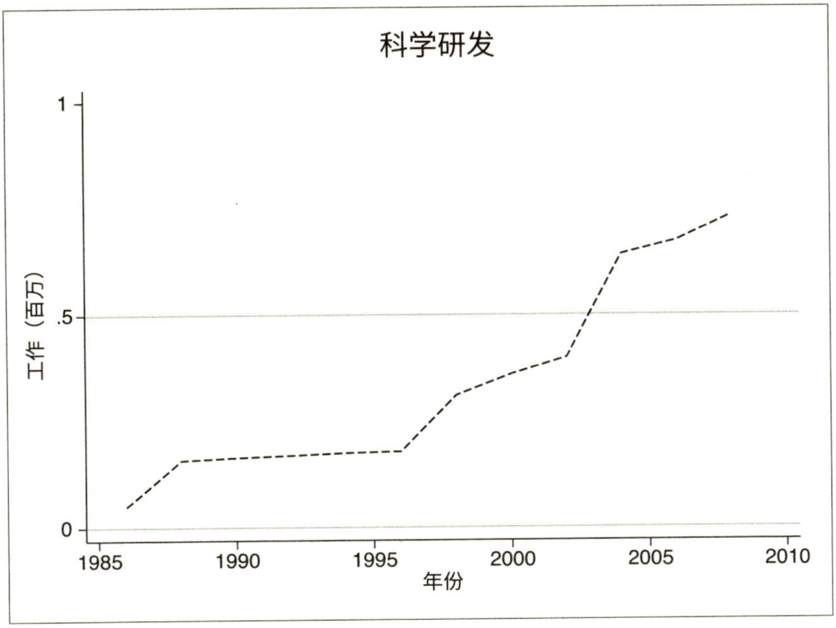
科学研发
1
.5
0
工作（百万）
1985
1990
1995
2000
2005
2010
年份

图 3　创新型工作的增加

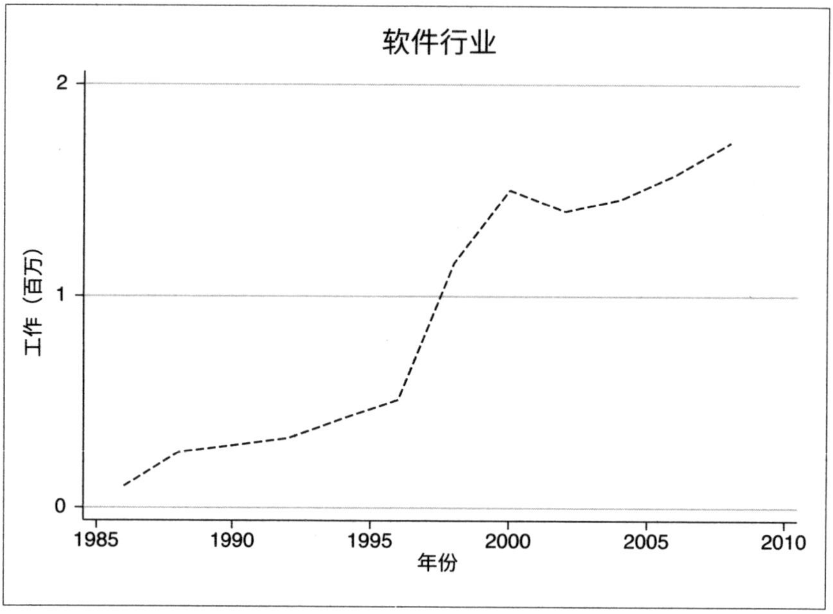

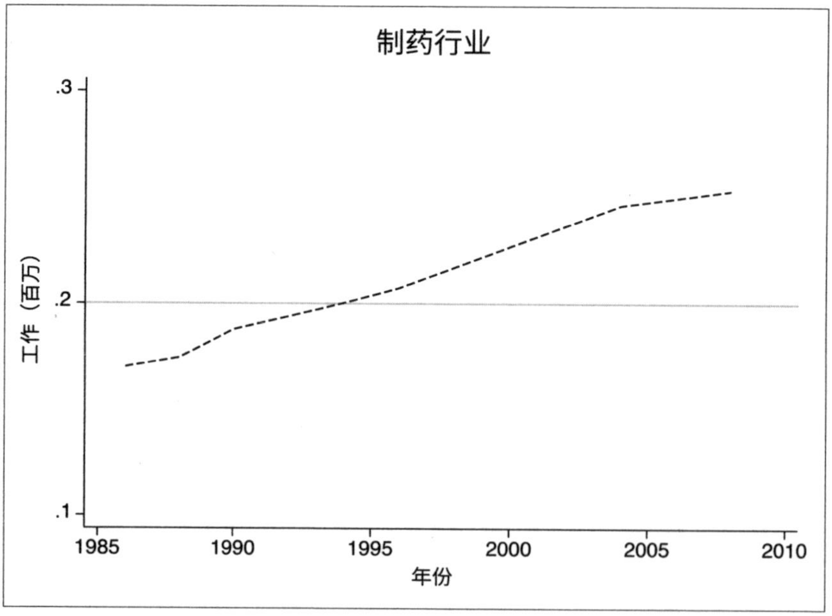

图 3（续） 创新型工作的增加

司创建的。有些公司，如游戏制造商星佳，拥有的员工比脸书多。最近的一项研究估计，生产脸书应用程序的公司直接创造了至少 5.3 个新职位，并间接创造了至少 13 万个相关商业服务岗位。这些并不是微不足道的数字，它们一起使得与脸书相关的工资和福利总价值超过 120 亿美元。

经济学家米歇尔·亚历克索普洛斯（Michelle Alexopoulos）利用各个领域的技术手册，精心整理了一套“二战”后技术创新的全面数据。她发现，信息技术的进步是过去 50 年来就业、生产力和投资增长最重要的来源之一。同样，全球管理咨询公司麦肯锡（McKinsey）估计，2004~2008 年，仅互联网行业就占美国经济增长的五分之一。

软件行业的增长也令人印象深刻。你可能没有意识到这一点，因为大多数媒体的报道都集中在将软件工作外包给像班加罗尔（Bangalore）这样的地方。但数据告诉我们，在过去的 20 年里，美国软件行业的就业实际上增长了 562%——不像互联网行业那样爆炸式增长，但仍然比其余劳动力市场高出 33 倍。（编程是一个重要的例外。程序员的所需技能通常不及软件工程师和计算机科学家，他们更多地受到“离岸外包”和自动化的影响。）

在过去 20 年间，生命科学研究的就业人数增长了 300%，成为创新部门的另一大支柱。这一数字仅包括私营部门研究和开发工作——例如生物技术——而不考虑在大学或政府实验室工作的研究人员。美国劳工统计局将生物医学工程师列为未来 10 年内预期增长最多的 20 个行业之首，预期增长率为 72%。医学科学家、生物化学家和生物物理学家紧随其后。

高端制造业——从机器人、制药，到电子技术和先进的医疗设备——是创新部门的另一个重要组成部分。毕竟，苹果、IBM 和思科（Cisco）等公司都是制造商，而且在美国，私人研发的很大部分都来自高端制造业。最近的一项研究表明，高端制造业公司只占所有制造公司的一小部分，却是增值最多、生产率最高的。相比于创新部门中较年轻的部门，这一部分的就业增长速度较慢但更稳定。例如，图 3 中的第四部分显示了过去 30 年制药企业的稳步增长。虽然并非所有部门都在创造就业机会——正如我们在计算机和半导体领域看到的那样——但先进的制造业比传统的制造业做得更好。至关重要的是，工作的结构正在迅速变化，蓝领工人的职位越来越少，工程师、设计师和营销人员的职位更多。这反映了苹果模式（iPhone-style）供应链的扩散，这种模式体现为产品由美国公司设计并使用美国技术制造，但在国外生产。

但创新部门不仅包括科学和工程领域，还部分涵盖了娱乐、工业设计、市场营销甚至金融等众多行业。仅在过去 3 年里，风险投资就已经在 200 家金融服务初创公司中投入了约 20 亿美元。据行业领导者之一 BillFloat 公司的 CEO 称，这相当于“创造了数以万计的就业机会”。以 Prosper 公司为例，它是一家 P2P 贷款初创公司，它将单个的借款人和贷款人联系起来，从而创造出比主流银行更优惠的贷款条件。不久前，Prosper 公司的借款名单上出现了这些人：一位来自加利福尼亚州需要 5000 美元重返校园的母亲；一位来自亚利桑那州为了搬运画作去自己的展览场地，需要 4000 美元买一辆卡车的艺术家；一位来自纳帕谷（Napa Valley），为了盛放 2011 年酿造的葡萄酒，需要 4000 美元购买新橡木桶的酿酒师；一位来自密歇根州寻求资金来改善其真人秀节目的电视制作人。从技术角度来看，Prosper 公司的创新并不是特别复杂，它只是一个使得借款人和贷款人直接接触的网上平台。但从社会角度来看，它正在革新小企业和家庭获得信贷的方式。这个过程不仅创造了 Prosper 公司本身的就业机会，也为它支持的企业创造了就业机会。

2010 年，美国在金融或商业实践创新方面授予了 3649 项专利，这是最重要的专利类别之一。目前，鉴于衍生品在引发 2008~2010 年经济大衰退中的作用，美国公众对金融“创新”的社会价值持有一个相当负面的看法。但这可能是过度反应。虽然有一些重要的例外情况，但总的来说，金融创新为美国经济增长做出了贡献。毕竟，飞机能以低廉的价格将人们从美国的一个角落运送到另一个角落，这不仅与航空技术的进步有关，也同样得益于应对高燃料成本的创新性对冲措施。

数字娱乐是另一个快速增长的创新领域。与多米尼克·格林恩一起在皮克斯工作的还有 800 多人。然而尽管不是每个人都在世界上最尖端的电影工作室工作，但在过去的 20 年，数字娱乐业整体已经创造了数以千计的好工作。1976 年拍摄《星球大战》时，特效由星际飞船塑料模型与手绘银河系背景构成。从 20 世纪 90 年代开始，特效制作果断转向采用数字技术。在今天，越来越多的电影、电视节目和广告都包含一些数字化成分。数字音乐产业也在快速发展，包括了像潘多拉这样的老牌公司及大量重塑我们体验音乐方式的小型创业公司，从基于社交网络的播放列表系统到创新型的文件共享系统，从移动卡拉 OK 到在车库中用来扮演摇滚明星的新工具，尽在其中。当然，还有电子游戏。在我小时候，电子游戏会出现粗糙的黑像信号和重复性的噼啪噪声。如今，游戏已经发展成为现实生活完美的视觉再现。游戏产业的年营业收入超过 200 亿美元，比电影和音乐产业的总和还多。这是一个很大的产业，它创造了成千上万个就业机会。

到头来，美国工人是生产实实在在的产品，如制造更高效的电动汽车用的锂电池，还是生产无形产品，如设计更好的搜索引擎，这些并不重要。真正重要的是美国工人生产的产品或服务的创新性、独特性和不易复制性。面对严峻的全球竞争，这才是创造良好就业机会的唯一途径。

为什么创新对你是重要的

我前面提到创新已经成为美国繁荣的新动力。但这到底意味着什么？什么是“经济引擎”？有必要说明经济引擎不一定是一个经济体的最大部分。创新工作数量的估计完全取决于如何定义创新，但一个合理的估计是美国大约 10％的工作岗位属于创新部门。虽然这个数字还在增长，但创新部门永远不会构成我们就业的主体。简单地说，普通的美国工人永远不会被互联网创业公司或皮克斯雇用。即使是在制造业的鼎盛时期，它雇用的劳动力也从未超过美国劳动力的 30％。

原因很简单：现代社会绝大多数工作都是本地服务。诸如服务员、水管工、护士、教师、房地产经纪人、理发师和私人教练等提供的服务都是在本地生产和消费的。这些部门的存在只是为了满足一个地区居民的需求，并且在很大程度上不参与国内和国际竞争。经济学家称这是非贸易部门。这些工作是“非贸易性”的，因为它们不能出口到其他地方：你需要去它们所在的地区消费[1]。

以瑜伽为例。如今瑜伽的商业规模很大而且仍在增长。詹妮弗·安妮斯顿（Jennifer Aniston）最近向《人物》杂志宣称：“瑜伽彻底改变了我的生活。”不仅是她，还有许多明星包括麦当娜（Madonna）和斯汀（Sting），都是瑜伽的真正信徒。据估计，还有 1580 万人经常练习瑜伽，而 10 年前

1　在这里，我从地区的层面定义非贸易部门。经济学家们更常使用的非贸易部门的定义是在国家层面的。并非所有在城市层面可贸易的工作在国家层面也是可贸易的。例如，微软全国有线广播电视公司（MSNBC）、福克斯新闻（Fox News）和美国国家公共电台（NPR）等国家新闻提供商提供的服务从城市的层面来看是可贸易的，但从国家的层面来看就是不可贸易的。定义并不总是完美的。大多数的餐厅工作都属于非贸易部门，因为它们是为当地居民服务。但在拉斯维加斯等旅游胜地，餐厅的工作岗位属于可贸易部门，因为它们主要为外地人服务。

只有 400 万人。这个行业每年的收入约为 60 亿美元，收入来源包括瑜伽课程、静修、私人教学，甚至是瑜伽旅行。正如作家玛丽·比拉德（Mary Billard）所说："禅宗是昂贵的。"从瑜伽纯粹主义者的角度来看，这听起来可能是在亵渎神明。但从创造就业的角度来看，它是非常宝贵的。成千上万的人在美国担任瑜伽老师，成为现在美国 26.1 万名"健身工作者"的一部分。随着越来越多的美国人使用瑜伽中心、健身俱乐部和健身设施，预计这一数字在可预见的未来将迅速增长。

瑜伽教练是庞大的非贸易工作网络的一小部分。在美国，三分之二的就业岗位都在这个部门。在过去 20 年中创造的 2700 万个就业岗位中，大部分都属于非贸易部门，其中医疗保健增长最快。即使在硅谷，居民也更可能在商店而不是在高科技公司工作。

相比之下，创新产业中的大多数工作属于贸易部门，类似的还包括传统制造业的工作，部分金融业、广告业、出版业等服务，以及石油、天然气和木材等农业和采掘业。这些工作约占所有工作的三分之一。与非贸易工作的很大差别在于它们生产的产品或服务大部分在该地区以外销售，因此需要在国内和全球市场上具有竞争力。例如，微软（Microsoft）和波音（Boeing）公司将其大部分产品出口给不在西雅图居住的客户。谷歌提供的服务——网络搜索，其主要使用范围在加州山景城总部以外。

看似矛盾的是，虽然绝大多数就业机会都在非贸易部门，但这一部门并不是我们繁荣的驱动力。相反，我们的繁荣主要取决于贸易部门，这有两个原因。首先，两个部门的生产率增长不同。正如我前面提到的，很多非贸易部门的劳动生产率并没有很大的增长。今天教授一节课程所需的瑜伽教练人数与 50 年前相同，并且可能永远不会改变；今天的心理治疗时长与弗洛伊德时代一样；油漆房子、修理漏水管道、照看孩子或出售房地产所需的劳动量与以往大致相同。尽管一部分非贸易部门生产率有所增长

（如医疗技术的进步使医生和护士的工作效率提高），更典型的情况还是其生产率增长有限。相比之下，由于技术进步，贸易部门的生产率随着时间而增长。正如我们所看到的，今天制造汽车所需的工时比 1950 年减少 75%。得益于不断创新，高科技部门的劳动生产率增长得更快。

关于工作的争论常常忽略了这个关键点。贸易部门和非贸易部门之间的生产率差异很重要，因为正如我们所看到的，提高工人生活水平的唯一途径就是提高生产率。有趣的是，贸易部门工人生产率的提高不仅意味着该部门工人的工资更高，而且也提高了其他部门工人的工资，特别是具有相似技能的工人。从历史上来看，当制造业工资不断上涨时，其他行业必须对工资进行调整以保持竞争力。例如，虽然建筑业的生产率没有增长，但是建筑商需要提高木匠、屋顶工和管道工的工资，以防止他们去从事制造业工作。所以，虽然制造业只雇用了劳动力的一小部分，但是几十年来，它仍然是一个促使许多美国劳动者，包括那些在服务业工作的劳动者提高薪水的强大动力。从这个角度来看，我们就能明白为什么制造业的消亡会如此可怕。这也清楚地说明了为什么创新活动的兴起如此重要，它不仅关乎行业自身的就业，更关乎整个经济。

第二个与之相关的原因是，创新的兴起对我们所有人都很重要。第一个原因反映的是国家范围内的力量，第二个原因反映的则是地方性的但同样重要的力量。每当一家公司在创新领域创造就业机会时，它也间接地在同一城市的非贸易部门创造了更多的就业机会。科学家、软件工程师或数学家被吸引到一个新城市后会增加对当地服务的需求。这进一步又意味着提供了更多的工作机会，如出租车司机、管家、木匠、保姆、发型师、医生、律师、宠物护理师和理疗师。这些本地服务人员聚集在高科技工作者的周围，满足了他们的生活需求。本质上，从城市的角度来看，一个创新工作产生了更多的工作。

为了了解这种乘数效应在实际中的运作，我来介绍一位名叫蒂姆·詹姆斯（Tim James）的小企业主。詹姆斯是旧金山的一个装订商。他的客户大多是当地的居民和企业，所以他显然属于非贸易部门。他雇用 8 名负责装订书籍和从事定制印刷的工人。他的员工手艺很好，但是受教育程度较低。如果你去参观他洞穴般的有霓虹灯闪烁的店铺，你首先注意到的是几个漂亮的老式切割装订机，它们占据了绝大部分空间。纸张到处都是，一些纸张整齐地堆在地上备用，其他的都是一些小纸条。灰尘覆盖在机器和地板上。装订似乎是一项劳动非常密集的工艺。在过去的 30 年里，詹姆斯店中使用的技术并没有太大变化。

虽然詹姆斯的店铺肯定是低技术含量的，但多年来他的业务表现与纳斯达克（NASDAQ）的涨跌密切相关，而纳斯达克反过来又紧跟旧金山高科技公司的表现。在 20 世纪 90 年代末互联网繁荣时期，詹姆斯的业务量猛增。在此期间，薪水丰厚的高科技工作者聚在当地的餐厅和酒吧就餐，在当地建造新房子并且跑到当地的健身房健身，从而极大地增加了当地服务人员（包括装订人员）的收入。为了跟上不断增长的产品需求，詹姆斯雇用了 3 名新员工并且提高了每个人的工资。在随后的互联网泡沫破灭之后，市场对詹姆斯产品的需求下降，因此他雇用的员工数量减少，只是在最近随着当地高科技行业的扩张，需求有所回升。

詹姆斯的情况并非特例。事实上，它很好地体现了创新工作与当地服务之间的紧密联系。创新部门只占有一小部分就业岗位，但创造了与其本身数量不成比例的大量当地就业机会，因此深刻地影响了当地经济。一个发展良好的贸易部门对当地经济产生直接促进作用，因为它创造了高薪工作，同时也间接地为非贸易部门创造了更多的就业机会。真正值得注意的是，这种对当地经济的间接影响远大于直接影响。根据对 320 个大都市地区 1100 万名美国工人的分析，我的研究表明，从长远来看，在大都市地区每增加 1 个新的高科技工作岗位，就会创造出 5 个额外的当地工作岗位。

我之前提到过这个事情，但现在它变得更有趣了。这 5 项工作使不同的工人受益。由乘数效应创造的 2 个职位是专业工作——医生和律师，而另外 3 个受益职位是非专业工作——服务员和店员等。以苹果公司为例。它在库比蒂诺总公司雇用了 1.2 万名员工。然而，通过乘数效应，该公司在整个大都市地区创造了超过 6 万个额外的服务工作，其中 3.6 万是非技术工人，2.4 万是技术工人。令人难以置信的是，这意味着苹果对该地区就业的主要影响是高科技以外的工作职位的增加。（顺便说一下，苹果是蒂姆·詹姆斯的客户之一：当史蒂夫·乔布斯去世时，詹姆斯被委托制作这个家族的吊唁簿。）从本质上讲，高科技工作是硅谷繁荣的“因”，医生、律师、屋顶工和瑜伽老师这些工作则是“果”。这很简单：到头来，必须有人为“瑜伽课程”掏腰包。

所有的贸易部门都有乘数效应，但创新部门的乘数效应最大。我的分析表明，吸引一项传统制造业的工作到本地，会增加 1.6 个本地服务岗位——不到高科技工作影响的三分之一。罗恩·布鲁姆（Ron Bloom）是前总统奥巴马的制造业顾问，他喜欢这样说：“如果你有一家汽车装配厂，沃尔玛就会跟着进驻；如果你有一家沃尔玛，汽车装配厂就不会跟进。”他是对的：制造业创造了当地的服务业就业机会，这对社区来说是一大好处。但他忽略了这样一个事实：如果一个社区要吸引一个类似规模的互联网或生物技术公司，那么服务业的就业机会就会增加得更多。这不仅会创造 3 倍的就业机会，而且这些工作比沃尔玛的收入更高。以西雅图为例，虽然像波音这样的制造公司在西雅图的就业数量是微软的 2 倍，但它最终创造的本地工作岗位少于后者。

高科技行业的乘数效应怎么会比其他行业的乘数效应大这么多？高科技有什么特别之处？首先，高科技员工的薪水很高，工资和福利通常远高于平均水平。这意味着他们比其他员工消费更多的本地服务，从而创造更多的本地就业机会。随着拥有更多的可支配收入，这些员工更频繁地去餐馆、理发和理疗。根据一份公司报告，微软公司员工的平均年薪是17万美元。这么高的薪水有点儿令人难以置信，尤其是如果你考虑到它包含了公司所有人，包括秘书和门卫。在减去每个员工在非本地商品消费、购买住房、税收和储蓄后，大约有8万美元可用于当地服务。按照现行工资，仅这一数额就足以支付两份当地非专业工作的薪水。除员工的个人消费外，高科技公司的运营还需要许多当地商业服务，这意味着更多的平面设计师、营销人员、商业顾问和保安人员的工作岗位。

高科技乘数效应很大的最后一个原因是高科技公司往往彼此相邻。把一家高科技公司引入一个城市，最终会有更多的高科技公司进驻该城市，因为高密度的集聚会让高科技公司更具创新性，同时更易成功。这种聚集效应也存在于制造业中，但在高科技领域尤为突出，其背后的原因我们很快就会发现。高科技公司的聚集最终创造了更多的本地服务岗位，并产生了更大的乘数效应。

政策制定者和商界领袖喜欢赞扬美国小企业的优点，他们总是指出小企业是创造就业机会的主要来源。虽然这是事实，但绝大多数小企业都从事零售和其他非贸易服务。最终，它们的存在取决于贸易部门的活力，而在这个部门，大型企业占主导地位。如果不是贸易部门创造收入，一个城市就不会有太多的零售工作岗位。

乘数效应是劳动力市场的一个显著特征。目前关于美国经济的公开辩论通常是以两个群体利益之间的内在矛盾为框架的，如富有和贫困的美国人之间、有产者和无产者之间。虽然这种紧张关系确实存在于一些财政政策中，比如当我们决定对高收入者征收多少税的时候，但在大多数其他情况下这是一个错误的二分法。就创造就业而言，高收入劳动者和低收入劳动者的利益之间没有内在矛盾。事实上，乘数效应的关键在于经济是一个紧密相连的体系，对一个群体有利的通常对另一个群体也有利。在这种情况下，水涨确实会使所有的船变高——至少能抬起那些处于同一城市的船。

新工作、旧工作与工作的循环再生

创新部门而非制造业部门拥有如此多就业岗位的一个关键原因是，即使在今天，它仍然是一个劳动密集程度很高的行业。科学研究的主要生产投入是人力资本，即人和他们的思想。编写软件仍然需要花时间敲键盘输入。你只是去一个工作场所看看，就会知道哪些生产投入是真正重要的。在工厂里，其主要组成部分显然是机器，其他的一切，包括操作人员的位置和活动，都围绕着机器运转。在实验室或软件公司里，很明显一切都是围绕着重要的人进行的。具有讽刺意味的是，创造最新技术的工作场所在很大程度上仍然依赖于人类劳动，而制造传统商品的工作场所则主要由机器人管理。

以数字娱乐为例。为一部电影添加数字效果需要很长时间的创造性劳动。当我和程序员肯特·马西森（Kent Matheson）一起去看电影《阿凡达》（*Avatar*）时，我意识到这个过程是多么耗费人力。马西森曾在乔治·卢卡斯的工业光魔（Industrial Light and Magic）特效公司中担任程序员并为这部电影工作。马西森花了数周的时间设计一艘星际飞船，然而这艘飞船在这部时长 2.5 小时的电影中只出现了几秒钟。我的好朋友本·冯·扎斯特罗（Ben Von Zastrow）在皮克斯以北几英里的一家名为蒂皮特工作室（Tippett Studio）的小型独立工作室工作，他的工作是为电影制作由电脑生成的毛茸茸的小动物。从技术上讲，本是一位灯光艺术家。当然，这里没有物理意义上的灯具或装置，他使用软件来“照亮”动画生物。他与其他数字艺术家一起工作，他们被形象地称作动画师、模型师、纹理画家、合成师和木偶师等，但他们都是通过在键盘上敲击来创建图像的。本和他的团队花了整整三个月的时间才创造出电影《暮光之城：新月》（*Twilight: New Moon*）中的小狼那样简单的生物。

使用键盘制作图像耗时耗力，但对这个行业的工作人员来说并不是坏事。相反，这是一件非常好的事情，因为这意味着他们有更多的工作机会——至少目前是这样。当然，未来会有一天，一些新软件能够让数字艺术家们在几周内、几天内，最终在几小时或几分钟之内，完成星际飞船和毛茸小动物的创作，而不是花费几个月的时间。一开始，数字艺术家们将会因为可以更轻松、快速地完成工作而激动不已。但从长远来看，这意味着更少的工作机会。就像拖拉机和联合收割机取代了农场工人，机器人取代了工厂工人一样，强大的计算机和更先进的软件将会有一天也取代数字艺术家的工作。

在今天看起来更像艺术而不是劳作的工作最终会变得商品化、标准化和机械化——这种工作将会失去光彩，并且人数将会减少。因为技术进步减少了对人力劳动的需求，所以这种情况可能不仅会在数字娱乐领域出现，还可能出现在大多数创新部门的其他领域。我们希望当这种情况发生时，会出现有前景的新想法和新产品，从而新旧工作的循环将重新开始。

因为创新涉及新技术，一个常见的谬误就是认为创新中的所有工作都是“新工作”。但是在很多情况下，它们只是取代了现有的工作；而在某些情况下，它们甚至可能导致整体就业数量的减少。例如，我们不可否认旅游网站创造了社会价值，因为它们使机票和酒店预订变得更加便宜、方便。为了那些设计和管理亿客行（Expedia）和旅游城（Travelocity）等公司网站的人，已经创造了数千个“新”互联网职位，但这也导致全美无数家旅行社不得不关闭，因此失业人数大大增加。同样，网飞公司（Netflix）

增加了可出租影片的种类，但这对于数千家社区视频商店来说是灾难性的。

创新不断推出一系列不断变化的就业岗位，但净效应是正向的。一项对法国互联网行业的分析发现，自互联网出现以来，已经创造了 120 万个就业机会（包括软件工程等与互联网直接相关的职位，以及该部门以外的职位，如网上购物），同时减少了 50 万个就业机会，从而产生了 70 万的净增加。在其他工业化国家，最好的估计是，每破坏一个工作岗位通常会创造 2.6 个就业机会。重要的是，虽然减少的工作岗位分布在不同地区，但就业增加大多很集中。以旅游网站和网飞公司为例，西雅图、纽约和旧金山湾区是这些网站公司的所在地，因此就业上升，而其他所有城市的零售业工作都有所减少。

为什么工作创新会持续增长

2007 年，27 岁的企业家萨姆·莱森（Sam Lessin）参与创办了网络创业公司 drop.io，旨在让人们更方便地进行实时文件共享和协作。3 年后，莱森做了一个重大决策，将其网络创业公司卖给了脸书。在支付了数百万美元后，脸书立即做出了令人意想不到的事情：它关闭了 drop.io。事实证明，脸书一直想要的是萨姆·莱森。这是硅谷出现的一种新现象：大型的老牌公司收购整个创业公司并不是为了获得开创性的新技术，而是为了得到最初想到这些技术的人。

对于那些在被收购的公司工作的人来说，这通常是个好消息，因为这意味着丰厚的薪水和股票期权。《纽约时报》最近报道说，2009 年脸书收购了朋友饲料（FriendFeed），这是一家帮助人们关注朋友在线活动的公司。“科技业内人士认为，该公司正试图更有效地与推特竞争。但脸书确实想要得到朋友饲料的十几位知名产品经理和工程师”，包括其联合创始人布雷特·泰勒（Bret Taylor）。朋友饲料的价格估值为 4700 万美元，即每位员工 400 万美元。脸书首席执行官马克·扎克伯格（Mark Zuckerberg）当时表示："我们真的很想得到布雷特。"他接着说，"一个在某些方面表现出类拔萃的人比一个相当不错的人不只是优秀一点点，他优秀了 100 倍。"

扎克伯格的评论特别发人深省。创新部门的崛起与人才价值的增长相关，原因很简单：经济价值比以往任何时候都依赖人才。20 世纪是关于物质资本积累的竞争，而今天是吸引最优人力资本的竞争。扎克伯格实际上说的是，新思想的经济回报从未如此之高，对那些能提出好想法的人的回报也在增加。沃恩·史密斯（Vaughan Smith）在《纽约时报》的同一篇文章中称："工程师的价值在 50 万到 100 万美元之间。"史密斯确实应该知道。作为脸书的企业发展总监，他在过去 4 年中为脸书挖来了 20 多名"人才"。

为什么新思想带来的经济回报增长如此之快？毕竟你可能会认为，即使是在 30 年前，有了新的想法也会创造出很大的经济价值。那是什么发生了改变？从根本上说，这种增长有两个原因：全球化和技术进步。值得注意的是，导致蓝领工作消亡的这两股力量，如今正在推动创新部门就业岗位的增加。

全球化进程的加剧对创新型企业来说尤为利好。原因很简单，尽管它在关于就业和全球化的政治辩论中往往被忽视。创新产业在盈利方式上与其他行业有着根本的区别。以软件制作为例：提出一个新软件的想法、开发、测试过程是昂贵的，但一旦软件写好，它可以被复制数百万次，并且不用付出任何代价。微软在开发 Windows 的新版本（微软商业成功的支柱）时期付出的大部分成本都涉及聘请工程师编写软件代码。由于它们不取决于 Windows 的销售数量，这些成本基本上是固定的。可变的成本——把 Windows 实际写入光盘的成本和运送它的纸板盒的成本——都是微不足道的。这意味着微软花费了数十亿美元来制作第一个版本，而制作第二个却只需要几美分。全球市场使公司能够在不增加生产成本的情况下销售更多的副本。互联网服务、制药、数字媒体和其他前期研发成本很高的大多数产品也是如此。谷歌每个月都要花费数百万美元来改进它的搜索引擎。这项投资的成本不会因为 10 人或 10 亿人使用该公司网站而改变。唯一改变的是它的利润。同样，一种新药的大部分成本都是用于研发投资，而在生产阶段中一个药丸的成本很低。

在大多数创新产业中，主要生产成本是研发所需的固定成本。生产的可变成本通常较低。进入全球市场可以在不增加成本的情况下增加销量，进而大大提高了创新带来的回报。因此，用于创新的资源现已达到前所未有的水平也就不足为奇了。这不仅对创新型公司的创新至关重要，对创造就业机会也很重要。创新产业的这些特征与传统制造业形成了鲜明的对比，后者的固定成本可以很高，但其可变成本也很高。例如，在制造汽车或衣服时，每增加一个单位就大大增加了总成本。因此，市场规模给传统制造业带来的好处比不上创新产业。

由于全球中产阶级的扩大，全球化的影响不断加强。随着中国、巴西和印度等国家更加富裕，它们对高端产品的需求也不断增加。这一趋势往往有利于创新产业。美国对中国的出口增长了近 500%，比美国对世界其他地区出口增长快 10 倍以上。这些出口很大一部分是产自加利福尼亚州、华盛顿和得克萨斯州的高端产品，如软件、科学仪器、医疗器械和航空航天产品等。

不过，撇开数字不谈，人们对全球化仍会感到不安。调查一致表明，包括创新行业在内的大多数美国人认为，全球化是导致美国经济问题的主要原因之一。埃里克·斯科特（Eric Scott）就是一个很好的例子。他是一位经验丰富的硬件工程师，一生中大部分时间都在高科技领域工作。几年前，他在旧金山的一家高科技公司杜比实验室（Dolby Labs）谋得了一份很好的工作。杜比实验室为电影院制作数字音响系统，并为DVD制作音频应用。斯科特有一个妻子和一个3岁大的女儿，他还有一套距离杜比研发中心不远的新抵押贷款的房子。他注意到，多年来杜比一直在尝试将部分创新过程外包到亚洲更便宜的地方。到目前为止，他的公司似乎还没有开始外包业务，但他可以很容易地想象出，在未来，包括他自己从事的工作在内的大多数创新性工作都将外包出去。这就是我们发展的方向吗？

直到最近，大多数发展中国家都把重点放在劳动密集型、低技能的制造业上，这些部门主要是在价格上竞争。但在某些时候，他们可能会厌倦自己仅仅是“加利福尼亚设计”的商品的生产者。中国获得的专利早已超过德国和法国。可以肯定的是，这些专利的质量，用被其他专利引用的次数来衡量，还是比西方国家低[1]。尽管如此，不可否认的是，中国和印度的创新正在稳步增长。

虽然大部分传统制造业的外包导致了失业，但是创新部门的情况恰恰相反。这是为什么呢？最近的研究显示，中国有更多的装配工作，印度有更多的客户服务工作，二者最终意味着在美国有更多的研发工作，同时那些聚集在高科技公司周围的专业人士——广告商、设计师、分析师、会计师也有更多的就业机会。让我们以商业硬件和软件巨头甲骨文（Oracle）为例。2000年，甲骨文公司在美国有22008名员工，在海外有20919名员工。如今，甲骨文在美国有4万名员工，在国外有6.6万名员工。尽管美国的就业比例有所下降，但美国实际就业人数却有所增加。最重要的是，

1 《经济学家》（*The Economist*）杂志报道说，学者的职称晋升会考虑他们专利申请的数量，批准了大量专利的专利局员工会因此获得奖金。申请了许多专利的公司的企业所得税更低，获得政府合同的可能性更高。世界上申请最多专利的公司是中国的华为公司，这或许并不奇怪。

薪酬最高的研发部门的工作绝大多数仍然在美国，而且数量已经显著增加。正如詹姆斯·法洛斯曾说的那样，印度和中国的工人“每年赚 1000 美元，他们在帮助美国设计师、营销人员、工程师和零售商每周赚 1000 美元（甚至更多）。此外，他们还帮助了美国公司的股东”。

为了了解这如何在实践中发挥作用，我们考虑生命科学研究的情况。在过去的 10 年中，许多美国生物技术和制药公司将部分研发活动转移到国外。维尼塔·沙玛（Vinita Sharma）博士是印度政府科学技术部、国家药品非临床研究质量管理规范（GLP）监督机构的负责人，该部门相当于美国食品药品监督管理局（FDA）。她是一位富有激情的都市女性，在研究和政策方面有着丰富的经验。她有一个愿景：按需提供印度制造的研发服务。我见到她时，她心情很好。印度即将获得经合组织（OECD）关于运营药品、工业化学品和农用化学品的临床前测试实验室的认证。该认证意味着印度现在可以向欧洲和美国的生命科学公司提供大量的实验室测试。“如果你在美国、德国或中国有新想法，我们会为你提供优质的研发服务，”她说，“我们想把知识转化为财富。”

这恰恰是那种使美国工人感到害怕的举措。这会对他们的工作产生怎样的影响？这种影响可能是积极的也可能是消极的，这取决于雇用更多的外国研发人员会使美国公司在美国雇用更多还是更少的员工。用经济学术语来说，这取决于外国工人是本土工人的互补品还是替代品。达特茅斯学院（Dartmouth）的经济学家马修·斯劳特（Matthew Slaughter）的一系列研究表明，外包并不是一个零和命题，因为海外工人通常是美国工人的互补品而非替代品：美国跨国公司每外包一份工作，都会在美国创造接近两个新的工作机会。对美国工人来说这是一笔不错的交易。这些新工作往往是研发、营销、工程、设计和科学方面的职位。这些工作薪水很高，并为职业发展提供了巨大的潜力。由美国国家工程学院（National

Academy of Engineering）编制的一份关于技术领域离岸外包的最全面的报告也认同了这个观点："离岸外包似乎有助于提高多个行业中美国公司的竞争优势。"

全球化并不是创新领域就业和工资增长的唯一原因。当一家公司成功地将一项创新引入市场时——这项创新可以是从 iPad 到新药物的任何一项——通常可以收取比生产成本高得多的价格。经济学家称之为经济租金。在这方面，创新产品就像范思哲（Versace）的手包。在高端时尚中，经济租金来自品牌的魅力。在高科技领域中，经济租金来自专利，它赋予创新者垄断的权力。

那最终谁能从创新带来的经济价值中获益呢？消费者通过获得新的、更廉价的产品获益，公司因更高的利润而获益，其余部分归参与产品开发的工人。这意味着更多的就业机会，并且在某些情况下意味着更高的薪水。普查局对美国 4.8 万家公司的 20 年内部运作情况进行了高度机密的跟踪，经济学家纳塔拉詹·巴拉苏不拉马连（Natarajan Balasubramanian）和加格蒂什·西瓦达桑（Jagadeesh Sivadasan）利用这些跟踪数据发现，当一家公司成功获得第一项创新专利后，在一年里其就业和劳动生产率都显著增长，而且这些积极的影响会持续多年。伦敦经济学院教授约翰·范·里宁（John Van Reenen）研究了英国 600 家创新公司的工资与创新之间的关系。聚焦于那些重要的技术创新和成功的商业创新，他发现，一家公司的平均工资会由于创新而大幅增加，并在推出新产品的 3 年后达到峰值。

因此，创新带来的经济租金不仅惠及首席执行官和股东，也使工人获益。工资涨幅是相当可观的：据范·里宁估计，总体而言，工人通过高薪形式获得了创新带来的附加经济价值的 20% ~30%。这就是创新作为创造就业的动力变得如此重要的原因之一。就像我们在苹果手机的例子中看到的，生产可在世界任何地方生产的标准产品几乎没有价值。但是，当一个国家的贸易部门生产出具有创新性和独特性的产品时，它会创造更多、更好的就业机会。

随着新兴经济体中越来越多的年轻人接受大学和研究生教育，全世界具有创新能力的劳动供给正在增加，但对有技能和创造性的工人的需求增长更快。最近的经济衰退暂时减缓了需求的增长，但从长远来看，全球化和技术进步意味着那些能创造新思想和新产品的劳动力将获得更多的就业机会和更大的回报。虽然这对美国社会总体而言是个好消息，但这种转变对美国工人的影响在地理上并不均衡。新就业机会的产生在全国范围内并不是均匀分布的。它更倾向于某些城市和地区，而忽视其他城市和地区。地理位置变得越来越重要。在下一章中，我们将讨论在新的创新经济中谁赢谁输以及这些趋势是如何重塑美国社会结构的。

第三章 大分化

The Great Divergence

西雅图不再像 30 年前那样。破破烂烂的仓库已经被改造，容纳了许多家小型初创企业，大公司也建起了漂亮的新办公楼。曾经濒临坍塌的码头和锈迹斑斑的港口如今成了互联网和软件公司的聚集地。旧的铁路站场也已经被翻新，现在成了安进（Amgen）制药公司的实验室。从前位于市中心北部的破旧肮脏的住宅区和商业区，现在已经成为西雅图的新标志，每年都会出现精心设计的写字楼和公寓。

如果你在国会山区第十五大道的维克托罗拉（Victrola）咖啡和艺术咖啡馆外坐上几个小时，你就会感受到西雅图朴实无华的活力和谨慎的乐观。这个同时拥有 30 多岁的专业人士、同性恋伴侣、努力拼搏的大学生以及富裕稳定的家庭的地区是西雅图众多繁荣的社区之一。人们在热闹的街道上漫步，随处可见各种书店和专门经营手工艺品的酒窖。在这个城市，美食餐厅和新的文化场所已经接替了废弃的建筑和地面停车场。就连先锋广场（Pioneer Square）也正在经历复兴，这里不久前还因戒毒诊所而为人所知，如今星佳、愉景湾（Discovery Bay）和蓝色尼罗河等高科技公司纷纷进驻其美丽的历史建筑。西雅图变得如此时尚，以至于它甚至吸引了金融机构：星巴克（Starbucks）董事长霍华德·舒尔茨（Howard Schultz）旗下的风投公司——玛孚龙（Maveron），这个公司刚刚接管了第一大道（First Avenue）一处翻新过的店面。

西雅图是一个融合了强烈的社区意识、具有感染力的创业活力以及低调的大都市氛围的地方。最重要的是，西雅图散发着对未来的信心，这种信心基于一个简单的事实：西雅图已经从一个经济落后的地方性城市，完全转变成了世界一流的创新中心之一。在这个过程中，西雅图的居民已经成为美国最具有创造力、工人薪水最高的人群之一。

西雅图并非一直是现在这样。今天的人们很难想象它以前的样子，但一个在 30 年前到西雅图旅行过的人会对这座城市有完全不同于今日的印象。在 20 世纪 70 年代末，西雅图完全是内向型和落后的，这里充满对未来的恐惧，被犯罪问题困扰，经济因失业而元气大伤。但是在 1979 年 1 月初的一个雨天的早晨，一件事情改变了西雅图这座城市的历史。

双城记

现在人人都将微软和西雅图联系在一起。然而，在它成长的早期阶段，微软所在地与西雅图相距甚远。实际上，微软公司是于 1975 年在新墨西哥州阿尔伯克基成立的。那一年，微软有 1 个产品、1 个客户和 3 个员工。客户是微型仪器与自动测量系统公司（MITS），一家位于阿尔伯克基的硬件公司。该公司正在制造一款名为“Altair 8800”的成功的家用电脑套件，该产品使用 BASIC 软件来进行操作。在之后的岁月里，微软在新墨西哥州发展壮大。在 1975 年年底，两位创始人之一的 20 岁的比尔·盖茨（Bill Gates）——一个热情、初出茅庐的年轻人，从哈佛大学休学，加入了已经在阿尔伯克基的另一位创始人保罗·艾伦（Paul Allen）的行列。微软的前景一片大好。微软的经营有起色后，盖茨也没有回到哈佛去完成他的学业。他并不需要这个学位。微软的销售额呈指数式增长，到了 1978 年，微软的销售额已经超过了100万美元大关,当时有13名员工在为微软工作。

但创始人们却越来越不安于现状，最终他们决定搬迁。这并不是一个商业决定。盖茨和艾伦都来自西雅图，他们也都想回到那个他们从小长大的地方。1979年新年那天，整个公司打起包裹，搬到了西雅图华盛顿湖另一边的一个宁静的郊区贝尔维尤（Bellevue）。

1979年，西雅图并非一个软件公司的明智选择。事实上，西雅图看起来更像是一个很糟糕的选择。那时的西雅图还不是一个雄心勃勃的中心，而是一个在痛苦中挣扎的城市。和太平洋西北部的其他许多城市一样，这里每年都在流失大量的就业机会，失业率高，未来增长前景不明朗。西雅图更像是今天的底特律而非硅谷。

就像底特律一样，西雅图的问题很简单：它的经济严重依赖旧式的制造业和木材行业，这是一个毫无吸引力的行业组合。就像底特律一样，大约一半的制造业岗位都在运输部门。毫不奇怪，雇主们艰难度日，不得不裁员。成千上万的人离开了这座城市。从历史上来看，在波音和几家分包商的支持下，航空航天在西雅图一直拥有强大的影响力，但在20世纪70年代和80年代初期，波音公司遭遇了多次下滑。大型卡车制造商帕卡（Paccar）公司和当地另一家主要雇主也遇到了问题。虽然也有一些亮点，如诺思通（Nordstrom）总部和港口，但它们相对弱小，不足以带动当地经济的发展。除波音和华盛顿大学雇用的员工外，西雅图居民不怎么有技能。

因此，那时西雅图居民的生活质量在下降。今天，除了天气，大多数人认为西雅图是美国最舒适的城市之一。但当微软在20世纪70年代末搬迁到西雅图时，那里的犯罪率明显高于阿尔伯克基，人均抢劫案要高出50%。西雅图学校的质量参差不齐，博物馆年久失修，如今有趣又不拘一格的烹饪环境在当时也不值一提。星巴克当时还是一家只有三家店面的小型本地公司，仍在供应标准的美国冲淡咖啡，尚未引发浓缩咖啡革命。

在此前几年，《经济学人》还将西雅图称为“绝望之城”。在一篇关于当地经济惊人衰退的文章中，记者报道：“在华盛顿的西雅图，人们可以买到美国最好的二手汽车、二手电视机和房子。这个城市已经变成了一个巨大的当铺，很多家庭在没有钱买食物和付房租的情况下，会出售他们能够出售的一切。”人们对未来的期望如此之低，以至于机场附近出现一个巨大的广告牌，上面写着：“最后一个离开西雅图的人，把灯熄灭！”这个广告牌至今仍是人们津津乐道的话题，它完美地表达了一个正在衰落的城市的心情。

尽管微软从阿尔伯克基搬迁到西雅图在那个时候看起来没什么意义，但是这次搬迁帮助西雅图变成了美国最成功的创新中心之一。值得注意的是，它是多么偶然。比尔·盖茨和保罗·艾伦本可以把公司搬到硅谷，在那里有许多其他已经成立的科技公司，或者他们也可以继续留在阿尔伯克基。凭借着干燥温和的气候、轻松的人文环境，加之拥有桑迪亚国家实验室和新墨西哥大学，阿尔伯克基当时看上去注定能发展出一个高科技产业集群，而如果微软留在了那里，它可能确实已经成为高科技产业集群区了。从微软公司的角度来看，在 1979 年留在阿尔伯克基并非不理智的。一开始，搬迁的想法遇到了一些阻力，一些雇员喜欢新墨西哥州，也不想处理搬迁中的周折。但是盖茨和艾伦坚持自己的决定。

创新比任何其他部门都更有能力重塑整个社区的经济命运，以及它们的文化、城市形式、当地的便利设施和政治态度。我们知道这一点，但要准确分析所有这些力量的相互作用并区分因果关系是困难的，尤其是在像硅谷这样复杂的地方。相比之下，西雅图高科技行业的历史可以追溯到一个特定的偶然事件，这使得它成为一个能为我们提供洞见的自然实验。

在微软搬迁之前，西雅图和阿尔伯克基的劳动力市场看起来非常相似。

例如，1970 年，西雅图受过大学教育的工人在人口中的相对数量仅比阿尔伯克基高出 5%。由于所有波音工程师以及与华盛顿大学相关的医院和诊所都在西雅图，因此西雅图的薪水也略高一些，但差异很小，并且它们的工资变化趋势也很相似。微软搬迁后，这两座城市的发展道路开始以不可逆转的方式分道扬镳。到了 1990 年，受过大学教育的工人数量的差异已经增加到 14%；随着高科技行业的爆炸性增长，在 2000 年受过大学教育的工人数量的差异达到 35%。现在则已经达到了惊人的 45%。这是一个巨大的差异，类似于美国和希腊之间存在的差异。重要的是，工资水平也在分化，尤其是在技术工人中。1980 年，西雅图的大学毕业生就比阿尔伯克基的大学毕业生多赚 4200 美元，但现在增加到了 1.4 万美元。

自从阿尔伯克基失去了微软之后，其经济发展一直踱脚而行。劳动力受教育程度的缓慢增长阻碍了当地创新部门的发展。虽然英特尔和霍尼韦尔（Honeywell）在那儿有大型生产设施，美国银行（Bank of America）和富国银行（Wells Fargo）也在那里拥有大型后台部门，但更多的是典型低附加值服务业的低端工作。总的来说，阿尔伯克基的创新集群从未达到维持一个真正具有竞争力的高科技生态系统所需的临界规模。相比之下，西雅图是世界上软件工程师最集中的地区之一。这种聚集规模如此之大，以至于超过四分之一支付给北美软件工人的工资都在西雅图。T-Mobile 是美国第四大无线运营商，在西雅图和阿尔伯克基均有业务。但西雅图的公司总部拥有所有高薪职位和巨大的乘数效应，而阿尔伯克基只拥有一个客户服务中心，许多都是低端工作，并且乘数效应也比较小。

随着两座城市经济命运的持续分化，从宜居性到文化设施，从学校质量到食品质量，日常生活的其他方面也日益分化。尽管 1979 年的阿尔伯克基比西雅图更安全，但现在阿尔伯克基的暴力犯罪率却高于西雅图，谋杀率也比西雅图高出 1 倍。

这两座城市所发生的现象，是过去 30 年许多美国城市经历不同经济路径的例证。由于经济发展具有自我维持的特点，随着时间的推移，微小的差异会被放大，最初相似的城市会变得非常不同。成功者往往会变得越来越强大，因为创新公司和创新型员工不断聚集在那里，而失败者往往会进一步失去优势。经济学家们对此现象有一个术语：多重均衡。

这到底是怎么发生的？这是故事中最重要的部分。微软在西雅图地区雇用了 40311 名员工，其中 28000 名是从事研发的工程师。这听起来可能让人印象深刻，但 40311 个工作岗位怎么可能改变一个大约有 200 万人口的大都市的命运呢？答案是，微软对当地经济的最终影响远远大于它雇用员工的数量。首先，当微软搬迁到西雅图后，这座城市对其他高科技企业的吸引力增加了。微软有效地充当了当地高科技行业的支柱，并吸引了其他软件公司来到西雅图。从这方面来看，亚马逊（Amazon）的历史很有趣。1994 年，亚马逊的创始人杰夫·贝佐斯（Jeff Bezos）住在纽约，并且是一家成功的大型华尔街金融公司的副总裁。虽然他有一份大多数人都梦寐以求的高薪工作，但他觉得自己能做得更多。那是互联网时代的开始，他想要采取一些行动。贝佐斯最终辞掉了他的工作，创办了一家网络书店。他决定以世界上最长的河流亚马逊命名，并将它搬到了西雅图。

为什么是西雅图？当比尔·盖茨决定搬迁到西雅图时，西雅图对一家高科技公司并不具有吸引力，他决定搬去那里是出于个人原因。相比之下，杰夫·贝佐斯并没有来西雅图的个人原因。杰夫·贝佐斯不是在西雅图出生。（事实上，他出生于阿尔伯克基！）但当他创办自己的企业时，盖茨将微软搬来西雅图已有 15 年了，那里已经成为高科技活动的聚集地。由于微软在西雅图，大量的软件工程师和程序员集中在那里，风险投资公司也在那里开设了办事处。在懂得如何创建好网站的人才还很少的时候，贝佐斯在西雅图找到了真正的人才。贝佐斯还找到了融资渠道。亚马逊的第一位非家族投资者是西雅图的一位名叫尼克·哈诺尔（Nick Hanauer）的风险投资家，他的 4 万美元资金在公司脆弱的早期阶段起到了至关重要的作用。不久之后，另一位西雅图的风险投资家提供了 10 万美元，使新网站更加人性化，这使这家初创公司拥有了一个关键的竞争优势 。

微软并没有直接帮助杰夫·贝佐斯创办他的公司，但微软的存在带来了该地区整个高科技产业集群的诞生。这凸显了高科技世界的一个显著特征：成功产生更多的成功。这一特征对许多城市的未来有着巨大的影响，这也是本章和下一章的主题。当贝佐斯离开曼哈顿向西进发的那一刻，一连串的事件开始了，这最终将为西雅图带来成千上万的好工作。今天，贝佐斯当年在他的车库里创立的小公司已经是一个在全世界拥有 5.1 万名员工的全球品牌，三分之一的员工在西雅图。

微软重塑当地经济的第二个途径是它在西雅图地区催生了许多其他公司，那些成为百万富翁的员工纷纷辞职创办自己的公司。据估计，仅微软的老员工就开创了 4000 家新公司，其中大多数在普吉特海湾地区（Puget Sound area）。艾派迪（Expedia）就是一个直接从微软剥离出去的本地公司的例子。瑞尔数码（RealNetworks）是另一个例子。该公司由前微软员工罗布·格拉泽（Rob Glaser）于 1995 年创建，目前拥有 1500 名员工，是该市最大的私营雇主之一。在业余时间，杰夫·贝佐斯创立了一家名为蓝源（Blue Origin）的人类太空飞行公司。公司距离西雅图仅有 20 分钟路程，它就像电影里的东西：一家建造和驾驶宇宙飞船的私人公司。

但是如果你不是火箭科学家、软件工程师或计算机科学家呢？这一切对于西雅图的普通工人意味着什么？由于乘数效应，微软对西雅图劳动力市场最显著的影响是在高科技行业以外就业的工人身上。据我估计，微软为教育程度较低的服务人员（清洁工、出租车司机、房地产经纪人、木匠、小企业主）创造了 12 万个工作岗位，为拥有大学或高等学位的劳动者（教师、护士、医生和建筑师）创造了 8 万个工作岗位。因为微软的薪水在持续上涨，并且公司对本地服务的需求也在不断增长，所以这些数字还在持续增加。

创新带来了巨大的社会效益，包括新药品、更好的交流和分享信息的方式以及更清洁的环境。这些福利是具有扩散效应的，因为全世界的消费者都可以享受它们。但是创新还可以创造新的和更好的就业机会。这些福利绝大部分集中在少数几个地区。当然，并非所有这些变化都是好事，后面我们会更加仔细地分析住房成本和中产阶级化。但首先，我们需要更清楚地了解美国创新工作的分布情况。西雅图当然不是美国唯一的创新中心。为了弄清楚未来的工作地点会在哪儿，我们需要知道创新正在哪里发生。

创新中心在哪里

100 年前，热门的新技术是汽车，一种看似神奇并承诺改变世界的新机器。最初成千上万的小生产商分散在全国各地。几十年后，汽车厂商数量下降，只有 3 家大公司还在继续生产，其中大部分生产都在底特律附近。如今，汽车工厂再次遍布全球，从巴西到波兰。当个人电脑在 20 世纪 70 年代首次出现时，大量的小型独立生产商分散在美国各地。1976 年，史蒂夫·乔布斯和史蒂夫·沃兹尼亚克通过从邮购目录中购买组件，在乔布斯的车库里组装了第一台苹果电脑。后来个人电脑的生产变成了一个高度集中的产业，只有少数几个主要参与者，并且大部分在硅谷。目前，该行业正在走向成熟，生产分散在数百个低成本地区。同样的模式也已出现在一些行业，如钢铁铸造、面粉加工和香烟生产。

就像人一样，产业也有生命周期。当它们处于“婴儿”时期，往往分散在遍布各地的许多小的生产者中。在产业的“成长”阶段，它们还很年轻且其创新潜力处于顶峰状态，倾向于集聚以利用群体的力量。当产业变

“老”，产品成熟以后，生产者倾向于再次分散到成本低的地方进行生产。因此，创新部门——正在经历其成长期的经济部分——集中在少数几个城市就不足为奇了。

确定创新地理分布的一种方法是寻找发明者。每当发明者提出一项新专利时，他需要报告他的住所。这些专利数据是公开的，并且提供了一些有趣的统计数据。当然，并不是所有的新想法都能获得专利，也不是所有的专利都是伟大的创新，但是经济学家长期以来将专利的集中作为创造新产品和新想法的代表[1]。地图 1 显示了那些相对于其规模而言产生了最多创新的大都市，其创新规模以平均每个居民的专利数来衡量。

你首先会注意到的是美国不同地区之间的巨大差异。该地图显示，密集的创新活动区域（深色区域）被几乎没有创新活动的区域（浅灰色和白色区域）所包围。生产最多专利的州包括加利福尼亚、纽约、得克萨斯和华盛顿，其中加州的专利数量最多，纽约州则远远落后排在第二位。仅这四个州就生产了美国几乎一半的专利，高于 1980 年时的三分之一。

在至少有 100 万居民的美国大都市地区中，目前最具创新性的是包括硅谷在内的旧金山 - 圣何塞地区。它遥遥领先于第二名的得克萨斯州的奥斯汀。旧金山 - 圣何塞地区平均每个居民的专利数量是奥斯汀居民的 2 倍多，是得克萨斯州麦卡伦（McAllen）平均每个居民专利数的 300 多倍，而后者是人均专利数最低的城市。最具创新力的大都市地区与最落后地区之间的这种差异确实令人咋舌。新奥尔良与诺福克 - 弗吉尼亚海滩 -

1　两方面的原因使得专利并不是一个完美的代理变量。第一，许多创新，尤其是那些在科学和工程之外的创新，从未获得过专利。第二，许多专利从未变成在商业方面有价值的创新。考虑到第二个方面的不足，经济学家有时使用专利引用对有影响力的专利赋予更多的权重。其想法是：如果一个特定的专利被其他几个专利引用，它可能比没有人引用的专利更重要。使用权重不会大幅度改变这里的信息，但它确实对国际比较产生了显著的影响——正如我们之前与中国比较看到的那样。

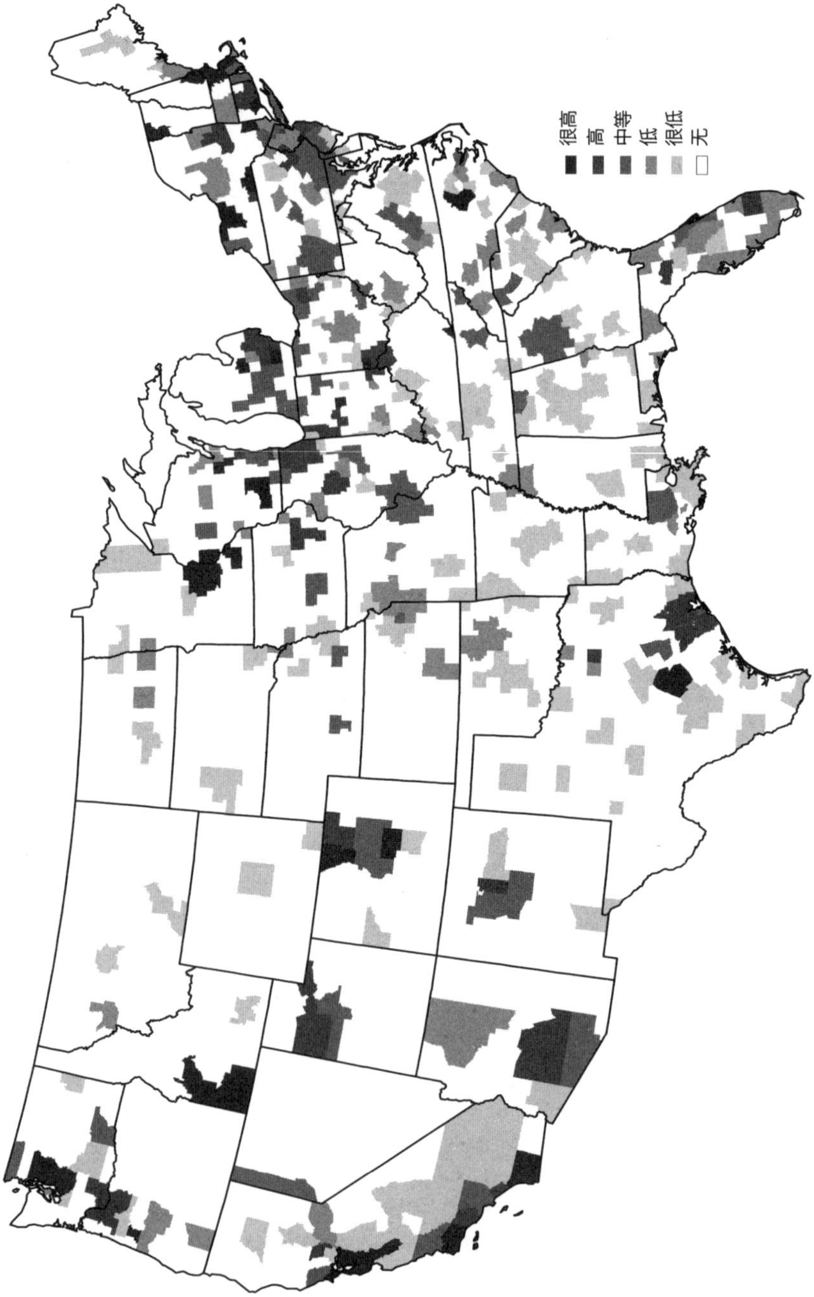

地图 1　按大都市区划分的人均专利数

纽波特纽斯地区（Norfolk–Virginia Beach–Newport News）、迈阿密（Miami）、拉斯维加斯还有纳什维尔（Nashville）一起，都靠近最后的位置。这些差异并不局限于专利，还延伸到其他测度创新的指标，包括风险投资和就业。旧金山－圣何塞地区的高科技就业岗位数量是奥斯汀的4倍以上。比较创新活动最低和最高的城市，它们之间高科技就业规模的差异是巨大的。

在2001~2003年互联网泡沫破灭之后，人们对美国高科技产业的未来充满了悲观情绪。观察者们预测硅谷在全球的主导地位将终结。但是悲观主义者大体上是错误的。硅谷仍然是世界创新之都，它在创新活动的广度和范围上继续领先于其他所有大都市地区。硅谷占所有风险资本投资的三分之一以上，大大超过了20年前。每年数百名聪明的、雄心勃勃的创新者将他们的初创企业从欧洲、以色列和亚洲迁往硅谷。硅谷保持着世界头号创新中心的地位，并不是因为在硅谷出生的人比其他人更聪明，而是因为它无与伦比的吸引力来自其他地方的伟大创意和优秀人才的能力。

在硅谷之后，脱颖而出的是奥斯汀。奥斯汀虽然是后起之秀，但在过去20年中，其计算机和电子产品带动的增长率一直非常惊人。戴尔是主要的雇主之一，其他许多全球高科技公司在那里设有办事处，包括IBM、3M、应用材料公司（Applied Materials）、先进微电子器件公司（Advanced Micro Devices）和飞思卡尔半导体（Freescale Semiconductor）。奥斯汀与硅谷之间似乎是互补的而不是竞争的。受过大学教育的高科技专业人士在奥斯汀与硅谷之间不断流动。尽管它们的地理位置并不是特别近，但旧金山－圣何塞地区是受过高等教育的奥斯汀居民心里最热门的迁移地区。

另外两个表现最佳的地区还有罗利－达勒姆和波士顿－剑桥区（Boston–Cambridge）。这两个地区以优秀的研究型大学和世界一流的医疗设施为依托，拥有令人印象深刻的科学研发服务和生命科学创新。它们的成功源于当地企业家将波士顿地区的哈佛大学、麻省理工学院、塔夫茨大学，以及位于洛利杜尔文教堂山地区的杜克大学和北卡罗来纳大学进行的生命科学研究转化为商业投资的能力。此外，波士顿在精密仪器设计方面保持着强大的影响力，并发展了一个软件集群。微软于 2008 年在剑桥开设第一个东海岸研究实验室时表示，其主要原因是“新英格兰拥有大批科学家，尤其是附近许多顶尖学术机构的教师和学生”。

圣地亚哥是一个有趣的例子，它在过去的 30 年里从一个退休人员和冲浪者聚集的小社区发展成世界范围内地理上最集中的生物技术集群之一。这里聚集着斯克里普斯研究所（Scripps Research Institute）、索尔克研究所（Salk Institute）和加州大学圣地亚哥分校。这里还有阿米林制药（Amylin Pharmaceuticals）等生物技术巨头以及数十家具有开发新药前景的中型生物技术公司。这里还包括电信电子硬件方面的一些工作。尽管新泽西的米德尔塞克斯 - 亨特登（Middlesex Somerset-Hunterdon）地区在生命科学领域也产生了大量的专利，但它与圣地亚哥的感觉完全不同。后者在聚集成熟的制药和医疗公司方面无人能比，这些企业包括百时美施贵宝（Bristol-Myers Squibb）和强生公司，因此它的企业版图更多地是由强大的企业主导，而不是有前途的初创企业。

在创新中心方面，纽约和华盛顿特区是特例。和纽约所有的房地产一样，实验室空间很少，这限制了在纽约进行科学研发的数量。因此，纽约并不是一个人均拥有大量专利的大都市地区。但纽约拥有大约 30 万个技术岗位，它仍然是世界上最重要的创新中心之一，并且随着时间的推移，它正在变得越来越强大。在过去的 20 年里，这里的硅谷吸引了许多具有创造力的企业家和受过良好教育的年轻员工。它现在是互联网门户和信息服务的首选地点，并且它与洛杉矶一起占据了大量数字娱乐的工作。2011

年，谷歌在纽约的办事处进行了大规模扩张，斥资 20 亿美元在纽约肉库区（Meatpacking District）附近购买了一座大型建筑。纽约地区也在金融创新领域保持着无可争议的世界领先地位。

历史上，除了一大批国防承包商之外，华盛顿特区从来没有过许多高科技工作。但在过去的 20 年里，该地区在吸引大量创新公司进入高科技的杜勒斯走廊（Dulles corridor）和市中心方面取得了巨大成功。华盛顿特区并没有出现在十大专利城市的名单上，因为它的产业组合集中在 IT 上，产生的专利比其他地方少。但是，华盛顿特区有近 30 万名高科技工作者，这是美国平均集中度的 2 倍。当地的美国国家卫生研究院（National Institutes of Health）等知名公共机构吸引了越来越多的生命科学公司涌向该地区。

虽然没有多少人意识到这一点，但达拉斯在高科技领域的排名一直在上升。这是因为它集中了大量电信行业的工作岗位，有着以得州仪器公司（Texas Instruments）为主力的强劲的半导体业务以及不断增长的数据处理集群。在明尼阿波利斯（Minneapolis）、丹佛（Denver）、亚特兰大和博伊西（Boise）都有规模较小但正在崛起的高科技集群。虽然很少有地区能同时在高科技的很多领域中脱颖而出，但美国却遍布着专注于一两个领域的集群。例如：柯达公司和施乐公司的所在地——纽约的罗彻斯特，聚焦于光学技术；梅奥诊所（Mayo Clinic）所在地——明尼苏达州的罗彻斯特，则专注于医学研究；俄亥俄州的代顿已经成为无线电频率识别的中心；盐湖城、布卢明顿、奥兰治县专门从事医疗设备；奥尔巴尼专注于纳米技术；波特兰则专注于半导体和晶圆；堪萨斯城、里士满和普罗沃专注于信息技术；等等。

美国的创新中心是一个非常多元的群体。表面上，并不能明显看出它们有什么共同点。圣地亚哥的生活方式与纽约和波士顿完全不同，盐湖城和旧金山有着非常不同的文化和几乎相反的政治观点，西雅图和达拉斯在便利设施方面也存在很大差异。但是如果我们再深入一点，就会发现所有这些城市都有一个共同点：它们拥有高技能的劳动力，因此它们的贸易部门也非常富有成效。正如我们即将发现的那样，这意味着每个居住在那里的人都能获得更多以及报酬更好的工作。

你的薪水更多地取决于你住在哪里而不是你的简历

在这里有一个问题要问你：哪个大城市给计算机科学家的薪水最高？正如你可能预料到的，美国高科技之都圣何塞和旧金山的计算机科学家是美国（以及全世界）薪酬最高的。旧金山和圣何塞的计算机科学家平均年收入为 13 万美元。同样的人若是在波士顿、纽约或华盛顿特区，其年收入会减少 25%~40%。

还有另一个问题：哪个城市向律师支付的薪水最高？我必须承认我之前的想法是错误的。在查看数据之前，我预期纽约和华盛顿特区拥有美国薪水最高的律师。我所想象的是，处尊居显的律师们穿着价值 5000 美元的定制西装在金融和权力中心调解着价值数十亿美元的交易。然而，尽管纽约和华盛顿有着所有美国城市中人数最多的律师，但是他们的收入却不是最高的。利用普查局收集的数据，我发现圣何塞是律师收入最高的城市，平均年收入超过 20 万美元，旧金山的排名也很靠前。在另一端的城市，如奥尔巴尼、布法罗和萨克拉门托，律师的薪水比圣何塞的一半还少。

对于服务员来说，薪水最高的地方是拉斯维加斯。在这座城市那些最豪华的餐厅中，一位服务员可以赚取 6 位数的收入。在这座罪恶之城，即使在普通场所工作的服务员也有不错的薪水。包括小费在内，一般的服务员每小时能赚 18.20 美元，与其他任何大都市地区相比这都是最高的。这也许并不令人惊讶：在世界上最著名的成人娱乐目的地之一，拉斯维加斯的服务员从赌博和其他“恶习”中得到了慷慨的小费。接下来上榜的城市更能说明影响服务员收入的因素。旧金山、西雅图、波士顿和华盛顿特区分别排第二至第五名。圣地亚哥排第七名。在服务员薪水排名前十位的城市中，有三个是纯粹的旅游目的地（拉斯维加斯、奥兰多和西棕榈滩），但其中七个是拥有强大高科技产业的城市。

值得注意的是，在贸易和非贸易部门的其他工作也是如此。工业生产经理的排名由圣何塞、奥斯汀、波特兰、旧金山、罗利－达勒姆和西雅图主导，它们全是创新中心。对于理发师和发型师来说，旧金山、波士顿和华盛顿特区都在美国排名前五。这些工人平均收入比在里弗赛德和底特律的同行要高出 40％。对于厨师而言，波士顿位居榜首，平均年薪为 31782 美元，而休斯敦和圣安东尼奥则位居榜末，约为 2 万美元。对于建筑师来说，旧金山排在第一。如果你从这里发现了一个规律，那么你是对的。

原则上，波士顿和旧金山的律师、发型师和经理们的工作能力可能就要好于休斯敦、里弗赛德和底特律的。也许是因为他们更有经验、更聪明或更有动力。但考虑到工作经验、教育水平甚至智商以后，工资差异并没有太大的变化。工人本身并没有什么不同，不同的是他们所处地区的经济，特别是技术工人的数量。

40 年前，美国的富裕地区是物质资本丰富的制造业都市。克利夫兰、弗林特和底特律的平均收入曾经明显高于罗利和奥斯汀。如今，人力资本是个人和地区高薪的最佳预测指标，罗利－达勒姆和奥斯汀的平均收入明显高于克利夫兰、弗林特和底特律。许多受过大学教育居民的存在深刻地改变了当地经济，影响了居民的工作机会以及所有工人的生产力。最终，这不仅会使技术工人也会使低技能工人得到高薪。这是故事中最令人惊讶的部分，值得详细讨论。

美国各地区劳动力的技能水平截然不同。地图 2 显示了地区之间的差异。它显示了每个大都市区具有大学教育或以上学历的工人所占的比例。为了准确衡量大都市区之间的差异，我使用了美国人口普查局每年收集的 306 个大都市区 25~60 岁共 1540 万名工人的美国社区调查（American Community Survey）数据。普查定义的大都市区不仅包括行政边界内的城市，还包括其邻近社区。人们的通勤模式显示，这些社区是同一个区域劳动力市场的一部分。因此，大都市区是经济上一体化的地区，包括了人们倾向于生活和工作的地方。例如，纽约都市区包括了纽约市以及长岛、新泽西、康涅狄格和韦斯特切斯特县的郊区。（在本书中，我交替地使用城市和大都市区的术语。）

该地图显示了明显的地区教育水平差异，如东北部和加利福尼亚沿海地区的大学毕业生往往比南部和中西部的城市多。但更有意思的是，在每个地区甚至每个州内的城市之间都存在巨大差异。比如，在南部和中西部地区如亚特兰大和丹佛等城市拥有大批大学毕业生，但它们周围地区的大学毕业生很少。

想象一下按照当地拥有大学学历的工人比例来给美国城市排名。表 1 显示了位于这一排行榜顶端的大都市区——美国的“大脑中心”。该列表由一些主要的创新中心——如华盛顿特区、波士顿、圣何塞、罗利、旧金山、西雅图、奥斯汀和明尼阿波利斯等城市，以及拥有大型大学的小城市——如麦迪逊、安阿伯、柯林斯堡 – 拉夫兰和林肯所主导。在这些城市中，几乎一半的劳动力都受过大学教育，其中很大一部分拥有研究生学位。波特兰、纽约和丹佛也在排名中位居前列。

表 2 显示了排名倒数几位的大都市区域。这个群体包括新泽西州的瓦恩兰 – 米尔维尔 – 布里奇敦、亚利桑那州的尤马、密歇根州的弗林特，当然还有我们在本书的开头提到的加州的维塞利亚。在这些城市中，只有十

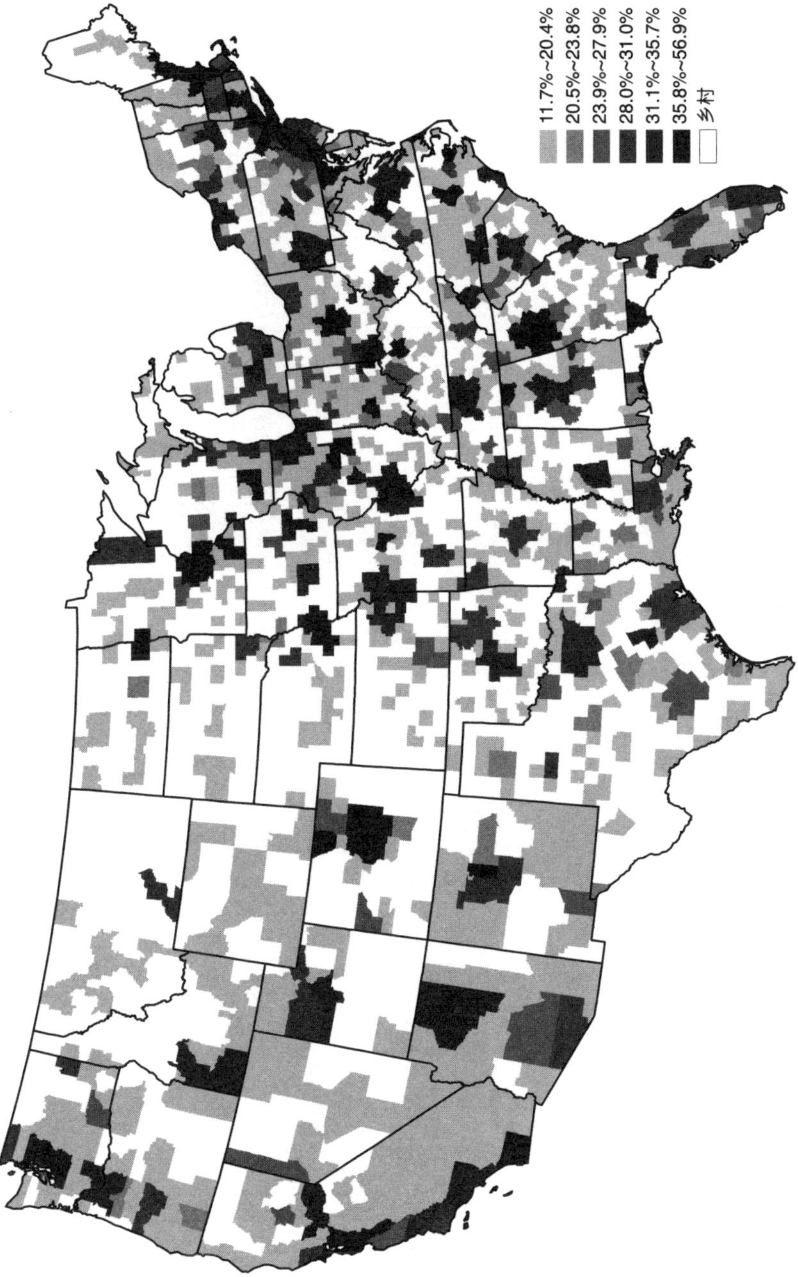

地图 2　各大都市区拥有大学学位的工人所占比重

表 1　拥有大学学历的工人比例最高的大都市

城市	排名	大学学历百分比（%）	大学毕业生工资（美元）	高中毕业生工资(美元)
斯坦福德，康涅狄格州	1	56	133,479	107,301
华盛顿特区	2	49	80,872	67,140
波士顿，马萨诸塞州	3	47	75,173	62,423
麦迪逊，威斯康星州	4	47	61,888	52,542
圣何塞，加利福尼亚州	5	47	87,033	68,009
安阿伯市，密歇根州	6	46	65,452	55,456
达勒姆，北卡罗来纳州	7	44	63,745	50,853
旧金山－奥克兰，加利福尼亚州	8	44	77,381	60,546
柯林斯堡 – 拉夫兰，科罗拉多州	9	44	57,391	47,007
西雅图－埃弗雷特，华盛顿州	10	42	68,025	55,001
特伦顿，新泽西州	11	42	81,914	64,299
列克星敦－费耶特，肯塔基州	12	41	55,238	44,915
奥斯汀，得克萨斯州	13	41	62,289	48,809
波特兰，俄勒冈州	14	40	57,366	48,080
明尼阿波利斯－圣保罗，明尼苏达州	15	40	69,955	57,187
丹佛－博尔德，科罗拉多州	16	39	64,488	50,097
纽约－新泽西州东北部	17	38	79,757	59,797
林肯，内布拉斯加州	18	38	50,401	41,837
圣诞老人市，加利福尼亚州	19	38	64,801	48,186
塔拉哈西，佛罗里达州	20	38	59,380	46,715
伍斯特，马萨诸塞州	21	37	60,723	48,465

表 2　拥有大学学历的工人比例最低的大都市

城市	排名	大学学历百分比（%）	大学毕业生工资（美元）	高中毕业生工资(美元）
曼斯菲尔德，俄亥俄州	286	17	53,047	35,815
博蒙特－阿瑟港－奥兰治，得克萨斯州	287	17	58,234	38,352
落基山，北卡罗来纳州	288	16	52,330	34,329
斯托克顿，加利福尼亚州	289	16	59,651	37,928
史密斯堡，阿肯色州	290	16	50,937	33,187
奥卡拉，佛罗里达州	291	16	47,361	32,725
尤巴城，加利福尼亚州	292	16	56,403	34,999
莫德斯托，加利福尼亚州	293	15	60,563	36,126
沃特伯里，康涅狄格州	294	15	54,651	37,280
布朗斯维尔－哈林根－圣贝尼托，得克萨斯州	295	15	43,800	22,450
麦卡伦－爱丁堡－法尔－米申，得克萨斯州	296	15	44,605	22,845
安尼斯顿，亚拉巴马州	297	15	48,928	33,031
亚基马，华盛顿州	298	15	50,160	29,084
贝克斯菲尔德，加利福尼亚州	299	14	65,775	34,807
丹维尔，弗吉尼亚州	300	14	42,665	28,868
侯马－蒂博多，路易斯安那州	301	14	56,044	37,395
瓦恩兰－米尔维尔－布里奇敦，新泽西州	302	13	57,668	35,375
弗林特，密歇根州	303	12	43,866	28,797
维塞利亚－图莱里－波特维尔，加利福尼亚州	304	12	55,848	29,335
尤马，亚利桑那州	305	11	52,800	28,049
默塞德，加利福尼亚州	306	11	62,411	29,451

分之一的工人拥有大学学位，而且几乎没有高科技产业。

美国社区之间的巨大差距是惊人的。康涅狄格州的斯坦福德是美国受过大学教育工人比例最高的城市，其人均毕业生人数是排名垫底的加州默塞德市的5倍。如此巨大的差距远远超过了我们通常在欧洲国家所能看到的差距。事实上，这比美国与许多发展中国家之间的教育水平差距要大得多:美国的教育水平是斯里兰卡的3倍，是玻利维亚的3倍，是加纳的4倍。造成美国这种教育差距的不仅仅是美国出生的居民。大多数定居在第一类城市的移民往往是受过高等教育的专业人士，而定居在第二类城市中的大多数移民的受教育水平较低。

这些事实不仅仅是晚宴聊天的谈资。教育水平的差异与工资的巨大差距有关。表中的结果显示，“美国大脑中心”地区的大学毕业生年薪在7万至8万美元，比排名垫底地区的大学毕业生高出50%。将排名在第五的圣何塞与排名倒数的默塞德比较，两个城市都在加州，相距不到100英里，但它们的劳动力市场却存在着巨大的差异。圣何塞是硅谷的中心，其大学毕业生人数占比是默塞德的4倍多，大学毕业生的薪水比默塞德的高出40%，拥有高中文凭的工人数量要比默塞德的高出130%。

或者把波士顿和弗林特做个比较，前者排名第三，后者排名倒数第四。这两个城市都有着令人自豪的工业历史，但是如今它们的经济处于两个极端。波士顿的高校毕业生人数是弗林特的4倍，并且主要依靠创新和金融。而弗林特是全美人力资源最不集中的地区之一，目前仍然专注于传统制造业，主要是汽车制造。波士顿一名大学毕业生的平均收入为75173美元，比弗林特同类工人的工资高出75%。当然，创新和薪酬之间并不是完全相关的。斯坦福德的财富主要来自金融服务业，而世界顶级创新中心之一罗利的薪水相对较低。尽管如此，这里还是有一个明显的趋势：拥有大量受过大学教育的居民的城市，其本地经济中也倾向于拥有大量的创新和丰厚的薪水。

这些表格表明的最显著的事实可能是，那些排名靠前的地区的高中毕业生通常比排名靠后的地区的大学毕业生挣得还多。生活在波士顿的高中毕业的普通工人平均年收入为 62,423 美元，比弗林特的大学毕业生高出 44％。圣何塞一名高中毕业生的平均年收入为 68,009 美元，比默塞德、尤马、丹维尔和其他所有排名垫底的城市的大学毕业生收入高出数千美元。换句话说，城市之间的差距是如此之大，以至于超过了教育水平带来的收入差距。这凸显了这样一个事实：美国的工资差异不仅与社会阶层有关，也与地理因素有关。

今天，美国的经济地图显示的不是一个美国，而是三个美国。一端是表 1 中的“大脑中心”，这些城市的技术和非技术工人的薪水都很高。另一端是表 2 中的城市，技能水平低，劳动力市场正在萎缩。而在中间，许多城市似乎还没有决定朝哪个方向走，它们的未来可能走向上述两个方向中的任何一个。需要注意的是，“大脑中心”能够支付高的平均工资不仅仅是因为那里有许多受过大学教育的居民且这些居民的薪水很高，还有更多的因素在发挥作用。“大脑中心”也向非技术工人支付高的平均工资。因此，工人的受教育水平不仅影响自己的工资，而且会影响到他周围的整个社区的工资。

为什么会这样呢？一个答案是，像圣何塞、罗利－达勒姆和奥斯汀这样生活成本高于弗林特或默塞德的城市，高中毕业生需要得到补偿才能生活在那里。这是事实——较高的生活成本确实抵消了工资的一些差异——但这并不是全部原因。这解释了为什么仍然有人在弗林特和默塞德生活和工作，为什么不是每个人都搬到圣何塞、罗利－达勒姆和奥斯汀。但这并不能解释为什么还有雇主待在圣何塞、罗利－达勒姆和奥斯汀这些城市。为什么雇主，尤其是那些在全国竞争的雇主愿意在这样的地方承受如此高的劳动力成本？我们将回到生活成本这个问题以及它对人们生活水平的影响。但首先，我们需要深入研究一个城市的教育水平与其经济前景之间的关系。什么东西能够解释这个关系？这个关系对一个地区意味着什么？

邻居的教育水平如何影响你的薪水

当地的人力资本与工资之间的关系是稳健的，这种关系对大多数的美国城市均成立。图 4 显示了每个城市高中毕业生的平均工资与该城市受过大学教育的工人比例之间的关系。图中显示了一个显著的正相关关系，这表明一个地方大学毕业生越多，那么此地高中毕业生的薪水也越高（右上角这个异常值是斯坦福德，因为图中还有其他 305 个城市，整体上这种关系不受此异常值的影响）。这种经济影响是相当大的。一个城市大学毕业生的比例提升 10%，当地高中毕业生的收入将增加 7%。例如，当一个高中毕业生从迈阿密、圣巴巴拉或者盐湖城等城市——大学毕业生占总人口比例为 30%，迁移到丹佛或林肯等城市——大学毕业生占比为 40%，他们预期将会从这种迁移中得到 8250 美元的工资溢价。

当我第一次看到这个图时，我担心这是一种苹果和橘子之间的比较——选择在波士顿这种拥有大学毕业生较多的城市工作的工人，可能和那些选择在弗林特等大学毕业生较少的城市工作的工人有着根本的不同。如果波士顿吸引了比弗林特更聪明或者更有抱负的高中毕业生，那么波士顿的高中毕业生比弗林特的高中毕业生挣得更多就不应该让我们感到惊讶。为了解释这种可能性，我使用了全国青年追踪调查（National Longitudinal Survey of Youth）长达 14 年的数据，该调查自 1979 年以来跟踪调查了 1.2 万个人的生活史。这个数据集特别有用，因为它跟踪了一个人的薪水随该城市大学毕业生人数的变化而变化的情况，从而确保了“苹果对苹果”的

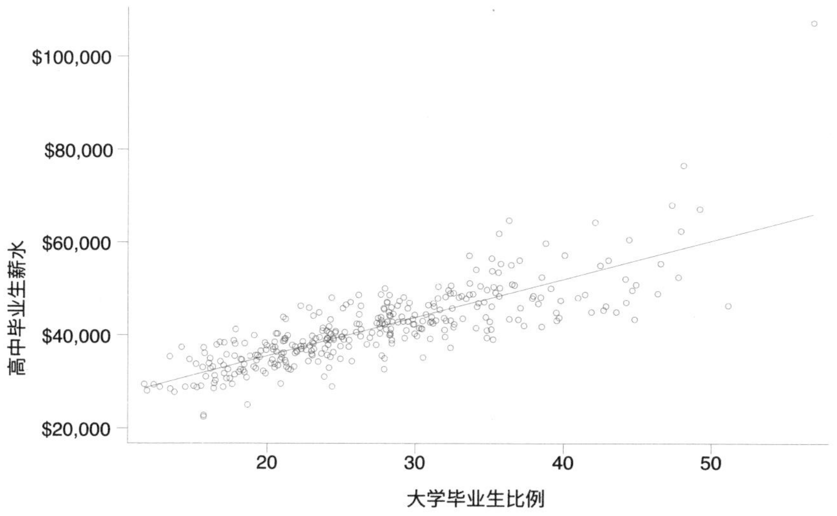

注：每一个圆圈代表一座城市。

图 4 城市中高中毕业生薪水与当地大学毕业生比例的关系

比较。我发现，住在大学毕业生数量增加的城市的工人，比住在大学毕业生数量停滞的城市的工人薪水增长更快。因此，一个人可能因为周围技术工人的数量而获得截然不同的薪水。这种关系适用于所有行业，但对于从事高科技工作的员工来说，这种关系尤为强烈。

这着实是一个非常重要的发现，它有助于解释各个城市经济表现上的巨大差异。一个城市技术工人数量与非技术邻居的工资呈正相关关系有三个原因。首先，技术工和非技术工相辅相成：前者的增加提高了后者的生产率。同与更好的机器一起工作可以提高工人的生产率一样，与受过良好教育的同事一起工作也可以提高非技术工人的生产率。其次，受过良好教育的劳动力促进了当地雇主采用更新、更好的技术。最后，城市人力资本整体水平的提高产生了经济学家所说的人力资本外部性。

这一概念是现代经济增长理论——“关于决定一个国家经济成功因素的研究”——的核心。研究人员们建立了复杂的数学模型，表明了通过正规和非正规的互动方式共享知识和技能会产生显著的知识溢出效应。这些知识溢出被认为是城市和国家经济增长的重要动力。诺贝尔奖得主罗伯特·卢卡斯（Robert Lucas）在1988年发表的一篇著名文章中指出，这些溢出效应可能足以解释富国和穷国之间的长期差异。他的解释是，当人们互动时，他们互相学习，这个过程使那些与受过良好教育的同伴进行互动的人更具生产力和创造力。这种人力资本外部性是一笔“意外之财”，人们只是因为身边有着许多受过教育的人而获益。

这三种效应——互补性、更好的技术和外部效应——共同推动了图4中的正相关关系。值得注意的是，这种关系对于低技能的工人来说是最强的。我在2004年发表的一项研究中发现，对于一名大学毕业生来说，同一城市其他大学毕业生数量的增加确实会带来工资的增长，但并不是特别大。对于一名高中毕业生来说,这一增幅要高出4倍。对于高中辍学生来说，这种影响要大5倍。因此，一个人的技能水平越低，他能够从其他人的教育水平中获得的工资收益就越大。

城市中大量受过高等教育的工人也带来了更多的创造力和发明新工作方式的能力。要理解这一点，可以看看简·雅各布斯（Jane Jacobs）所称的“新工作”（new work），即以前从未有过的新奇职业。经济学家杰弗里·林（Jeffrey Lin）研究了哪些城市是美国最具创造力的城市，他用城市中10年前还不存在的工作数量来衡量这些城市产生的“新工作”。2000年时的新工作包括网络管理员、聊天室主持人、信息系统安全官员、IT经理、生物医学工程师和放射剂量测试员（不要问，我不知道放射剂量测试员是做什么的）。在任何时候，有5%~8%的工人从事新工作，但这个数字在大学毕业生密度高的（如表1中的那些）以及行业多样化的城市中要高得多。林还发现，创造力带来了回报：在一种新工作被创造出来的前几年里，这些岗位的工人的工资明显高于从事旧工作的同类工人。

人力资本外部性的存在，对于在高教育水平城市中工作的受教育程度较低的工人来说是个好消息，因为这意味着他们最终比在其他地方挣得更多。但这也意味着受过良好教育的个人没有因为他们给社会带来的福利而获得充分补偿。这是市场失灵的一个重要例子。从本质上讲，教育以较高个人收入的形式实现私人利益，也为居住在同一城市的所有其他个人提供了额外收益。事实上，教育对社会而言的全部回报——有时被称为“社会回报”——要高于私人的回报。由于大学毕业生没有因为他们给周围人带来的利益而得到补偿，所以大学毕业生比社会理想的数量要少。换句话说，如果大学毕业生的薪水反映了其全部社会价值，将会有更多的人上大学。纠正这种市场失灵的一种方法是为大学教育提供公共补贴。事实上，这正是州和地方政府承担居民教育大部分费用的原因。当然，对高等教育进行公共投资也有其他理由——政治上的和道德上的——但我不知道有什么理由比这个更有力了。补贴他人的教育符合我们自己的利益，因为它最终会间接地使我们受益。

大分化与新的地理不平等

关于三个美国之间的这些社会经济差异，最令我惊讶的是它们不是趋于消失。相反，我们国家地区之间的分化正在加深和加速。初期就比较强大的城市和州往往会变得相对更强大，而开始较弱的城市往往变得相对更弱。

地图 3 显示了自 1980 年以来美国各大都市区拥有大学教育的工人百分比的变化情况。波士顿在 1980 年时的教育水平就比较高；自那以后到

2008 年为止，波士顿受过大学教育的工人比例增长了 23 个百分点，相对于 1980 年的水平高出了三分之二以上。斯坦福德的表现比其他所有城市都要好，其受过大学教育的工人比例翻了一番。相比之下，维塞利亚和默塞德受过大学教育的工人比例与 1980 年相比仅仅增长了 1 个百分点。但是令人难以置信的是，弗林特受过大学教育的工人比例在过去 30 年里都没有增长。尽管美国其他地区的教育水平变得越来越高，但维塞利亚、默塞德和弗林特的工人受教育水平步履蹒跚，几乎没有任何上升。

大分化是美国近代经济史上最重要的发展之一。随着地区的分化，美国人口的隔离程度越来越高，但这种隔离不是在城市社区之间，而是在城市和地区之间。年复一年，大学毕业生越来越多地定居在许多其他大学毕业生已经居住的城市，而高中毕业生越来越多地定居在许多其他高中毕业生居住的城市。图 5 是一种通过视觉方式展现大分化的方式，它显示了自 1980 年以来十个受教育水平最高和最低的城市中受过大学教育的工人百分比的变化情况。在过去的 30 年里，受教育水平高的城市经历了大幅度的增长，而低教育水平城市的增长则要小得多。

证据表明，如今美国城市的种族融合程度要比过去一个世纪的任何时候都要高，这种趋势在过去的 20 年里一直都在加速。例如，在 2010 年，几乎没有一个全是白人的社区，而且以黑人为主的社区数量也急剧下降。具有讽刺意味的是，就在我们的社区去种族隔离的时候，我们的国家却在加深教育上的隔离。这不但具有巨大的经济影响，同样也具有社会和政治影响。一个由彼此差距巨大的地区组成的国家最终将在文化和政治上被割据。此外，某些社区中大量受教育程度低的个人的聚集将放大和加剧所有其他社会经济上的差异。

教育水平的差异正在致使工资水平出现同样显著的分化。以 2010 年的美元计算，自 1980 年以来，波士顿和圣何塞的大学毕业生的薪水增长

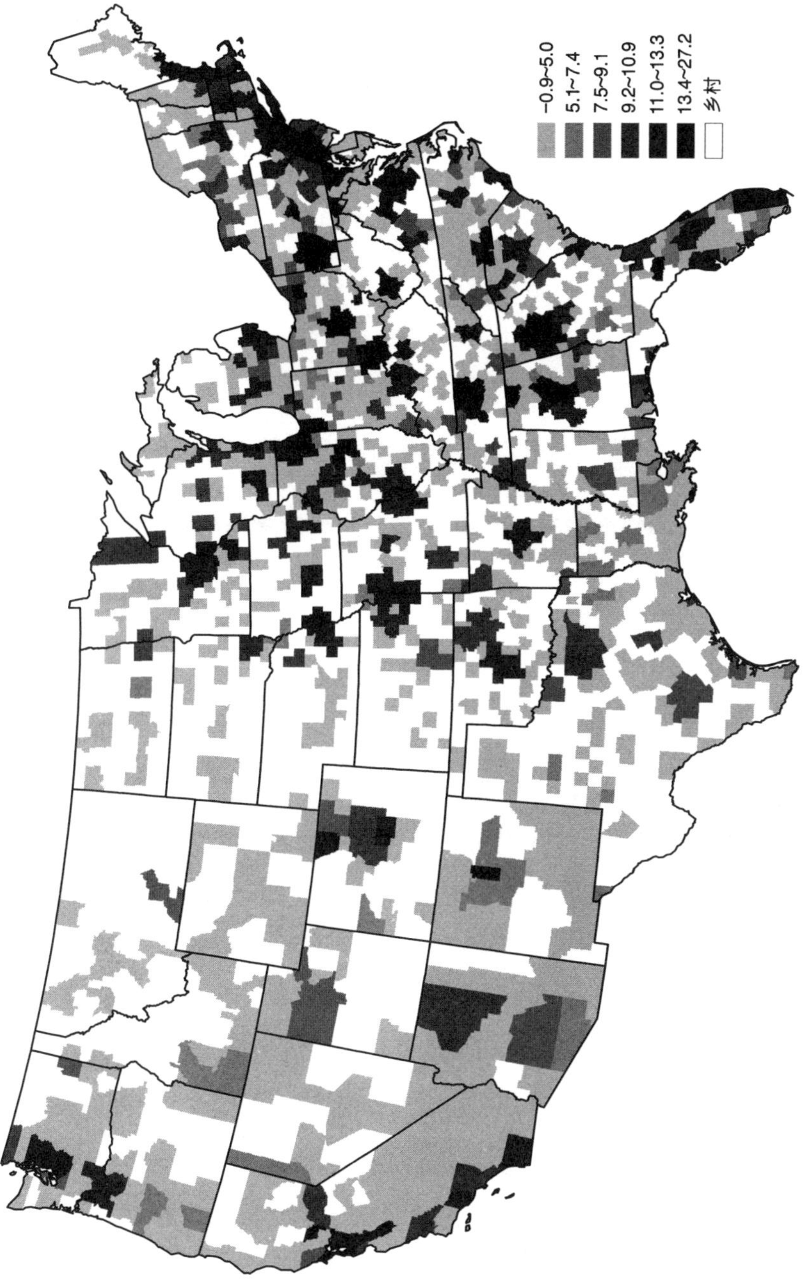

注：这些变化是以百分点来衡量的。

地图 3　1980~2008 年大都市地区拥有大学学位的工人的份额变化

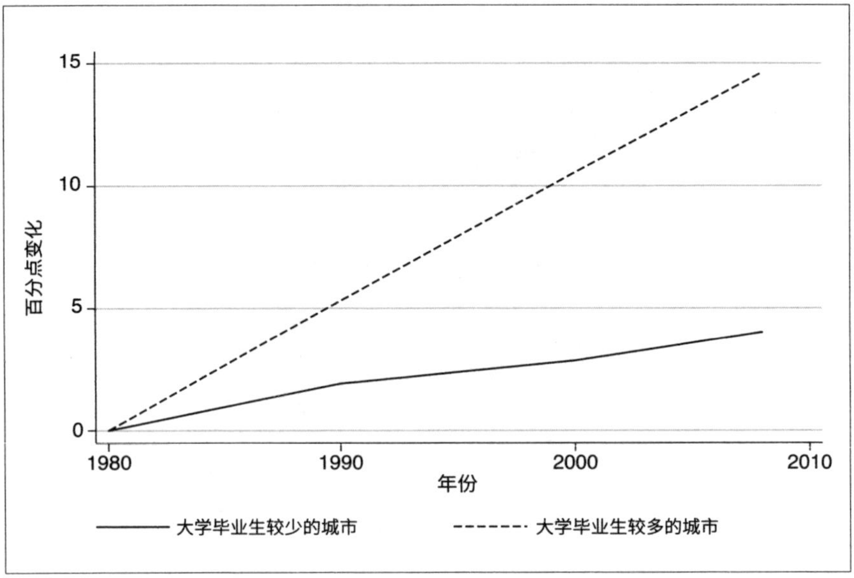

图 5　1980 年以来大学毕业生比例的增长

超过 3 万美元。而在收入分布的另一端，弗林特大学毕业生的薪水在这段时间里实际上下降了 11645 美元。弗林特可能是一个极端的例子，但这种趋势可以在全国范围内看到。的确，图 6 显示了 1980 年以来工资水平最高和最低的 10 个城市中受过大学教育的工人的薪水增长情况。正如你所看到的，这个差距还在继续扩大。

从本质上讲，大分化是由美国经济的结构性转变推动的。自从第一批欧洲移民抵达美国海岸以来，美国经济的地理分布一直在不断变化。虽然它的边界和自然景观在很大程度上是不可改变的，但美国的城市则随着其命运的变化而兴衰。一直以来就是如此，并将永远如此。想想看：虽然美国的人口总数自 1900 年以来翻了两番，但这一时期美国有超过四分之一的县在流失人口，有四分之一的县人口增长速度超过了平均水平，排名前

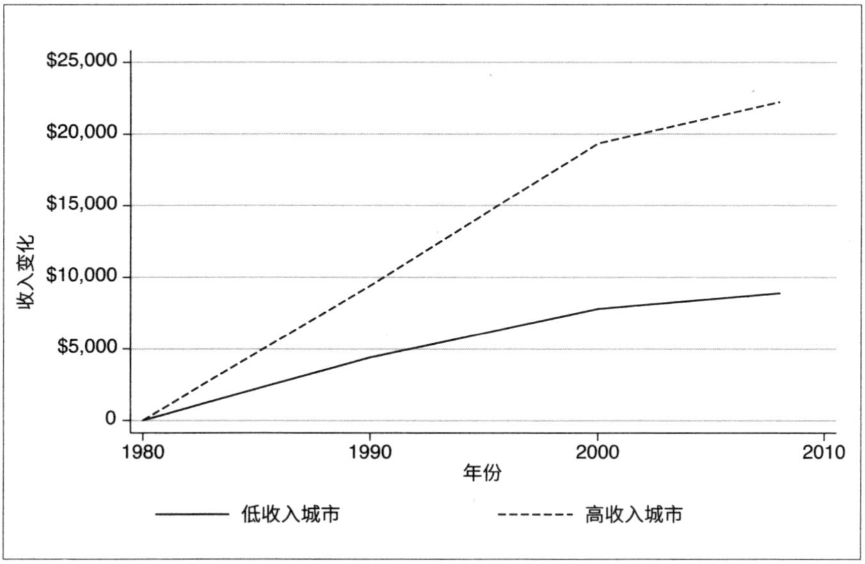

图 6　1980 年以来大学毕业生的收入增长情况

二十的县人口增长已经超过了 100 倍。包括拉斯维加斯的克拉克县的人口已经增加了 1400 倍。

改变当地社区命运的因素在不断变化。正如投资者拥有股票投资组合一样，每个城市实际上都有一个产业组合。像好股票一样，一些行业会增长，另一些行业则会衰落。19 世纪 80 年代到 20 世纪 20 年代，农业的衰落造成了劳动力和财富在区域之间巨大的重新分配。随着农业机械化程度越来越高，田地里需要的人力越来越少，农村地区开始减少工作岗位和人口。这一转变正值大制造业资本的崛起。在过去的 40 年中，地理上重新分布的过程在很大程度上是由产业向知识密集型转型所驱动的。这一趋势反映了全球技术格局和美国在世界经济中比较优势的深刻变化，因此不太可能很快消失。从 20 世纪 80 年代开始，美国经济几乎是一分为二的。一方面，缺乏人力资本和有着传统经济的城市开始出现收益递减并遇到了来自国外的激烈竞争。另一方面，富有人力资本的城市和基于知识密集型部门的经济体开始经历收益递增，并充分利用了全球化市场。

目前关于美国不平等问题的争论主要集中在美国特权阶层与弱势阶层之间的阶级差距，前者是那些受过良好教育和拥有专业工作的美国人，后者则是那些缺乏稳定工作、靠工薪度日的低教育水平群体。这种观点反映了一个直观的认识，即技术变革和全球化对一个群体有利的同时对另一个群体有害，但它忽略了一个重点：这两个群体在不同地方受到的影响是不同的。技术变革和全球化给高科技中心地区的低技能工人带来了更多的就业机会，但在一个空心化的制造业城镇中，类似工人的就业机会则会更少。今天分化美国的不仅仅是社会经济状况，还有地理因素。

死亡的不平等分布

美国的大分化是由经济力量造成的，但它在经济领域之外也产生了深远的影响。三个美国之间的劳动力市场差异变得如此之大，以至于我们私人和公共生活的其他许多方面也产生了越来越大的差异。我们将在这里看到四个突出的例子：健康和寿命、家庭稳定、政治参与和慈善捐赠。

预期寿命是衡量人们健康状况和整体幸福感的最佳指标之一。它不仅仅反映了基因，还反映了生活方式、经济状况和许多其他因素。地图 4 显示了美国各县之间男性预期寿命的差异。东部和西部海岸以及北部平原部分地区的预期寿命往往高于平均预期寿命，而南部和阿巴拉契亚地区的预期寿命往往低于平均预期寿命。即使在每个地区内，也有很大的差异。

这些差异本身并不令人惊讶。世界上没有一个国家所有地区居民的预期寿命是相同的。但是，美国的差异之大是令人惊讶的。预期寿命最长

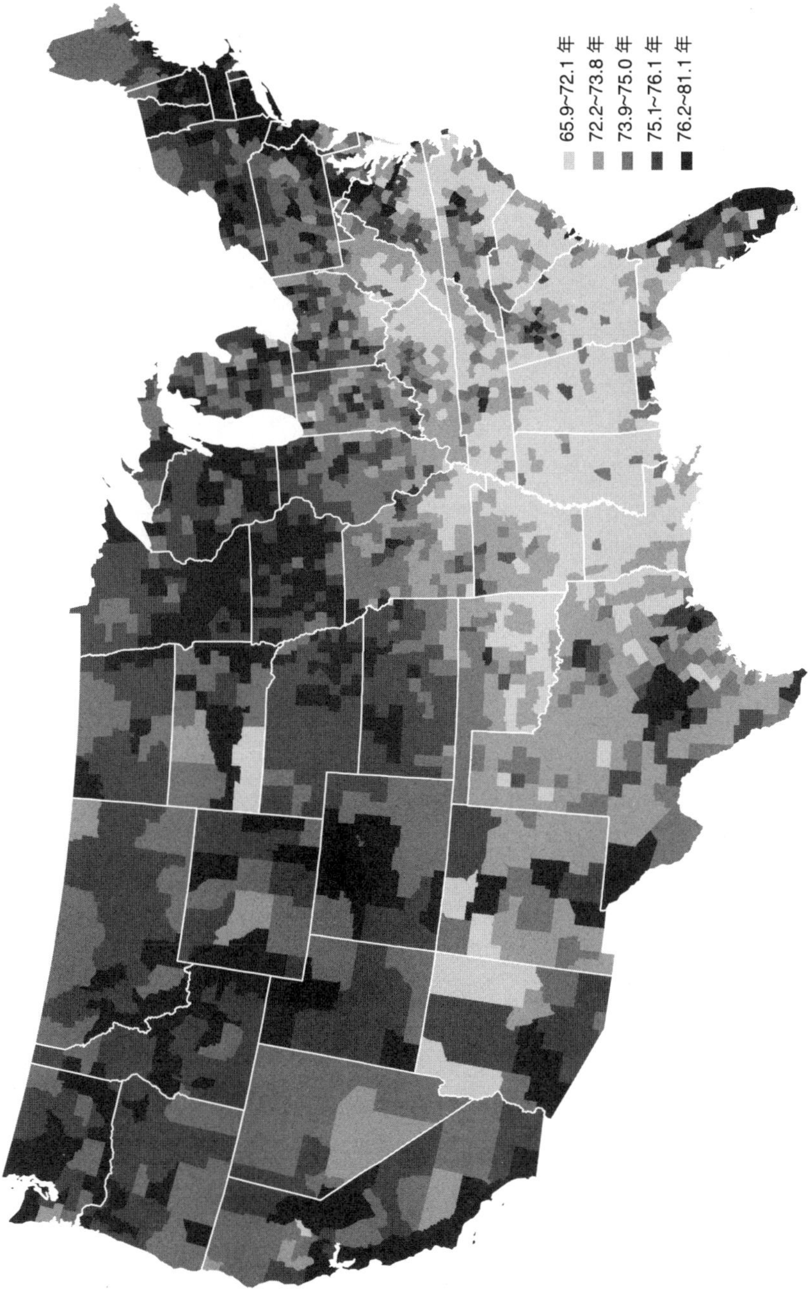

地图 4　各县的男性预期寿命

的县，包括弗吉尼亚州的费尔法克斯、马林和圣克拉拉（硅谷的大部分地区）、加州和马里兰州的蒙哥马利等，男性居民能活到大约 81 岁。相比之下，预期寿命最低的县的男性居民往往只能活到 66 岁。换句话说，费尔法克斯的普通男性比在 60 英里外的巴尔的摩普通男性的预期寿命长 15 年。女性之间的差距同样很大。这种预期寿命的地理不平等程度确实令人震惊，与其他国家的对比表明，它远远大于我们在加拿大、英国和日本所看到的，这主要是因为我们国家地区之间的经济差距比其他国家更大。

难以置信的是，像巴尔的摩这样的县的预期寿命远低于巴拉圭和伊朗等发展中国家。事实上，如果将美国预期寿命最低的 10% 的县组成一个独立的国家，那么这个国家的男性预期寿命将会是 69.6 岁，并且在国际排名中也将处于非常低的位置，夹在尼加拉瓜和菲律宾之间，远低于中国和墨西哥。相比之下，如果将美国预期寿命最长的 10% 的县组成一个独立的国家，那么它将会在国际排名上接近第一的位置，仅仅低于日本和澳大利亚（美国整体排名在第三十六位。尽管美国人在医疗保健方面的投入是其他工业化国家的 2 倍多，但美国的平均预期寿命却显著低于其他富裕国家的人）。

关于美国人预期寿命的趋势最引人注目的事实可能是，巨大的地理差异并没有随着时间的流逝而消失。相反，它们每年都在增加，反映并可能加剧着日益增长的社会经济差异的影响。当引言中提到的硅谷工程师大卫・布里德洛夫于 1969 年从门洛帕克搬到维塞利亚时，这两个社区的预期寿命是相当的。如今，门洛帕克所在的圣马特奥县的预期寿命比维塞利亚所在的土拉雷县长了近 6 年——这是一个显著的变化。

图 7 显示了美国地区间预期寿命不平等的加剧，它画出了自 1987 年以来预期寿命最高和最低的 10 个县的男性预期寿命的增长情况。从 1987 年到 2007 年，寿命最高组的预期寿命增长了 5.8 年，而最低组仅增长了 1.8 年。最终的结果是，最高的前 10 个县和最低的后 10 个县如今的预期寿命

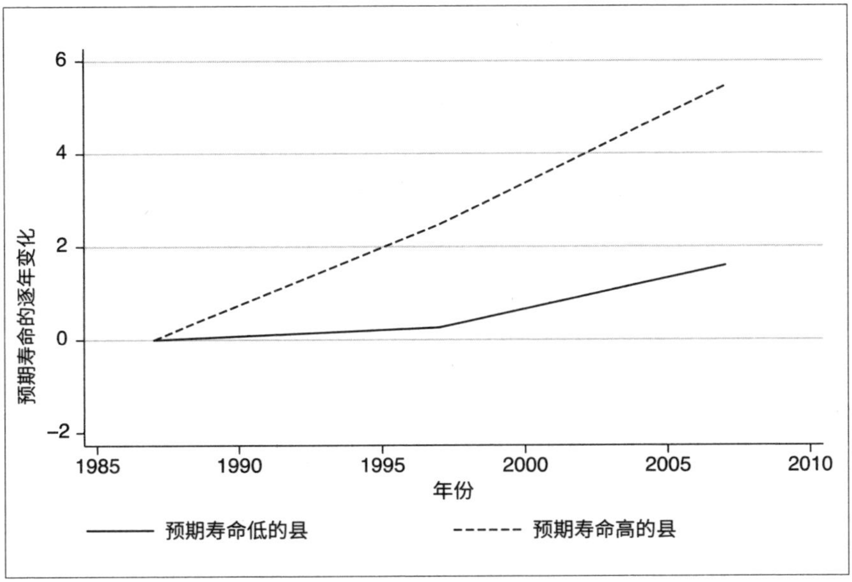

图 7　1987 年以来男性预期寿命的增长情况

差距比过去几十年要大得多。[1]

是什么推动了这种惊人的分化？尽管美国各县的年轻人获得医疗保健的机会各不相同，但 65 岁以上的人都享有医疗保险，因此老年人医疗保险的差别不太可能起主要作用。一个更重要的因素是美国不同地区社会经济状况的差异。教育和收入属于影响长寿的最重要因素，因为它们影响着生活方式——从饮食、锻炼，到吸烟和饮酒习惯等方方面面。因此，“大脑中心”地区与其他地区之间越来越大的教育和收入差距很可能是导致预期寿命差异的主要原因。但是，如果图中仅仅反映了拥有高收入的高教育人

1　与其他富裕国家相比，美国的大多数县正在丧失优势。自2000年以来，美国的绝大多数县与十个死亡率最低的国家相比的优势下降了。美国只有20%的县在此方面获得了一定的进步。

群选择在美国的一些地区，而低收入的低教育人群选择了其他地区，那么它并不是特别有意义，因为除了说明教育和收入影响寿命外，它不会告诉我们任何事情。但这里有一个有趣的反馈机制，它使得这些发现更有意义。

不同教育水平和收入水平的人在地理位置上的分类可能会加剧教育和收入不同导致的寿命差异。原因很简单：低教育水平的人生活在其他人受教育程度也较低的社区，可能会比他生活在受教育程度和收入水平较为平均的社区里更不健康。经济学家称这是一种社会乘数效应。

例如，一个人吸烟或锻炼的可能性既取决于他自己的性格，也取决于他周围的人是否吸烟或锻炼身体。经济学家、前空军军官斯科特·卡雷尔（Scott Carrell）利用美国空军学院成员的身体健康数据衡量了社会乘数效应的重要性。空军学院的成员被随机分配到大约 30 人的中队，并且需要在队中同彼此度过大部分时间。分配的随机性使得卡雷尔的数据特别有用，因为它能够让研究人员剔除其他所有可能的混杂因素，从而测量同伴之间的因果影响。卡雷尔和他的合作者已经找到了确凿的证据，证明那些被分配到其他不太健康的中队的人，往往会随着时间的推移变得不那么健康。这种影响非常强烈：身体素质差像传染性疾病一样传播，其中最大的影响是由身体素质最差的同伴造成的。耶鲁大学经济学家杰森·弗莱彻（Jason Fletcher）发现了吸烟具有类似的影响。将一个人社交网络中吸烟者的数量增加 10%，会使这个人吸烟的可能性增加约 3 个百分点（作为一个以前吸烟的人，我可以证明当我在东海岸城市看到很多人在室外吸烟时，点上一支烟的冲动要强烈得多。而在加利福尼亚，我很少看到人们吸烟）。营养食品的可得性也因每个社区的社会经济特征而大不相同。在低收入社区，快餐店更加普遍，新鲜食品比有着各种收入水平居民的社区更难获得。

社会乘数效应很重要，因为它扩大了拥有相同收入和教育水平但居住在不同收入和教育水平社区里的个人之间的健康差异。实际上，这意味着我们现在看到的那种社会经济隔离对人们健康和寿命产生的间接影响超过了他们自身教育和收入水平的直接影响。这给出了一个惊人的结论：你住在哪里与你的寿命有关。

从这方面讲,“搬向机遇”（Moving to Opportunity）计划特别重要。这是美国有史以来最雄心勃勃的社会实验之一。从 1994 年到 1998 年，联邦政府给巴尔的摩、芝加哥、波士顿、纽约和洛杉矶等城市中数千户公共住房居民发放了“代金券”，使他们能够离开原有住房并搬到同一城市中有着明显更好社区的私人住房。与卡雷尔的研究一样，这是一项随机实验，1788 个家庭被随机选取获得“代金券”,1898 个家庭被随机分配到对照组。当研究人员 10 年后访问这两组人并测量他们的健康状况时，他们的发现非常惊人。尽管在实验之前这两个小组是相同的，但收到“代金券”并搬到更好社区的那组人的身体状况明显更好。这组成员改善了他们的饮食，并且锻炼得更多。他们患肥胖症、糖尿病和抑郁症的概率明显更低。总的来说，他们更健康、更快乐，年轻女性尤其如此。这些发现有许多可能的解释。但一个看似合理的解释是，我们生活的地方和周围的人在塑造我们的健康方面发挥着重要作用。

离婚和政治参与日益增长的分化

经济环境和教育不仅影响人们的健康和寿命，也在影响他们的家庭结构方面发挥着重要作用。以离婚为例。虽然导致离婚的因素很多也很复杂，但糟糕的经济状况是离婚的一个重要诱因。当一对夫妇生活不顺利时，经济问题只会让情况变得更糟。毫不奇怪，美国的城市在离婚率上有着巨大的差异。

美国离婚率最高的城市是哪个？如果你认为是拉斯维加斯，那么就再想一想。根据美国 800 万已婚成年人的数据，我发现离婚率最高的城市是密歇根州的弗林特，2009 年有 28% 的人是离婚状态。由于当地汽车制造厂关闭、工资下降、中产阶级逐渐消失，弗林特和其他铁锈城市一样长期处于经济衰退的状态。它最大的雇主——通用汽车公司，已经从顶峰时的 8 万名当地员工缩减到了 8000 名。另一个前制造中心——俄亥俄州的托莱多离婚率也很高，只是比弗林特低一点。在离婚率分布的另一端是如下这些城市：犹他州的普罗沃，它位于摩门教的中心地带，由于宗教原因离婚率很低；宾州州立大学，一所大学城；德州麦卡伦，其天主教徒密度非常高；康涅狄格州的斯坦福德——这个国家教育程度最高、最繁荣的大都市区。圣何塞的离婚率也非常低。

美国地区之间离婚率的差异非常大。弗林特的人均离婚数是普罗沃人的 3 倍左右。而这种差距正在扩大。图 8 显示了离婚率最高和最低的十个城市中离婚人数占比的增长情况。尽管许多文化和宗教因素起着重要作用，但这些因素在很大程度上是固定的，例如普罗沃一直是一个以摩门教为主的城市。离婚率高的城市和离婚率低的城市之间的差距越来越大，这可能反映出经济状况的日益分化。

美国日益扩大的社会经济隔离也以复杂而深远的方式影响着政治进程。在国家层面，选民的分化使美国人越来越难以在涉及国家未来的重要问题上达成共识。这种趋势是由很多原因造成的。初选由激进的候选人主导的情况比以往更加频繁，有线电视网络的政治报道越来越两极化，众议员和参议员面临更强烈的按党派路线投票的动机。而地理因素正在发挥越来越重要的作用。地理上的隔离增加了与周围人持相同观点的人的数量，这可能会强化极端的政治态度。比尔·毕晓普（Bill Bishop）在他的著作《大归类》一书中，利用 30 年中总统选举的数据揭示了政治上同质的社区数量的爆炸式增长，这些社区的同质性如此之高，社区居民往往以压倒性

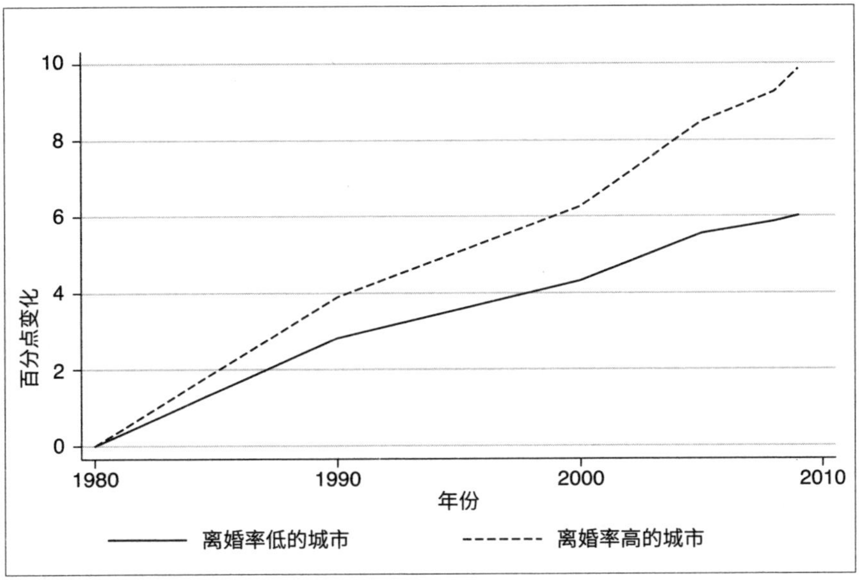

图 8　1980 年以来离婚率的变化

的优势投票给一位候选人。

令人惊讶的是，地区间的分裂（巴尔干化）在地方层面的影响可能恰恰相反。长期以来，经济学家指出，社会同质较大的地区就地方政策达成一致意见要容易得多。例如，相比经济非常多元化的情况，有着相似的收入和教育水平——因此也有相似的需求和品位——的选民更有可能在地方税收、学校、公园和警察等问题上达成一致意见。

大分化也影响着投票模式。美国各社区在投票数量和政治影响力方面存在巨大差异。在 2008 年总统大选中，10 个投票率最高的县的人均投票是 10 个投票率最低的县的 4 倍。选民参与程度的巨大差异也意味着政治影响力的巨大差异。这就好像每一个顶端组的居民都得到 4 张选票，而处于底端组的每个居民只得到 1 张选票。

影响公民参与的因素有很多。其中最重要的因素之一是教育。在2004年发表的基于对300万美国公民进行的两项调查数据的研究中，我和两名同事发现，学校教育是影响联邦选举登记和投票的重要因素。我们还发现，教育对更广泛的政治参与行为有很强的影响；在美国和英国，受过良好教育的公民更有可能关注媒体上的政治，了解社会问题并与他人讨论、参与政治团体，以及积极参与社区事务。顺便说一下，这是自由派和保守派都支持公共教育的主要原因之一。1962年，保守派经济学家米尔顿·弗里德曼（Milton Friedman）认为："如果大多数公民都不具备起码的读写能力和知识，而且没有普遍接受的共同的价值观，一个稳定和民主的社会是不可能的。教育对两者都有贡献。我们中的大多数人可能会得出这样的结论：教育带来的上述收益足够重要，因此政府的一些补贴是必要的。"

由于教育是政治参与的一个重要决定因素，所以美国教育两极分化的加剧导致了政治参与的两极分化加剧。图9显示了自1992年以来，总统选举中人均投票数最高和最低的10个县的选民参与率的变化。这一趋势随着全国的投票率而上下波动。2000年布什与戈尔的选票非常接近，这意味着这一年大选的投票率高于1996年和2004年。而在1996年和2004年，克林顿和布什以较大的优势获胜。2008年的总统选举是近代史上投票率最高的一次，可能是因为候选人中第一次出现了非洲裔美国人。

但图9中更有趣的部分是投票率高和投票率低的县之间的差别。随着每一次的选举，投票率高的县在政治进程中获得了更大的影响力，而投票率低的县则失去了影响力。当我们把对候选人和政党的资金贡献作为衡量政治参与和影响力的另一项重要指标时，也出现了类似的情况。这些趋势可能会对立法产生真正的影响。在制定那些会使某些社区的利益与其他社区的利益相冲突的政策时，总统和州长有明显的动机去支持那些政治活跃、组织良好的社区的需要。

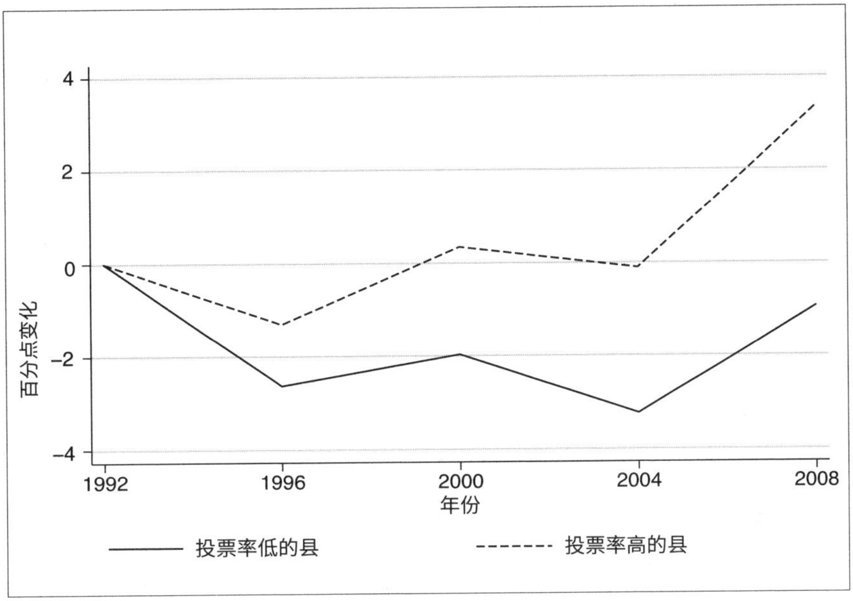

图 9　1992 年以来总统选举中选民投票率的变化

慈善的不平等

在今天的美国，文化、教育和医疗保健越来越多地由慈善机构提供。超过一半的医院、三分之一的学院和大学以及大多数的文化组织都依赖于慈善捐款。这些机构为城市的社会资本做出了贡献，帮助了最贫困的居民，为富裕的居民提供了重要的文化设施。反过来，非营利性的活动越来越依赖于营利性的活动。这种联系在很大程度上局限于地区内部。

我与大卫·卡德（David Card）和凯文·哈洛克（Kevin Hallock）合作进行的研究表明，在一个城市设立一个公司总部，每年会为当地的非营利组织带来大约 1000 万美元的额外公共捐款。令人惊讶的是，并不是企业本身提供了这种慷慨的捐赠，而是那些获得高薪的企业高管。我们发现，在一个城市新增一个公司的总部，将会大大增加高薪人士的数量。他们的薪水通常与公司的业绩挂钩，当他们的公司表现不错时，他们往往会慷慨地向当地的慈善机构捐赠。我们估计，对于总部所在的城市来说，公司每1000美元的市值就大约有1美元流向了当地的非营利组织。相比之下，企业捐赠似乎对当地慈善机构并不十分重要。仔细考虑一下，这是有道理的。当客户和员工分散在全国各地时，大公司服务于当地事务的动机有限。

但对于个人来说就不一样了。当微软搬迁到西雅图时，它不仅重塑了西雅图的劳动力市场，还改变了它的非营利部门。联合创始人保罗·艾伦就捐赠了超过10亿美元，其中60%流向了当地的慈善机构。除了一些其他事情，这些资金被用于资助建设两个新博物馆——飞行文物收藏馆和音乐体验（EMP）博物馆——和华盛顿大学的一座新图书馆，还修复了历史悠久的地标电影剧院“全景电影”，并扩建了华盛顿大学医学院[1]。

美国哪个城市的人均慈善机构最多？在美国的大都市区中，斯坦福德、波士顿、罗利－达勒姆、华盛顿特区和纽约这五个“脑力中心”收到的捐款相对于其人口而言是最多的。西雅图紧随其后。无论是从人均非营利组织的数量还是人均捐款来看，拥有强大非营利部门的社区与非营利组织较弱的社区之间的差距都在不断扩大。换句话说，美国社区之间的大分化正在造成当地慈善机构可获得资源的相应分化。拥有众多公司总部和繁荣的地方经济的城市正是为当地非营利组织提供慈善捐助最多的城市。相比之下，总部很少、地方经济困难的城市——可以说是那些最需要慈善机构的城市——吸引慈善捐赠最少。这进一步放大了赢家和输家之间的差距。

1　另一个与微软相关的著名慈善机构是比尔（Bill）和梅林达（Melinda）盖茨基金会。尽管它已经为美国的教育改革提供了资助，但由于它主要关注发展中国家，所以必然在支持当地事业中发挥较小的作用。

预期寿命、离婚、政治参与和慈善捐助等方面日益增长的差异只是美国不同地区之间不断分化的许多方面中的一些例子。分化的方面不止这些。美国社会的许多其他方面也遵循类似的动态变化。例如，犯罪在不同地区也呈现了不同的趋势，纽约和波士顿等城市在过去 20 年中的犯罪率经历了巨大的改善，弗林特和底特律等城市的改善幅度很小。归根结底，所有这些社会差异都是经济状况差异鲜明的反映。美国不同的社区一直以来都各不相同，有些富有，有些贫穷。但是，如今上层社区和底层社区的经济距离比 50 年前更大，这正在影响着生活的方方面面。

为了开始应对这些巨大的变化——以及它们给我们社会带来的挑战——我们必须面对产生这种分化的经济根源。为什么有些城市能够吸引高薪的工作和健康、高技能的工人，而另一些却不能？“大脑中心”有什么特别之处？为什么这些地区和美国其他地区之间的差距每年都在增长？正如我们即将看到的那样，大分化不是历史的偶然，而是影响深远的经济力量的必然结果。

The New Geography of Jobs

第四章 吸引力

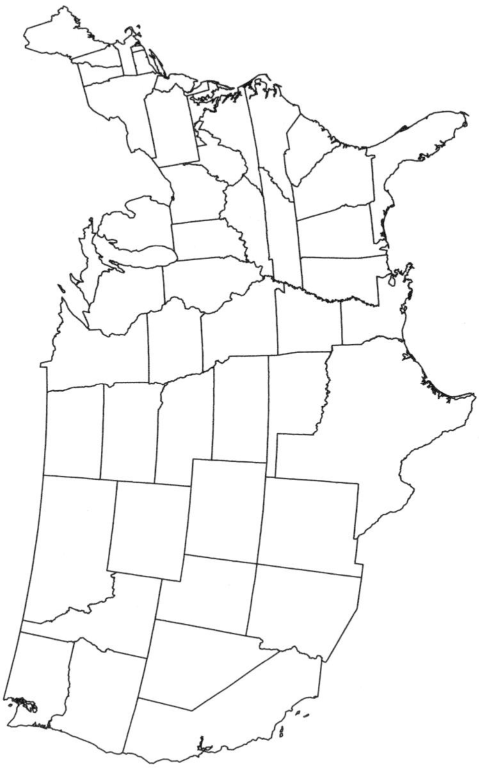

Forces of Attraction

乍看上去，美国创新中心的地理位置很随意，让人感到困惑。在很多传统的行业中，选址与自然资源有关，美国石油产业集聚在得克萨斯州、阿拉斯加州和路易斯安那州，这是因为这些州有较多的石油资源。葡萄酒产业主要集中在加利福尼亚州，因为那里天气好且土壤适宜。龙虾产业在缅因州是因为龙虾不能在堪萨斯州生存。在这些例子中，集聚既不令人惊讶也没有什么特别值得解释的。然而，创新产业的地理集聚似乎难以解释。没有明显的自然优势可以解释为什么创新产业会集聚在那里。毕竟，硅谷没有硅矿。过去，由于运输成本很高，企业建立在靠近消费者的地方。例如，工业革命时期，伦敦的公司会由于大部分顾客居住在伦敦而享有运输产品上的成本优势。但是如今运输成本很低，高技术产业尤其如此。以 IT 行业为例，由于你可以通过任何一个调制解调器即时并且便宜地发送软件代码，其运输成本几乎为零。如果谷歌公司搬到维塞利亚或者西藏，就运送产品而言，没有用户会注意到这个问题。

稍微再深入思考一下选址问题就更令人困惑了。创新公司似乎位于绝对最糟糕的地方：它们选择了非常昂贵的地区——波士顿、旧金山和纽约。面对高昂的工资和办公室租金，这些城市是美国经营企业最昂贵的地方。我们会认为这些城市对于公司没有吸引力，特别是对那些在全球范围内竞争的公司来说。

为什么这些本可以在任何地方的创新公司都集聚在这些昂贵的地方？像圣何塞这样的城市有什么特别之处？如果你真的去过圣何塞，你不会发现它与其他城市有很大的不同。很难看出圣何塞的薪水如此之高的线索。事实上，那里看不到任何标志性的东西。大部分标志性的硅谷公司都位于无名的办公楼或办公园区。像美国其他许多都市区一样，圣何塞的都市地区主要由停车场、办公园区和一些枯燥乏味的玻璃塔组成，四周环绕着一座座海边的独栋家庭住宅。它的城市形态毫无特色；高速公路纵横交错，人们可以开车去任何地方。这座城市一直在试图重建其市中心，并把它变成一个更加方便行人的目的地，但这是一场艰苦的战斗。在那些最高的建筑物中，Adobe 塔非常引人注目，从 101 号高速公路上就可以看到。位于西南仅 3 英里处的是 eBay 广阔的企业园区。只需很短的车程，你又会发现英特尔、思科、雅虎以及无数个名字听起来像处方药的不太知名的高科技公司——Progent、Xilinx 和 Sanmina。在圣何塞雇用一个拥有大学学历的技术工人，eBay 和 Adobe 公司需要每年支付其 87033 美元；但是在默塞德，类似的公司只需要每年向其支付 62411 美元。事实上，如果 eBay 和 Adobe 公司搬到默塞德，他们雇用一个大学毕业生所需支付的工资比现在雇用一个拥有高中毕业生所需的 68009 美元还要少。这看起来着实令人费解[1]。

1　许多行业表现出一定程度的地域集聚。娱乐业集中在洛杉矶，地毯的主要生产者一直在佐治亚州的道尔顿。但创新产业的集中度特别高，计算机制造业就业人数最多的十个县占该行业就业总数的70%。对于科学研发、软件和互联网公司，相应数字分别为45%、32%和25%。世界上的大多数纳米技术研究都是在八个大都市地区进行的。日本、法国和韩国等国的地理集中度更高，东京、巴黎和首尔吸收了本国最具创新性的活动和人才的绝大部分份额。中国的上海和北京也是如此。

如果旧金山不喜欢沃尔玛，为什么沃尔玛偏爱旧金山

沃尔玛的故事在这件事上提供了一些启示。该公司的名称是低价的代名词，因此，自从山姆·沃尔顿 50 年前创立公司以来，沃尔玛就一直在阿肯色州的本顿维尔办公也就不足为奇了。本顿维尔是一个小镇，在那里经营一家企业是非常便宜的，这也体现了公司节俭的企业文化。本顿维尔是全国办公空间最便宜的地方之一，生活成本和平均工资也很低。沃尔玛的首席执行官、所有高级管理人员以及所有的总部员工都居住在这里。本顿维尔显然也是沃尔玛削减成本的最佳选择。

但当沃尔玛 12 年前开始涉足电子商务时，它并没有选择将其互联网部门“Walmart.com”设在本顿维尔，也没有选择成本更低的印度班加罗尔。相反，它选择了加利福尼亚州的布里斯班，距离旧金山市中心仅 7 英里，这里有全球最昂贵的劳动力市场之一。（这也恰好是一个与沃尔玛存在政治敌意的城市，这使得该公司很难开设许多当地商店。）鉴于沃尔玛十分积极地控制每个部门的成本，它这么做有什么意义？沃尔玛是否背离了自己的商业模式？[1]

没有。事实证明，在创新的世界里，生产力和创造力的重要性远远超过劳动力和不动产成本。沃尔玛看中了旧金山三个重要的比较优势，经济学家们统称其为集聚的力量：密集的劳动力市场（也就是说，在这里，在特定领域训练出的技能工人可做很好的选择）、专业化服务的提供者，以及

1　事实上，据一位现任员工透露，沃尔玛最初确实试图在阿肯色州设立“Walmart.com”网站。结果非常糟糕——很可能是因为本顿维尔缺乏专业的网页设计师——以至于公司不得不立即搬迁该部门。这名不愿透露姓名的员工告诉我，最初网页的图片非常糟糕，以至于内部人士仍拿这件事开玩笑。

最重要的知识外溢。虽然被讨论得不多，但这些力量最终决定了创新工人和公司的选址，因此决定了整个社区的未来。理解这些力量是至关重要的，因为它们是导致过去 30 年中大分化的原因之一。理解这些力量的重要性还体现在它们是使陷入困境的城市在经济上更加成功的关键。正如我们将要看到的，城市集聚解释了为什么 eBay 和 Adobe 公司留在圣何塞是有利可图的，也解释了从辉瑞（Pfizer）到 IBM 等许多其他公司做出的看似不合逻辑的选址决定。这些力量正在变得越来越强大，并将在未来影响到每一个美国工人。

优势1：规模很重要

2007 年，米克尔・斯瓦尼（Mikkel Svane）在哥本哈根和其他人共同创立了高科技公司 Zendesk，但他很快意识到哥本哈根位置太偏远了。两年后，他将公司迁至美国，"寻找（资金和）人才"。他先是尝试在波士顿，最后在旧金山安定下来。"这是非常令人兴奋的。来到旧金山和当地人以及我们的顾问一起工作，让我们的想法变得更大，让我们变得更有进取心，并真正推动了事业的发展。"斯瓦尼在搬迁公司的时候对当地媒体说。

2010 年，24 岁的程序员吉尔・欧乐森（Kiel Oleson）从内布拉斯加州的林肯搬到旧金山，寻找一份高科技的工作。他的故事很典型。"我知道我想做苹果手机开发，而且很多创业公司都在寻找苹果手机开发者。"

如果你问旧金山的首席执行官们为什么把公司迁到湾区——即使有其他更便宜的地方做生意——大多数人都会告诉你，旧金山是人才聚集的地方。如果你问软件工程师们为什么搬到旧金山，他们会告诉你，那里是工作的地方。很简单，对吧？不完全是。诚然，一个软件工程师在旧金山会找到比在林肯更多的空缺职位，但他也将面临更多的竞争。雇主也是如此。

虽然在旧金山找工作的软件工程师比在哥本哈根多，但也有更多的雇主想雇用他们。奇怪的是工人声称旧金山对软件工程师有过多的需求，而雇主则声称旧金山的工程师有过多的供给。他们不可能都是对的。

现实情况是，在大多数城市，特定职业的供求总体上是平衡的。如果在某个特定城市的某个特定时间，软件工作机会过多会导致对软件工程师的过度需求，那么全国各地的工程师都会涌向这个城市，使得供给和需求趋于平衡。软件工程师往往是年轻的、受过良好教育的和在国外出生的群体——这三个群体的流动性特别高。在 20 世纪 90 年代末的互联网繁荣时期，硅谷对高科技员工的需求巨大，数百家资金充裕的创业企业争相招聘新员工，数十万名高科技员工从美国各地涌入硅谷。在随后的萧条期间，需求萎缩，数十万人搬走。但是如果旧金山、林肯和哥本哈根的雇主和雇员之间的比例是相同的，那么是什么吸引了吉尔・欧乐森和米克尔・斯瓦尼前往旧金山呢？答案是旧金山的软件工程师的劳动力市场更密集。事实证明这对城市而言非常重要。

就劳动力市场而言，像生活的许多其他方面一样，规模很重要。经济学家们早就明白，那些拥有众多卖家和众多买家的密集的市场，尤其具有吸引力，因为它们使匹配需求和供给更加容易。要弄清楚为什么密集的劳动力市场是一件好事，可以暂时先不管工作，而是想一下爱情。想象一下你是单身并且正在寻找伴侣。在尝试几次失败的本地酒吧约会后，你决定尝试一个在线交友网站。假设你所在地区有两个本地单身人士的网站，除规模大小外，其他各方面都相同。第一个网站叫作 thick.com，包含 100 名男性和 100 名女性的信息。第二个网站叫作 thin.com，包含 10 个男人和 10 个女人的信息。你会选择哪一个？这两个网站的男女比例是相同的；在这两种情况下，每个“卖方”都有一个潜在的“买家”。所以你可能会认为这两个网站是等价的。但它们肯定是不一样的。一个女性在更大的网站上找到她想要的男人（她真正想要的外表、兴趣和价值观）的可能性会更高，因为那里有更多的男人可以选择。当然，对于男性也是如此。

劳动力市场与交友网站非常相似。密集的劳动力市场能更好地匹配雇主和雇员，最终的匹配会更接近理想的匹配。如果你是一位专门研究某一分支 DNA 重组技术的分子生物学家，那么找到一家使用这种特定技术的生物技术公司是非常重要的。如果你搬到像波士顿和圣地亚哥这样有许多生物公司聚集的城市，你就更有可能找到一家真正想要并愿意为你独特的技能支付薪水的公司。如果你搬到像波特兰或芝加哥这样的城市，那里的生物技术公司较少，你可能不得不接受一份不太理想的工作和较低的薪水。你迁移的城市不同，你的职业生涯轨迹也会有很大的不同。

更好的匹配对雇主也有好处。位于波士顿或圣地亚哥的生物技术创业企业拥有更高的生产率并且生产更多的专利，是因为它能够找到完全符合其需求的分子生物学家。这最终会带来更高的利润和更成功的首次公开募股（IPO）。当开发在线身份验证技术的创业公司 Trulioo 从温哥华迁至硅谷时，其首席执行官斯蒂芬・乌福德（Stephen Ufford）注意到，公司的生产率飙升。他说："（硅谷）事情发展的速度是非常关键的。"他补充说，他在三个月内就完成了在温哥华需要数年时间才能完成的任务。一个密集的劳动力市场对工人和公司都是双赢的。

按收入增长衡量，身处密集的劳动力市场的经济回报对于专业人士来说是非常重要的，而且在过去的 30 年里一直在上升。例如，在美国拥有 100 多万名工人的劳动力市场的平均工资，比拥有 25 万或更少工人的劳动力市场的平均工资高出三分之一。即使在考虑了工人的工龄、职业和人口结构之后，这种差异仍然存在。值得注意的是，现在这一差距比 1970 年扩大了 50%。对于高科技工程师、科学家、数学家、设计师和医生等具有较高专业技能的工人来说，市场规模尤为重要。例如，研究表明，在医生中，专家在大城市从事的工作范围比在小城市小。但市场规模对非技术工人来说并不重要，体力劳动者和木匠在大城市和小城市从事类似的工作。

不妨想想脸书的历史。每个看过电影《社交网络》的人都知道，马克·扎克伯格在马萨诸塞州剑桥的哈佛大学宿舍里创办了脸书。剑桥是世界上顶级大学的聚集地，也是美国教育水平最高的城市之一。该地区有很多创新型公司，而且绝对不缺人才。然而，扎克伯格很快意识到，为了给自己的新兴企业找到合适的人才，他不得不将公司迁往硅谷。在硅谷，工程师的劳动力市场非常密集，扎克伯格不只发现了受过良好教育的工人和受过良好训练的工程师，而且还找到了拥有他刚好需要的技能、受过良好教育和良好训练的工程师。从这个角度来看，扎克伯格的公司选址决策以及高科技公司在其他高科技公司附近建立自己公司的趋势并不令人惊讶。彼此孤立选址的话，可能比较痛苦，但通过彼此聚在一起，它们变得更具创造力和生产力。

劳动力市场的规模也会影响人们换工作的频率。一项在20年时间里针对1.2万名工人的追踪调查显示，当一名工人在职业生涯的早期四处寻找好的工作匹配时，他在大的本地劳动力市场上会比在一个小的劳动力市场中更频繁地换工作。然而在职业生涯的后期，当稳定性可能变得更有吸引力时，人们在大市场上换工作的频率会降低，因为他们对自己的工作匹配更加满意。

此外，密集的劳动力市场为失业提供了部分保险的功能。如果裁员不是由经济衰退而是由特定公司的特定问题引起的，密集的劳动力市场会因为有更多的潜在雇主而降低工人持续失业的可能性。同时，密集的劳动力市场也降低了企业不能填补工作空缺的可能性。

考察市场规模的重要性不仅仅是满足一种好奇心，它对城市的未来有着至关重要的影响。密集劳动力市场的效应是创新产业集聚在世界上少数城市的主要原因之一。由于密集的劳动力市场能更好地匹配雇主和雇员，所以创新集聚的地区在吸引更多高科技雇主和工人方面具有巨大的优势。另外，那些尚未形成创新集群的城市很难创建一个密集的劳动力市场。最终，这加剧了创新中心和其他地区之间的人才差距。

市场的密集程度有一些有趣和意想不到的后果。例如，企业和工人加入集聚地区可以享受到生产率提高的好处。但是，它们也为所有其他公司和工人带来了好处，因为新的进入者使其提高了生产率。这种外部性是市场失灵的一个例子。政府干预可以通过为工人和企业的外部收益提供补贴来提高效率。

令人惊讶的是，劳动力市场的规模不仅影响到工人的生产力，还影响到他们寻找浪漫伴侣的能力。对于婴儿潮一代来说，小城镇有着特别的吸引力。但对于美国的年轻人来说，小城镇的吸引力正在下降，六七十年代（被称为 X 一代）和八九十年代（被称为 Y 一代）出生的人大量定居在大城市。这一趋势在一定程度上反映了文化规范的变化和密集的劳动力市场日益增长的经济效益，但它也反映了寻找伴侣的方式在不断变化。美国的婚姻市场在不同教育程度间的分割日益严重，受过良好教育的专业人士越来越倾向于与受过良好教育的专业人士结婚。经济学家对这一趋势有一个一点儿也不浪漫的专业术语：类聚婚姻匹配。这是指人们倾向于与具有相似社会经济特征的人结婚。类聚婚姻匹配并不是什么新鲜事：即使在 20 世纪 80 年代，受教育程度较高的女性也更愿意与受教育程度较高而不是较低的男性结婚。然而，这一趋势在过去 30 年中有所加强，拥有硕士学历的男性与拥有硕士学历的女性结婚的可能性显著增加，拥有大学学历的男性与拥有大学学历的女性结婚的可能性大幅度增加，以此类推。这不仅适用于教育水平，也适用于工作类型、工资水平和许多其他因素。相似特征的人相互吸引。随着类聚婚姻匹配的增加，对大的婚姻市场的需求也随之增加。

如果你正在寻找一个有着非常特殊的特征的伴侣，一个相对密集的婚姻市场会更好。

值得注意的是，即使对已婚夫妇来说，他们对密集城市的需求也在增加，因为大型劳动力市场对于那种夫妻双方都有着专业工作的家庭来说尤其重要。这种“双事业家庭”代表着数量较少但不断增长的家庭。在最近一项关于家庭结构变化的研究中，加州大学洛杉矶分校（UCLA）的经济学家多拉·科斯塔（Dora Costa）和马修·卡恩（Matthew Kahn）发现，1940 年在双方都受过大学教育的夫妻中，只有 18% 的妻子有工作。这一数据到 1970 年已上升到 39%，但是大多数女性选择了教育和护理及在传统上由女性主导的工作。她们的经历被认为是“家庭第一，工作第二”，她们常常在第一个孩子出生后就离开了劳动力市场。到了 1990 年，与丈夫一样受过大学教育的妻子在职业选择上开始与男性相似，并希望做到“事业第一，家庭第二”或者“家庭和事业同等重要”。到了 2010 年，74% 的受过大学教育的已婚女性参与劳动力市场，工作类型涉及几乎所有领域和部门。

随着越来越多的已婚夫妇各自拥有自己的事业，更多的夫妇面临工作地点的选择问题——因为妻子们越来越不愿意放弃自己的职业生涯来适应配偶的工作变化。如今，有一半的公司将配偶的就业列为员工拒绝更换工作地点的最大原因。密集的劳动力市场——规模足够大以至于能够为夫妻双方提供良好的专业匹配的市场——是解决这一问题的最佳途径。

事实证明，这对城市的未来非常重要。科斯塔和卡恩发现，受过良好教育的专业人士越来越多地聚集在大城市，其中一半以上的集聚是由“双事业家庭”的工作地点选择问题日益严重导致的。这对小城市来说是个坏消息，因为这意味着它们正在失去竞争力，特别是在受过高等教育从事专业工作的夫妇眼中。从长远来看，较小的城市注定会使受过良好教育的专业人员的流入减少，因此错过创新部门的增长，从而变得越来越穷。

优势2：生态系统和风险资本家

冈萨洛·米兰达（Gonzalo Miranda）是智利的风险投资家。他的公司奥斯特拉资本（Austral Capital）在拉丁美洲寻找有前途的高科技创业公司并将其带到美国。我对与他见面十分感兴趣，因为他所做的事情与我们所期望的完全相反：他将公司从运营成本较低的欠发达国家转移到高成本的加利福尼亚州和华盛顿州。那些他资助的并在其帮助下迁往美国的公司最终在美国创造了好的工作。由于他专注于早期的创业公司，这些公司到达美国时规模很小，但他估计一家典型的创业公司在美国的第一年创造了大约 20 个工作岗位，主要是工程师和辅助人员。如果创业公司成功，这个数字很容易增长到数百或数千。

米兰达告诉我，与他合作的智利、阿根廷和巴西的企业家通常都是拥有世界级新技术的杰出创新者。他们的产品非常好，即使留在自己的国家，他们也可能会做得很好。但是，如果想把公司做大，他们必须搬到美国。他说，美国创新中心的一个优势与资金有关。拉丁美洲的资金是稀缺的，那些占主导地位的老式投资者往往不给初创企业喘息的机会。另一个优势是法律制度。即使是在巴西和智利这种南美洲经商环境最好的国家，创办企业也会很困难；烦琐的官僚机构和复杂的法律要求使企业面临不确定的进入成本。但最重要的是，搬到硅谷或西雅图意味着可以进入整个生态系统。“硅谷的生态系统最终成为一种足以补偿其更高成本的优势。”米兰达对我说。

米兰达所指的生态系统包括对创新公司很重要的专业服务的提供者，它们的服务包括广告、法律支持、技术和管理咨询、航运和维修以及工程支助等。这些服务使高科技公司能够专注于它们所擅长的——创新——而不必担心其他事务。仅仅通过进入高科技集聚中心的行为，一家公司实际上就会在一夜之间变得更大，因为它可以利用当地的专业知识。因此，集聚的高科技公司变得更有效率，也更成功。西雅图的一家小型软件开发商不需要企业内部律师，因为已经有很多本地律师事务所专门从事知识产权、授权许可和创业公司的注册等业务。达勒姆的一家生物技术公司可以从当地供应商那里为实验室购买专门的服务，而硬件公司则可以找到专门的运输服务。硅谷的一位年轻企业家告诉我，他需要成立自己的创业公司，但不想支付数千美元的律师费。在其他任何地方，他可能已经放弃创业了，但因为他在硅谷，很容易找到了一家接受股权而不是现金的法律公司。这家公司的商业模式依赖于一个假设，即它参与的数百家创业公司中会出现一个谷歌。这种商业模式只有在密集的高科技集聚地区才有可能。

从这些专门服务提供者的角度来看，在地理位置上靠近客户是至关重要的。他们需要接近潜在的客户，评估他们的需求，并向客户展示他们能够如何提供帮助。这对于成熟的产品并不是很重要，但对全新的产品来说是至关重要的。铿腾电子科技有限公司（Cadence Design Systems）是一家领先的高科技公司，生产其他公司用来设计电子系统的软件。其客户包括 IBM、西门子、英伟达（NVIDIA）、芯科科技（Silicon Laboratories）和卡西欧，这些公司大多在硅谷有业务。当我问公司负责研发的高级副总裁徐志平（Chi-Ping Hsu）为什么把大部分研发人员留在圣何塞时，他回答说：“你怎么确定新产品的架构应该是什么样子？你需要每隔一天带着一个样板去找顾客。”

这是使生态系统在地理上集聚的一个重要因素：铿腾公司在硅谷，是因为它的客户（其他高科技公司）都在硅谷；客户集聚在硅谷，是因为包括铿腾在内的供应商都在硅谷。如果这听起来很耳熟，那是因为我们在工人和雇主身上看到了完全相同的密集劳动力市场的效应。这在两个重要方面影响当地社区。首先，它增加了高科技公司创造的本地就业岗位的数量。如果一个城市吸引了 IBM 公司开设办事处，那么它不仅会创造 IBM 公司的工作岗位，还会创造铿腾公司的工作岗位以及所有其他服务提供商的工作岗位。这是高科技乘数效应巨大的一个原因。其次，它以牺牲那些没有创新能力的城市为代价，进一步增强了那些有着大量创新活动的城市的吸引力：这使得 IBM 更有可能在硅谷开设办事处。

以瑞典电信巨头爱立信（Ericsson）为例，它的公司总部严格来讲设在斯德哥尔摩。但《华尔街日报》（*Wall Street Journal*）报道称，公司首席技术官霍坎·埃里克森（HaKan Eriksson）在斯德哥尔摩没有办公室。相反，他在圣何塞工作，“爱立信在那里有 1200 多名员工从事研发工作”。过去，爱立信因在地理位置上接近芬兰手机巨头诺基亚（Nokia）而获益。但现在，公司发现更重要的是接近生产苹果手机和 iPad 的苹果公司以及设计安卓（Android）操作系统的谷歌公司。“手机产业的中心已经从芬兰转移到硅谷。”埃里克森说。令人难以置信的是，就连诺基亚公司似乎也同意这种说法。诺基亚现在在帕洛阿尔托（Palo Alto）有一个雇用了 380 名员工的研发中心，其中 80 人拥有博士学位。负责人约翰·沈（John Shen）对《华尔街日报》说：“要想在全球具有竞争力，你真的需要在硅谷占有一席之地。”

高科技生态系统中最重要的部分可能是风险投资。在次贷危机和经济大衰退之后，金融创新的声誉不佳。但一个强大的金融体系对于创造就业至关重要。与一般的看法相反，一个强大的金融体系对于已经有钱的富人的重要性要低于那些想要得到金融支持的人。风险投资是解决这个老问题的绝妙方案。年轻人往往有创造性的新想法，却缺乏实现这些想法的资本。风险投资家的工作就是在成千上万个新想法中找出那些有希望的想法。这是一个非常民主的概念，也是美国梦的重要组成部分。

我是在意大利长大的，在这个国家很难为创新企业融资。在文艺复兴时期，意大利尤其是佛罗伦萨的银行在欧洲是市场的引领者，但它们在最近几个世纪里已经落后了。因此，对于一个年轻的意大利人来说，要想在高科技领域创业是非常困难的。这种限制造成了两种代价高昂的扭曲。首先，它倾向于大幅减少创新：尽管意大利拥有一流的工程学校，但它的高科技部门并不发达；其次，风险资本融资的缺乏是非常不公平的，因为它歧视那些来自弱势群体的人。如果你有一个好的创业想法并且来自一个富裕的家庭，你可能直接从你的家庭获得融资，或者因为你的家庭可以向银行提供抵押品而获得融资。但如果你有同样的想法却来自一个无法提供抵押品的贫穷的家庭，你可能就没那么走运了。这是一种巨大的浪费。

2010 年我决定离开加州大学伯克利分校到斯坦福大学学术休假，在那里做一年的访问教授。每天早上在上班的路上，我都会开车经过门洛帕克市的砂石山路。砂石山路是世界上最大的风险投资公司聚集地。所有主要的风投公司都坐落在那里，包括传奇的红杉资本（Sequoia Capital）和凯鹏华盈（Kleiner Perkins Caufield & Byers），以及高科技史上最具代表性的公司的早期支持者，如谷歌、苹果、亚马逊、甲骨文、雅虎、优兔（YouTube）、贝宝（PayPal）、网景（Netscape）和思科。我经常看到胸怀远大梦想的年轻创业者走进其中某栋低矮的建筑，很可能是去为他们的想法寻求资金。那些位于砂石山路的低层建筑是风险投资家们决定商业创新未来的地方。我发现风投行业最引人注目的特征是它仍然非常“本地化”。风险资本家过去常谈论“20 分钟规则”：风险投资家只考虑距其办公室 20 分钟车程内的融资公司。今天这个行业已经变得更加全球化，但它仍然偏好本地企业。一项研究发现，融资新公司的可能性随着风险投资公司与其目标公司之间距离的增加而迅速下降。

这对 RelayRides 的创始人谢尔比·克拉克（Shelby Clark）来说并不奇怪。RelayRides 是一家创新的共享汽车初创公司，它可以让车主把自己的车租给其他用户。据报道，克拉克在 2011 年不得不将他的初创公司从波士顿迁至旧金山，“是为了更靠近该公司的支持者——八月资本和谷歌公司旗下的谷歌风投”。在巴塞罗那和加利福尼亚同时拥有总部的西班牙 3scale 网络公司的业务开发负责人何塞·路易斯·阿格尔（Jose Luis Agell）表示，“作为一家外国公司，很难获得资金”。几十年来人们一直认为，硅谷成功的秘诀之一是其深层次、明确的风险投资基础。但是，地理距离与资金有什么关系呢？为什么在一个快速通信和廉价机票的世界里，沙丘路上的风险资本家们会青睐他们附近的创业公司呢？

比尔·德雷珀（Bill Draper）给出了答案。他是硅谷最有经验的风险投资家之一，有着 40 年的工作经验。在他看来，资金只是风险资本家提供给初创企业的许多东西之一。“很多的支持，很多的团队建设，很多的组织工作，创业者和风险资本家之间的关系，这些是创业成功的关键。”他在最近的一次采访中说。如今，风险投资家并不是简单地写一张支票然后就消失了。他们的工作中越来越重要的一部分是积极地监督、培养和指导新的企业。这就是地理位置很重要的原因。

培养和监督附近的企业显然会更加容易。对于硅谷的风险投资家来说，监督一位才华横溢但贫穷的意大利企业家的进展要困难得多，不管他的想法多么令人兴奋。谷歌可能是风险投资历史上能说明指导的重要性的最著名的例子。谷歌的早期投资者之一是凯鹏华盈的约翰·杜尔（John Doerr）。他的早期融资对于帮助谷歌公司度过最初的几年至关重要。但更重要的是，杜尔坚持让谷歌公司的两位创始人谢尔盖·布林（Sergey Brin）和拉里·佩奇（Larry Page）——两位虽然是才华横溢的工程师，但在当时仍是天真的商人——聘请一位有经验的职业经理人做公司的

CEO。杜尔的指导使两位谷歌公司创始人选择了埃里克·施密特（Eric Schmidt）作为公司的CEO，这可以说是谷歌早年做出的最具决定性的商业决策之一。凯鹏华盈办公室距离谷歌只有 10 英里。寻找合适的 CEO 花费了将近 1 年的时间，并多次陷入僵局。这主要是因为布林和佩奇不愿听从杜尔的建议，不得不被杜尔不断地督促。这就像寻找配偶一样，距离会让它变得很难。

总部位于旧金山的 i/o 风险投资公司为早期的高科技初创企业提供资金，与众多风险投资公司一样，它在指导初创公司上花费大量的时间和精力。当地的高科技传奇人物如 Yelp 的罗素·西蒙斯（Russel Simmons）就提供咨询和商业建议。至关重要的是，该公司对其资助的公司施加的一个条件是它们把公司迁往旧金山。他认为，这种风险资本家引导公司从创意到推出产品的创业加速器项目只能面对面地实现。

到头来，与风险资本家的地理距离仍然很重要。Skype 和手机并没有改变这个简单的事实。这也是高科技世界现在和将来仍将在地理上集聚的原因之一。

优势3：知识溢出的（几乎是）魔法经济学

ECOtality 是一家处于前沿的清洁运输和电力储存技术公司，该公司于 2010 年将总部从亚利桑那州迁到了加州湾区。它不是唯一这么做的公司。德国的 Q-cell 公司，中国的天合光能公司、尚德公司和英利绿色能源公司，以及西班牙的 FRV 公司最近都已经在加州湾区开设分支机构。清洁技术公司越来越多地将其总部和 / 或研发实验室设在该地区。据全国公共广播电台（NPR）报道，在最近一次对 ECOtality 公司的 CEO 的采访中，他解释说这种举动是为了“接近行动”。在某种程度上，这是很直观的。

毕竟,谁想远离行动呢？但在更深的层次上,“接近行动”到底是什么意思？为什么所有这些公司都希望与竞争对手如此接近？它们能得到什么好处？

答案与一个简单的事实有关：新想法很少在真空中诞生。研究表明，有创造力的工人之间的社会互动往往会创造学习机会，从而提高创新性和生产力。这种知识的流动和传播对处于创新集群中心内的工人和公司来说是第三个关键的优势。

正如我们前面所看到的，平均教育水平是城市之间工资水平相差如此之大的最重要原因。工人在智力集聚中心挣得更多这一事实并不是偶然的，而是反映了与高技能的同事一起工作所带来的更高的劳动生产率。这取决于他周围的人是受过良好教育还是受教育程度较低，同一人的工资可能有很大的不同。一般而言这是有道理的，但它并没有告诉我们为什么这是对的。如果我们想要理解为什么创新产业位于某些城市而不是其他地区，确切地理解知识在一个城市的朋友、同事或科学家圈内传播的方式和原因是至关重要的。保罗·克鲁格曼（Paul Krugman）在成为《纽约时报》的评论员之前，曾在这一领域进行过开拓性的学术研究。他曾写过一句名言：“知识的流动是看不见的，没有留下任何可以衡量和追踪它们的记录，而且没有什么可以阻止理论家对此做出任何他所喜欢的假设。”

克鲁格曼的怀疑主义激励许多研究人员在测量思想的传播方面做了大量努力。1993 年，三位经济学家——亚当·贾菲（Adam Jaffe）、曼努埃尔·特拉滕伯格（Manuel Trajtenberg）和丽贝卡·亨德森（Rebecca Henderson）——发现了有用的关于知识流动的记录：专利引用。在申请专利时，发明人必须列出其发明所依据的所有以前的发明。这些联系为经济学家提供了一种创新的方法来追踪发明者之间的知识流动。他们得到的结果令人惊讶：知识在很大程度上受到“本地偏向（home bias）”的影响，也就是说，发明人更有可能引用居住在附近的而不是更远地方的其他发明者的专利。由于专利是免费获得的，引用不见得会显示地理偏好。例如，一个北卡罗来纳州达勒姆的发明家应该像了解达勒姆的产品或想法一样，了解其他地方的产品或想法。然而，达勒姆的发明家还是更有可能引用已经由达勒姆其他人申请专利的发明，而不是引用另一座城市申请专利的发明。

“本地偏向”的严重程度是巨大的。如果不包括来自同一家公司的引用，引用来自当地城市的专利的可能性是其他地方的 2 倍。这意味着科学家和发明家更熟悉那些在他们附近工作的人所创造的知识，这可能是因为他们通过非正式的对话和交流分享想法和信息。这些互动发生在工作场所内,以及包括当地咖啡馆和社交活动等工作以外的休闲场所。例如,在硅谷，人们知道周末的板球比赛对印度工程师来说不仅仅是体育活动，还为他们建立关系网和交流商业信息提供了机会。其中一位工程师告诉《纽约时报》:“板球越来越多地渗透到商业活动中。”地理对知识的传播很重要，知识会随着距离的增加而迅速消失。当引用发明者距离被引用的发明者 0~25 英里时，引用量最高。当引用的发明者距离被引用的发明者超过 25 英里时，引用量明显减少，并且这种效应在超过 100 英里后完全消失。

即便在公司内部，地理距离似乎也阻碍了思想的流动。光是这一点就应该阻止企业将创新阶段的任何部分外包给低成本国家。以高科技公司铿腾为例，它在圣何塞大约有 2000 名员工，在印度有 1000 名员工，在世界各地还有 1000 名员工。一位 T4 级的印度软件工程师的工资是圣何塞一名相同能力的软件工程师的三分之一。当我问铿腾公司高级执行副总裁尼米什·莫迪（Nimish Modi），公司为什么不为了节省成本而将更多的研发转移到印度时,他告诉我:近距离和个人互动关系到工程师的创造力。“我们有先进的视频会议设施，我们经常利用这些设施与印度进行沟通，但这与面对面的互动不一样，没有什么能取代一群坐在一起并在白板前争论的工程师。”他说。

作为一名学者，我对此并不感到十分惊讶。虽然我每天都通过电话和电子邮件与远方的同事交流，但我最好的想法经常出现在最意想不到的时候——与同事共进午餐或在饮水机旁的时候。原因很简单，电话和电子邮件是传递信息的好方法，一旦关键创意到位后，它们就能让研究项目继续进行下去；但它们并不是想出这些创意的最佳方式。新的想法以神秘、不可预测的方式在自由和非结构化的互动中产生。和远方的同事打一个电话就想出一个新想法是很荒谬的，我猜大多数研究人员都同意这一观点。毕竟，我们学术圈的人花那么多时间来讨论雇用和解雇谁，其原因就是我们的同事影响了我们自己的生产力。

与聪明的人在一起会使我们变得更聪明，更有创造力，最终更有效率。和我们在一起的人越聪明，我们自己的效率提升的幅度就越大。皮埃尔·阿祖雷（Pierre Azoulay）、约书亚·格拉夫·齐文（Joshua Graff Zivin）和王嘉兰（Jialan Wang）通过关注医学研究人员与学术超级明星合作时的互动进行了量化研究。由于自主选择，很难对此建立因果关系：学术超级明星倾向于与强大的研究人员合作，因此他们的合作者特别多产的事实可能只是因为他们水平高，而不是因为他们从知识溢出中受益。为了控制这个因素，这三位经济学家想出了一个聪明的想法。他们关注当学术超级明星意外死亡后，学术明星合作者的生产力发生了什么变化（他们发现了112例这样的死亡案例）。尽管在学术超级明星死后其合作者的自身环境没有什么变化，但他们经历了“质量调整后的出版率持续下降5%~8%”。

地理上的接近不仅让人们发表了更多论文，而且他们的研究质量也会更高。哈佛医学院的一个医生团队分析了哈佛大学出版的所有医学论文，并将数据与作者们办公室之间的距离联系起来。他们研究发现：办公室的距离低于一公里提高了以被其他研究人员引用次数来衡量的论文质量；而如果作者们在同一栋楼或者使用同一部电梯，这种效应会更大。

因此，创新型企业愿意把公司坐落在其他创新公司附近。就像隔壁的一位好同事会影响我的创造力一样，拥有好的邻居甚至是竞争对手都可以提高公司和员工的创造力。这反过来也解释了为什么在创新中心地区工作的人比在其他地区工作的同类工人挣的薪水更高。在产生新想法的过程中，有一些东西简直是十分神奇的。通过彼此集聚，创新者鼓舞着彼此的创新精神并取得更大的成功。随着时间的推移，这些效应变得越来越重要。虽然很多人认为电子邮件、手机和互联网使得地理上的邻近程度对创新过程的重要性下降，但实际上恰恰相反。位置比以往任何时候都更重要，部分原因是知识溢出比以往任何时候都更重要。这是导致三个美国命运分歧加速的一个关键原因。

知识溢出日益增长的重要性不仅影响到企业和员工聚集的城市，它也正在重塑工作场所的物理布局。办公室以前是带门的简单房间，直到开放空间的热潮彻底改变了许多白领的工作场所并引入了迪尔伯特（Dibert）办公隔间的设计理念。最有趣的新趋势之一是“共同工作（cowork）”的理念。这个理念起源于加利福尼亚州并在全国迅速传播。共同工作的空间通常容纳数十名（在一些情况下是数百名）企业家、创新者和艺术家，他们在同一栋大楼租用办公桌或办公室并彼此相邻。他们是美国创新中心中越来越多的自雇的并且愿意独立于大公司的创新专业人士的一部分。在共同工作空间中，他们每个人都专注于自己的项目。这种环境很有吸引力，因为它提供了分享想法、建立联系和培养创造力的可能性。它将孤立的创新者变成真正的社区，一个旨在最大限度地提高知识溢出效果的创新生态系统。

一个例子是旧金山纪事（Chronicle）大楼。除很多企业外，它包括一个高科技孵化器、一个数字电影制作学院、一个艺术画廊、一个为“发明家、制造者、黑客、手工匠”设立的工具车间，以及数百名通过彼此学习获益良多的工程师、科学家、艺术家和企业家。当你进入其中的某一个地方时，你会感觉自己更像是在研究生院，而不是在一个普通的办公室：人们彼此建立联系，交流解决技术问题的技巧以及相互评论对方的商业计划。其目标是使那些原本在自家办公室或车库办公的孤立个体之间进行“激进的合作”。在纪事大楼随意的一天里，你可能会发现一个时装设计师正在描绘她未来的帽子，旁边就是操作激光切割机的机械工程师，以及正在给一个新的达尔富尔非营利组织撰写赠款计划的伯克利 MBA 毕业生。创造性的能量是显而易见的。一些共同工作空间会组织一些最新技术的讲座或演示，比如“启动演示夜”，或者组织有天使投资人参与的快乐时光和午餐会。这一切都有助于建立联系和分享洞察力。这种现象是如此新鲜，以至于尚没有严格的研究论证这种现象是如何影响创造性和商业成功的。但所有的迹象都指向正确的方向。例如，纪事大厦早期的成功案例之一是 Square，这是一家由推特联合创始人杰克·多尔西（Jack Dorsey）创办的移动电话信用卡支付处理公司，在短短 1 年的时间里，该公司的员工人数就从 5 人增加到了 100 人。

为什么人才外流是一件好事

这三股吸引力中有着非同凡响的东西。他们将众多单个的工人和企业转变成一个远大于个体之和的完整的创新共同体。

这就产生了经济学家所说的“本地化的规模经济”。“规模经济”通常指的是随着规模的增加，公司变得更有效率的能力。例如，大规模的汽车制造商比小型汽车制造商效率更高。但是，本地化的规模经济并不是针对单一公司而言的，而是针对地理区域内的所有公司。规模更大的集聚地区效率更高，是因为它们具有更大的劳动力市场、更专业的商业服务供应以及更多的知识溢出机会。效果可以是惊人的：虽然集聚地区中的单个公司不一定随着其自身规模的增长而变得更有效率，但所有公司在一起都会随着集群的增长而变得更有效率。一个令人惊讶的结论是，作为一个国家，美国因为它的创新部门集中在数量有限的创新中心而不是分散在所有城市而变得生产力更高，因此也更富有。这是我们知识经济的悖论之一。吸引力和经济活动的聚集造成了社区之间的差异和不平等，但与此同时，美国的经济活力和繁荣很大一部分正取决于此。

工程师、科学家和创新者离开成熟的公司开创自己事业的倾向进一步放大了这三种吸引力。员工离职创业现象存在于所有行业，但在创新部门要更多一些，部分原因是创新公司的雇员往往是一个非常特殊的群体。他们可能是局外人眼中的书呆子，但他们极具创造性和企业家精神。很多时候正是雇主的成功导致他们离开。在创业初期，初创企业往往有一种轻松随意的文化氛围和不分等级的工作环境。但随着公司的成长和成功，他们不可避免地变得更加正式和不那么令人兴奋，这促使一些最具创业精神的员工自己创业。员工的认股权安排通常会促进这一过程。一经套现之后，股票期权就变成了新业务的种子资金。

这种一个公司最聪明的员工开始自己创业的倾向通常被称为“人才流失”。公司意识到失去他们最好的人才是一种风险，并且经常采取措施预防这类事情发生。英特尔会给员工带薪假期，谷歌允许所有员工花 20% 的时间在自己的项目上。我们知道，当它的核心员工威胁要自己创业时，谷歌会为他们提供在谷歌内部创办自己企业的机会。这些在高科技领域之外罕见的福利，说明了高科技部门中员工的创造力是多么关键，以及对公司来说留住优秀员工是多么重要。

但是，这些对某个公司而言的高昂成本对整个社会而言却是非常有益的，因为它意味着更多的本地就业机会。由于集聚中心强大的吸引力，新创立的公司不会离原来就业的公司太远。研究表明，成立新公司的过程并不是新公司以牺牲原来公司利益为代价而获益的零和游戏。相反，这一过程最终给当地社区带来了就业机会的净增加。而且情况会变得更好：新的创业公司也会孕育更多创业公司。因此，从地方政府的角度来看，今天吸引的高科技工作在未来会带来更多的就业机会。

这对三个美国意味着什么

对于吸引力的全新理解有几个启示。最重要的是，不同城市的经济表现将随着时间的推移而不断分化。我们已经看到美国的经济地图非常不平衡：一端是创新中心，那里有能够获得高工资的高技能和高生产力的工人；另一端是工人技能有限、生产力低下和工资不断下降的城市。美国不同城市的差距正逐年扩大，现在我们知道这其中的原因了。

这种分化是三股集聚的力量可预见的结果。这些力量不可避免地放大了美国社会中赢家和输家之间的差异。那些拥有恰当的部门和拥有适当技能的工人的城市正在加强它们的地位，而其他被它们的过去所困扰的城市正在不断衰退。城市的发展有一个临界点：一旦一个城市吸引了一些创新的工人和公司，它的经济就会变得对其他创新工人和公司更有吸引力。这往往会产生一种自我维持的平衡，许多技术工人在这里寻找创新的工作，而创新公司也在这里寻找技术工人。最终，这就是为什么波士顿工人的工资是弗林特工人的 2 倍。随着集聚的力量重塑了经济地理，这种地域差异必然会随着时间的推移而加强。

第二个启示是，一旦集聚建立起来就很难再移动它了。这是一个城市的未来取决于它的过去的情形，社会学家称它为路径依赖。以航空航天工业为例，它历来位于洛杉矶附近。1993 年，城市规划师安・马库森（Ann Markusen）采访了主要航天企业的高管，询问他们为什么会选择在南加州。他们的回答非常具有启发性，正如诺思罗普的一位官员所说："如果有人在建造第一座工厂，你就不会把它放在洛杉矶，洛杉矶甚至不会进入前十名，但搬迁需要付出很大代价。"在汤普森－拉莫－伍尔德里奇公司（TRW），答案更加明确："这里的生活成本很高，交通状况也很糟糕，但我们很可能会留在这里。"由于吸引力的原因，即使当初让洛杉矶有吸引力的条件早就消失了，这个行业也很难搬迁。

这意味着没有创新集群的地区将很难创立一个创新部门。这是一个"鸡生蛋，蛋生鸡"的问题。专业的高科技员工不会搬到一个没有集群的城市，因为很难找到一个重视他们独特技能的雇主；高科技公司也不会搬到那里，因为要找到专业化的劳动力是很困难的。这对那些陷入困境并且正在努力重塑自己的社区来说，是一个可怕的挑战。

然而，这对整个美国来说是有利的：这意味着美国的创新部门在某种程度上受到了保护，不受外国竞争的影响。由于这三种力量，将创新活动非本土化要比将实体制造非本土化困难得多。玩具厂或服装厂是一个独立的实体，几乎可以放在世界上任何交通便利、劳动力丰富的地方。相比之下，生物技术实验室或创新高科技公司更难搬迁到其他国家，因为你要搬迁的不仅是一家公司，而是整个生态系统。如果我们重新再来，我不确定今天的美国会不会成为世界创新中心的最佳候选国家。但我们不是一切从头开始。美国的创新集聚给了它相对于欧洲、中国和印度而言不可否认的优势。

所有这些都不应成为自满的理由。集聚的力量并不能保证我们将永远保持在创新方面的领导地位。航天领域的锁定效应持续了一段时间，但在安・马库森的研究发表 20 年后，锁定效应现在要弱得多了，且洛杉矶的航空航天工作数量减少了很多。正如我们即将发现的那样，美国所拥有的只是一个先机。

为什么成功的秘诀是适应

市场经济从来就不是静止的。今天最前沿的产品将很快商品化并易于制造。处于技术前沿的工业将成为主流，后来成为过去的遗迹。今天的好工作在未来将不可避免地会变成一份不好的工作。卡尔·马克思（Karl Marx）首先认识到这一动态变化，他认为这是资本主义制度内在不稳定的证据。然而 80 年后，奥地利经济学家约瑟夫·熊彼特（Joseph Schumpeter）指出，这种“创造性破坏”的过程不是一个缺陷，而是资本主义最大的优势和经济增长的动力。

由于自身的特性，创新部门恰好是市场经济中创造性破坏最为重要的部门。普林斯顿大学经济学家艾伦·布林德（Alan Blinder）最近指出，20 世纪 50 年代，制造电视机的公司处于美国高科技行业的核心地位，并创造了数以万计的高薪工作。此后不久，电视机就成了一种很容易制造的商品，而今天美国已经不制造电视机了。电脑制造业的发展填补了电视产业消失带来的空缺，并曾一度创造了 40 万份高薪工作。我们早些时候已经看到，这些工作大多已经转移到了其他地方。但这并不是失败的迹象。事实上，这是成功的标志。为了保持繁荣，一个社会需要不断地攀登创新阶梯。正如熊彼特所言，正是这种动态的过程确保了我们工业革命以来的繁荣。

因此，美国未来的关键问题是我们的创新中心能否不断调整并重塑自身以保持其前沿地位。与钻石不同，集聚中心并不是恒久远的。在某个时刻，支持集聚的行业会变成熟，不再带来繁荣，进而变成一种负担。吸引力提供了一个重要的优势，但曾经强大的集聚已经以惊人的方式崩溃了。

在它的鼎盛时期，底特律汽车业曾是美国最重要的创新中心之一，可以说是当时的硅谷。就像今天的硅谷一样，底特律曾经到处都是技术领先的公司，让全世界羡慕不已。经济学家史蒂文·克莱珀（Steven Klepper）指出，硅谷崛起过程中在人口、就业、创业和创新等方面的表现与早期崛起阶段的底特律惊人地类似。因此，底特律非凡的发展轨迹为我们当前创新中心的未来提供了重要的经验教训。

就像今天的硅谷一样，底特律曾经认为它的首要地位是无懈可击的。在 20 世纪 40~50 年代，它在汽车工业中的主导地位看上去如此强大，以至于每个人都想分享一块蛋糕。工会变得越来越激进地要求提高工资、获得更加优厚的福利和严格的工作规则。管理层变得自满并开始忽视效率。政客们认为汽车业不可能移到其他任何地方，并且忽视了南方各州通过的工作权利（right-to-work）法律带来的日益严重的威胁。然而更根本的是，这个城市的致命缺陷是它缺乏适应的能力，这是导致它最终衰败的主要原因。集聚中心承受不起附着于一个衰落的产业，它们需要在达到临界点和当地生态系统进入下行螺旋之前，借助自身的独特优势重塑自己。如果它们失败了，衰落可能是迅速而痛苦的。相同的吸引力在情况良好时会促进集聚的迅速崛起，但在情况糟糕时则会加速其衰落。底特律的错误并不是未能阻止汽车制造业就业岗位的消亡。不同的劳资关系、管理实践和政治决策可能推迟衰退，但汽车制造业停止成为增长引擎只是一个时间问题。相反，底特律的错误在于，它没能在还拥有一个生态系统的时候把它引导到新的方向上。

这可能是底特律与旧金山 - 硅谷地区之间本质的差别。后者一直在不停地尝试并适应不断变化的技术环境。旧金山曾经是由一个主要港口支撑的工业强市。20 世纪 70 年代，它的生态系统果断性地转向了专业服务和金融业，然后转向高科技。这种再生的过程今天仍在不断发生。1990 年，该地区的大部分高科技工作都在硬件部门。现在，超过 70％的工作都在更新的技术中，包括互联网、社交媒体、云计算、清洁技术和数字娱乐。生命科学研究也已经显著地增加了。

在不断变化的世界中，成功的秘诀是不断地适应。随着高科技的定义不断发展变化，湾区也在发展变化。不是执着于一个产品或一种做事方式，这个地区每年都在重塑自己。吸引力带来了熟练劳动力和专业服务，但技术和服务的确切种类会随着技术前沿的变化而逐渐演变。这确保了当好的工作变成糟糕的工作时，会有一拨新的工作替代它们。从某种意义上说，这种创造性的破坏是一个成功产业集群的真正标志，它以一种动态的方式充分发挥着吸引力的作用。

“所有政治都是地方性的。”前众议院议长奥尼尔（Tip O’Neill）说。尽管魅力如此之大，但创新的世界比政治更加本土化。不同的社区在价值观和专业知识上存在差异，这不可避免地影响了它们所产生的新想法，最终导致一些独特且难以在其他地方复制的东西。创新的过程基本上是一个社区的不同部分彼此联系时所产生的意想不到的思维交互。在这方面，硅谷走向多样化是极其重要的，因为它加深了高科技生态系统不同部分之间的互补性，促进了彼此思想和人才交流。例如，该地区在医学研究和游戏方面的独特优势使得这两个看似不相关的部门以“严肃游戏”的形式交织在一起，生产出应用尖端的游戏技术来治疗疾病的产品。当地一家名为假设科学（Posit Science）的公司已经生产出类似游戏的软件来提高记忆力和注意力，甚至可能帮助治疗自闭症和精神分裂症等疾病。另一个例子是恒星解决方案（Stellar Solutions）公司，这是一家专门从事红外导弹预警系统和用太空舱将宇航员运送到火星的航空公司。最近，公司一直利用其行业领先的太空专业技术发展地球探测技术：该公司的工程师正在利用电磁波来预测地震。该公司的首席执行官预测，总有一天你会“打开电视，不仅能看到飓风警报，还会看到地震警报”。

并不是所有美国的创新中心都能在适应方面同样成功。美国版图上有很多城市曾经是强大的创新引擎，却未能实现自我改造。例如，在 20 世纪 80 年代，纽约州的罗彻斯特是光学和成像技术重要的创新中心。施乐公司于 1906 年在那里成立并且至今仍在那里有业务。柯达公司也坐落在那里，直到 20 世纪 80 年代雇用了 6.2 万名工人。柯达就是当时的谷歌或苹果，罗彻斯特是当时美国生产专利最多的城市之一。（回想一下，直到 20 世纪 90 年代中期，摄影设备和电影制造商还在专利生产商名单中占据着主导地位。）当地的工资大大超过了州和国家的工资水平。但是随着数码摄影的出现，人们不再购买柯达胶卷。该公司从未完全适应新的数字环境，如今只雇用了 7000 名员工。

这是一个严重的打击，但并不一定是致命的。公司可以迁入迁出，但社区却没法迁移。罗彻斯特的根本问题是当地的高科技集群没能转向新的领域。就像底特律的情况一样，当地的企业家从来都没有大量进入高科技的不同领域，整个社区也未能转型到生产力更高的新境界。罗彻斯特大学仍然是一个主要的研究引擎，城里有一些新的高科技公司，专利创造仍在进行中，但显然这个城市最具活力的时代已成过去了。工资已经大大低于州平均水平，人口也在下降。据《华尔街日报》报道，房屋空置在一些社区非常普遍，以至于市政工人要在连片空置的店面前绘制壁画，用城市辉煌时期的图画来掩盖如今难堪的景象。柯达总部周围曾经有着熙熙攘攘的商业活动区域，如今看起来就像鬼城一般。

展望未来，吸引力对美国提出了两个关键问题。第一个问题是我们应该做些什么来保留、促进和加强我们的创新中心。作为一个国家，我们怎样才能以最大的可能使我们的创新中心沿着旧金山 – 硅谷的路径发展，而不是重蹈底特律和罗彻斯特的覆辙？第二个问题是如何帮助大量其他那些没有好的工作岗位和技术工人且落后的城市。

然而，在回答这些问题之前，我们需要更加全面地理解城市之间巨大的经济差异是如何得以持续存在的。正如我们所看到的，美国社区在工资方面的差异是巨大的，现在我们知道其原因了：它们反映了工人生产力方面同样巨大的差异。这意味着，即使做生意的成本要高得多，创新公司选址在创新中心也是有意义的。但是工人呢？如果工资和生活条件的差异如此之大，是什么阻止他们大规模地从衰退的劳动力市场流向更强劲的劳动力市场？我们不应该都住在西雅图或是奥斯汀吗？我们现在谈一谈劳动力流动问题及其对美国不同地区的影响。

第五章 流动的不平等和生活成本

The Inequality of Mobility and Cost of Living

美国人一直以来都有着超常的流动性，人们总是为了更好的经济条件在地区间流动。但是，这种地区间的调整仍是不充分的。事实上，它也是高度不平等的。即使每个人都能够自由地选择到其他地方居住以获得更好的生活，但也不是所有人都会利用这样的机会。事实证明，这对美国的不平等有着巨大的影响。

我生长于意大利，那里的绝大多数人都会在他们出生的城市度过一生，那通常也是他们父母的出生地。意大利的年轻人尤其缺少流动性。在 2006 年发表的一项研究中，我发现即便是年龄很大的意大利人仍倾向于和父母一起生活：在 18~30 岁的意大利男性中，有高达 82% 的人依然与他们的父母同住；而且即便搬离父母的房子，他们也倾向于选择离父母较近的地方生活——通常在同一个社区甚至是同一栋楼里。虽然意大利人可能是一个极端的例子，但欧洲人总体上的确比美国人更容易扎根于一个地方。相较于大多数其他发达国家，美国堪称异类。虽然经济衰退会暂时降低美国人的流动性，但是一旦经济复苏，人们就又开始频繁迁移。

较高的迁移意愿是美国持续繁荣的重要原因，而且一直以来都是如此。托克维尔（Tocqueville）在 19 世纪评论道：“数百万的人同时向地平线上的一个方向进军。他们的语言、宗教、习俗各不相同，然而他们的目标却是相同的。他们被承诺能够到西部发财致富，因此，他们就奔向西部寻找它。”19 世纪末到 20 世纪初，许多劳动力从农村转移到城市，为美国工厂的迅速扩张提供了充足的劳动力。这一领域最重要的专家之一，著名经济史学家约瑟夫·费里（Joe Ferrie）曾指出，移民“促进了那些远离最初定居的大西洋沿岸狭长地带的地方自然资源的开采利用。18 世纪末期，农民迁移到土地更加肥沃的俄亥俄的河谷地区，并于 19 世纪中叶迁至更广袤的北美大平原；而另一批向西部和西北部迁移的劳动力则成为矿工和伐木工人。到南北战争时期，北部各州东西地区间的绝大部分工资差距已被消除”。美国人口总在不断流动以寻找下一个机会，其频繁程度超过了任何其他发达国家。使用从历史人口普查数据原始条目中精心收集的详细数据集，约瑟夫·费里分析得出，即使追溯到 19 世纪，美国人的迁移倾向依然是同时期英国和日本居民的 2 倍。

如今，大约有 50% 的美国家庭每 5 年便会更换一次居住地址——这个数字是欧洲人无法想象的——且其中很大一部分家庭会迁移到其他城市。如今，大约 33% 的美国人居住在与出生地不同的州，该比例在 1900 年时为 20%。如此惊人的流动性带来的影响也具有“两面性”。一方面，迁移会带来社会成本和个人成本。相比于欧洲人，美国人离父母和兄弟姐妹的距离更远。当他们有了孩子，他们很少依靠家人帮忙照顾子女。他们与社区的关系较弱，与邻居之间也不那么熟悉。另一方面，高流动性也带来了好处：当一个地方的经济表现欠佳时，美国人往往会在其他地方寻求更好的机会。相比之下，意大利人和其他欧洲人则倾向于选择留在原地。在个人层面，意大利人为了留在父母亲朋身边而放弃了更好的就业岗位和更高的薪资。从国家层面考虑，人口的低流动性不仅加剧了失业问题，还降低了整体就业水平，阻碍了工资的增长。在意大利的一些地区（通常是北部地区），有着大量高薪的工作机会而且没有失业率；而其他地区（通常是南部地区）则就业机会很少、工资较低而且失业率较高。年轻的西西里人和那不勒斯人不愿意离开自己的家乡寻求新的工作机会，导致当地的失业率居高不下。高失业率不仅降低了经济的繁荣程度，也限制了意大利的增长潜力。

尽管美国人整体的流动性远高于欧洲人，但美国内部不同群体的流动意愿却有很大差异，一些群体的流动性远高于另一些群体。20 世纪 20 年代的大迁移时期，超过 200 万的非洲裔美国人从南方地区迁移到其他拥有工业中心的地区。在这期间，出于对更好生活环境的追求，教育程度较低的群体相对于其他群体更倾向于迁移。当今的情况却恰恰相反：教育程度较高的群体迁移意愿更加强烈。大学毕业生群体的流动性最高，社区大学教育程度的群体次之，高中教育水平的群体再次之，高中肄业群体流动性最差。

从这个角度来看，高中肄业的美国人更像意大利人，而不是美国的大学毕业生。教育水平较低的人流动性差并不是因为缺乏机会：美国是一个幅员辽阔且多样化的国家，人们总能找到比其他地方做得更好的州和城市。这些地区间的差距十分巨大。2009 年美国经济衰退最严重的时候，底特律的失业率高达 20%，而底特律以西约 500 英里的爱荷华州的失业率仅为 4%。两个城市中失业工人的境况的差异不能再大了。4% 的失业率如此之低，以至于常被经济学家们认为实际上不存在失业。这意味着 2009 年爱荷华州的失业工人可以在很短的时间内寻找到新的工作，但底特律的失业工人可能需要花费数年时间寻找一份工作。而这惊人的地理差异并非仅仅发生在经济衰退时期。即使在经济状况相对正常的时期，底特律的失业率也极可能是那些快速发展的城市的 2 倍。即使这样，底特律的失业人口离开那里的概率也是不同的。当大学毕业生如潮水般离开底特律时，高中毕业生离开的速度却小得多，而高中肄业生的流动速度简直如涓涓细流了。

总体而言，几乎一半的大学毕业生会在 30 岁以前离开他们出生的州。相比之下，只有 27% 的高中毕业生和 17% 的高中肄业生会这么做。流动性的差异反映出一些人到其他州去上大学的事实，但更多的是揭示了他们对工作地点的不同倾向。利用涵盖数百万个人历史行为信息的经济普查数据，圣母大学（Notre Dame）经济学家阿比盖尔·沃兹尼亚克（Abigail Wozniak）将一些年龄接近 30 岁的工人与他们 18 岁准备进入劳动力市场时所在州的经济状况进行了对比。他们中一些人幸运地在当时经济表现强劲的州找到工作，而另一部分没那么幸运的人进入了经济疲软的州的劳动力市场。虽然幸运与否和教育关系很小，但是这些年轻工人应对运气的方式在很大程度上取决于他们的教育水平。沃兹尼亚克发现，那些在经济不景气时期进入劳动力市场的工人中，大部分拥有大学学历的人都选择迁移到了经济较繁荣的州，而大部分只有高中学历和高中肄业的人却选择留在原工作地。

这意味着专业职位对应的工作市场是全国性的，而那些人工或低技能的职业岗位则倾向于更加本地化，因此工人们常常忽略其他城市良好的就业机会。这并不是美国独有的现象，而是在几乎所有高收入国家都普遍存在。在英国，高教育水平劳动力的失业率十分相似，这是因为他们很高的迁移概率倾向于使各个地区的就业机会均等化。相比之下，各地区低教育水平劳动力的失业率差异就十分大。在一项民意调查中，当欧洲居民被问及是否“依附于他们的城镇或者村庄”时，芬兰、丹麦、荷兰等高教育水平国家的居民选择“一点都不依附”或“不太依附”的比例十分高；但在葡萄牙、西班牙等平均受教育水平相对低的国家，居民选择这两个选项的比例很低。

流动代金券和持续下降的失业率

低教育水平的美国人流动性相对缺乏，这带来了高昂的经济成本。我们已经看到全球和美国的经济变化扩大了不同技能水平工人之间的不平等程度，其中低技能劳动力受到的冲击最大。不同群体的流动性差异，加之美国城市日益严重的两极分化，只会使这个问题更糟。因此，高技能劳动力和低技能劳动力收入的不平等在一定程度上反映了流动性的差异：如果低教育水平工人能够且愿意去经济条件更好的城市寻找工作，那么大学毕业生和高中毕业生之间的差距便会缩小。

由于更低的流动性，低教育水平的工人也更可能失业。图 10 显示了过去 20 年间受不同教育水平的劳动力失业率的差异。所有群体的失业率都在波动，这取决于美国的经济状况：20 世纪 90 年代初期失业率相对较高，在网络热潮鼎盛时期的 2000 年失业率达到最低水平，然后在 2008~2010 年经济大衰退期间又迅速攀升。

但图中最有意思的特征是，无论当年经济情况表现如何，流动性最高的大学毕业生的失业率始终最低，而流动性最低的高中肄业生一直有着最高的失业率，高中毕业生和社区大学教育水平的工人的失业率介于两者之间。虽然失业率的差异反映了许多问题，但流动意愿是四组人之间的重要差别。低教育水平的工人不仅在某一个特定时期失去工作的可能性更高，他们还必须面对失业带来的长期影响。有证据表明，长期处于失业状态中，工人的技能将会逐渐退化，这又进一步扩大了高技能和低技能劳动力之间的差距。

为什么低教育程度会导致较低的流动性？对一些人而言，这反映出他们对其他地区的就业机会知之甚少，缺乏做出重大生活改变所需的某些技能，特别是缺少迁移需要的资金。迁移就像是一种投资：为获得更好的工作，你必须先有一笔支出来覆盖流动所需要的直接成本和找到工作之前的生活费用。但是受到有限的储蓄和无法贷款的限制，许多低技能的失业工人没有能力进行此项投资。在这种情况下，缺乏流动性不是择优选择的结果，

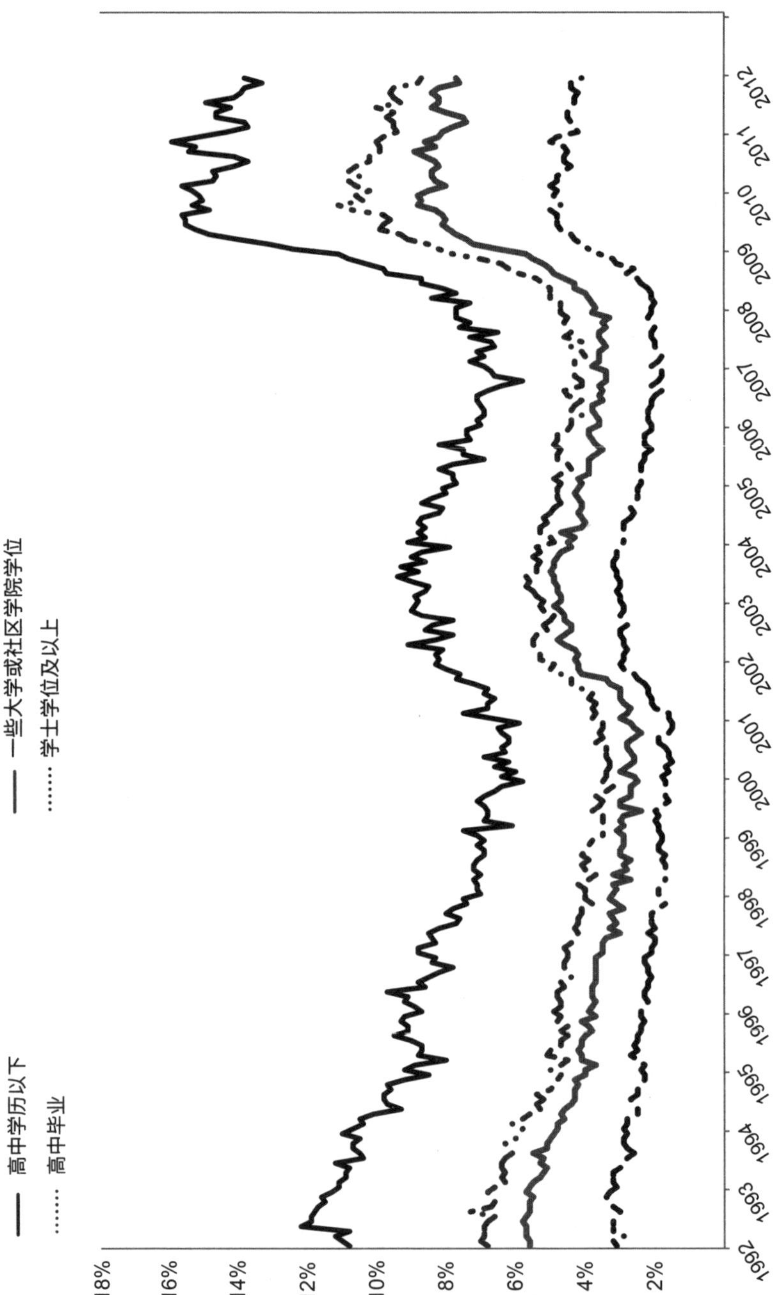

数据来源：根据 Bill McBride 的图表改编，calculatedriskblog.com.

图 10　不同教育水平的失业率

而是外部约束限制了人们流动自由的结果。在其他情况下，较低的迁移倾向也反映出两组人之间的文化差异。一些低教育水平的美国人（像意大利人一样）选择留在当地，很可能是因为他们更加重视留在家人和朋友身边而非更好的就业前景。虽然这带来了经济成本，但它完全是合理的选择。

这样区分缺乏流动性的原因非常关键，它表明相应的政策改革可以最终帮助那些因为别无选择而缺乏流动性的工人。自 20 世纪 30 年代开始实施至今，美国的失业保险体系基本没有变化。目前，符合失业保险条件的失业人员从政府获得的失业保险额度相当于他们失业前工资的一部分。这项制度最令人吃惊的地方是，它并没有起到激励失业工人去劳动力市场较好的地方寻求工作的作用。如果有什么作用的话，它甚至可能会阻碍劳动力从高失业率地区流动到低失业率地区，这是因为失业保险并没有对不同地区生活成本的差异进行补偿。如果在弗林特依靠失业保险生活，你就没有太多动力到奥斯汀寻找新工作，因为那里的住房支出将会翻倍，但你的失业保险支票只是反映了弗林特的生活成本。

应当调整失业保险系统以适应美国各个城市之间与日俱增的巨大经济财富差异。那些居住在失业率高于平均水平地区的失业工人应该以流动代金券的形式得到他们失业保险的一部分，用以支付迁移到其他地区的费用。换句话说，联邦政府可以通过提供部分流动费用的资金支持，来协助愿意迁移的失业工人迁移到得克萨斯州（或他们可能愿意去的地方），而不是鼓励失业工人留在弗林特。这将有助于那些想迁移却又因为缺乏现金而被困在当地的人。

值得注意的是，这项政策也会帮助到那些不愿意迁移的人。虽然没有被广泛接受，其原因却很简单。如果有 1000 名失业工人在只有 100 个空缺职位的城市寻找工作，那么每个人找到工作的概率只有十分之一。但如果其中 500 名工人因为有流动代金券而迁移到其他地方，那么剩下的工人找到工作的概率就会翻倍。在失业率居高不下的情况下，一个地区中像你一样找工作的人越少，你能够找到工作的机会就越大。这意味着一个令人吃惊的结论：留在失业率较高地区的失业工人实际上为同一市场上其他的失业工人带来了成本或负外部性；而迁移到其他地区的工人带来了明显的正外部性。移动补贴券是解决这个问题的一种方法。流动代金券增加了愿意迁移的工人数量，这不仅使得愿意迁移到其他地区的人获益——他们最终在其他地方找到了更好的工作，也使得未迁移的工人获益——他们最终找到工作的概率也更高。（当然，只有在一个失业工人在高失业的城市中产生的外部性高于其在低失业的城市时——这是个合理的假设——流动代金券对于国家总体而言才是有益的。否则，它只是在不同城市间转移问题，对总体失业率的改善没有实际帮助。）

实践中，流动代金券可以采取在当前失业保险金支付的基础上，向那些迁出失业率高于平均水平地区的人支付额外金额的形式，或者可以直接将流动代金券包含在当前的失业保险金之中，但是向那些选择留在当地寻找工作的人支付更低的保险金（受健康和家庭因素约束的情况除外）。第一种情况向迁移的人提供补贴；第二种情况是向留在当地的人征税。如果人们是因为没有存款以及（或者）没有机会获得信用贷款而无法迁移，那么第一种形式的代金券更有助于促进人们的流动。这两种方式的组合也是可能的。

这并不是全新的想法。作为“贸易调整援助”计划的一部分，政府已经提供了有限的搬迁补贴。“贸易调整援助”是一项模糊的联邦援助计划，旨在帮助受到国际贸易冲击而失业的工人。现在是时候扩展这项津贴以使其包含所有领取失业保险的工人了。

1968 年，哈佛经济学家约翰·凯恩（John F. Kain）提出了“空间错配”理论。他认为由于城市内部住房地点和工作位置之间的地理错配，穷人和少数族裔在劳动力市场上面临结构性劣势。他的最基本观点是穷人往往集中在城市的核心地区，远离适合他们的工作。穷人不仅面临更高的通勤成本，也因为距离潜在的雇主更远而拥有更少职位空缺信息，这进一步降低了他们的就业机会。凯恩认为，这种地理上的错位，加之较低的汽车拥有量和缺乏有效的公共交通导致了更高的失业率。社会学家威廉·朱利叶斯·威尔逊（William Julius Wilson）在其一本很有影响的书——《真正的弱势群体》中使用了“空间错配”的概念，并强调错配是导致美国种族差异的根源之一。因此，“空间错配”理论将经济上的不平等部分归因于城市内部居住隔离的模式。

虽然在历史上这些差异可能发挥了重要作用，但如今城市之间的差异更可能是错配的根源。拥有高薪、稳定工作的高教育水平群体和低薪的低教育水平群体之间的差距，与繁荣城市和衰败城市之间的地理分割息息相关。在关于美国不平等的争论中，人们经常忽略这个事实。随着美国城市劳动力市场之间的差距越来越大，低技能劳动力较低的流动性所带来的问题也越来越多。

虽然受教育程度较高的美国人的高流动性倾向有利于其个人的职业生涯，但它却给州政府带来了巨大的挑战。为促进地方经济的发展，地方政府通过资助本地的大学和学院为本地居民的高等教育提供了大量的补贴。在美国，目前政府对公立大学学生的补贴大约为80%。正如我们所见，一个地区总体的人力资本水平是带来地区繁荣最重要的驱动因素之一。州级立法机构支持高等教育是为了提高当地的劳动生产率，同时吸引创新型企业。然而，拥有大学学历的美国劳动力流动性如此之高，以至于各州的教育投入并未起到很好的效果。

由约翰·邦德（John Bound）领导的密歇根大学的经济学家团队发现，地方大学和学院授予的学位数量对本州内部受过大学教育的工人数量影响不大。像密歇根州和俄亥俄州这样拥有世界一流公立高等教育体系的州，很难留住被加利福尼亚和纽约的机会所吸引的大学毕业生。邦德和他的合作者发现，对于普通的学士学位获得者，从州立大学毕业的学生人数与最终留在该州的人数之间的联系十分微弱；对于获得医学博士学位的人，二者之间没有任何联系：留在密歇根州的医生人数与密歇根大学培养的医生人数无关。密歇根大学的经济学家们认为，由于大学毕业生存在较高的流动性，各州政府无法借助对高等教育的投资有效地提升当地劳动力的技能水平。其他地区创新中心对大学生的吸引使他们的努力黯然失色。但这对那些能够吸引大学毕业生的城市却是大好的消息——其他城市投资的人力资本被它们免费获得了。可是这也大大限制了那些处于困境的州通过投资高等教育为其可持续发展打下基础的能力。邦德的发现对教育政策的制定有着重要的启示。它表明对公立大学的资助不能只由当地州政府承担。鉴于高等教育投资的社会回报不仅限于本州之内，联邦政府承担一部分对教育的投资才会使教育政策更有效率。

现在我们讨论影响美国人流动的另一个重要方面：流动性与房产价格的关系。我们已经看到，美国城市之间的工资差距较大且有不断扩大的趋势。尽管旧金山和波士顿的工资很高，但人们并没有集体涌到这两个城市的重要原因之一是在那里生活的成本非常高。那么生活成本的差异如何影响“大分流”呢？

不平等与房地产之间的惊人联系

位于西伯利亚（Siberia）北部的诺里尔斯克市（Norilsk）是地球上最大的镍、铂矿产地之一。由于镍是钢铁的必要组成部分，20 世纪 30 年代苏联的计划者将诺里尔斯克市的发展纳入优先事项。斯大林派出了一个专家代表团前往该区域考察，专家们报告说即使提供高额的工资也很难吸引人们去那座城市。那里的气候实在太恶劣了：极低的气温，有时甚至会下降到零下 45 摄氏度，有 5 个月的时间处于冬季的黑暗中，几乎没有植被的令人沮丧的荒原，这些都使这个地区成为地球上最恶劣的生存环境之一。尽管在理论上该地区的稀有金属储备可以带来许多工作机会，但社会计划者无法提供足够高的工资来补偿工人们极端恶劣的生活条件。对于斯大林这样的人而言，这些问题当然都是微不足道的细枝末节。令人畏惧的国家警察（内务人民委员部——NKVD）负责城市的发展，他们将这个地区变成一个古拉格（gulag）——苏维埃的劳改营。大约有 10 万名政治犯在城市建造和矿井工作中死去。几十年来，在夏季冰雪融化的几个月里，人们总能发现许多遇难工人的骸骨。

在美国，工人们可以自主选择他们的居住地点。正如我们看到的，美国人充分享用了这份自由，他们的流动性高于其他大多数国家的公民。但是这种自由也受到一定的制约。居住在那些更令人向往的城市——要么是因为这些地方提供了更高的生活质量，要么是它们提供了更好的工作机会——倾向于有更高的成本。这并不令人惊讶。与按五年计划配置资源的苏联的计划经济不同，市场经济运用价格来分配资源——在我们讨论的情形中，稀缺资源是有吸引力的城市中的土地。如果一个城市的气候宜人，大量美国人将倾向于搬到那里，这样做的结果是抬高了房地产的价格。舒适的气候可能不会被贴上价格标签，但我们往往默默为其埋单，就像我们支付更多的钱去购买更好的汽车和更大的电视一样。优良的公立学校、较低的犯罪率和美味的当地餐馆同样如此。每一个吸引人的城市特性到最后都会被资本化，至少部分被反映到更高的资产价值中。

这个简单的发现有着出人意料的启示：那些最终从这些城市特性中获益的人并不一定是那些直接受其影响的人。归功于更清洁的汽油和更积极的监管，加利福尼亚州南部特别是洛杉矶的污染水平在过去20多年大幅下降。社区的环境都或多或少得到了一些改善，根据分布不同，这些地区空气中臭氧含量下降了3%~33%。有人可能认为居住在污染下降最多的社区的居民是最大的净受益者，但这取决于他们是业主还是租客。一项研究发现，一个地区污染水平下降的幅度越大，社区宜居性的提升幅度越高，这些地区的房价也就越高。例如，在一个低收入地区，臭氧含量下降了24%，居住成本上升了10.8%。更好的环境使房屋业主和租客都变得更加健康，但房价的上涨导致业主们越来越富有，租客们却越来越贫穷。最终，价格变化发挥了一种意想不到的再分配机制，将空气质量改善带来的好处从一个群体转移给另一个群体。

以上原理同样适用于那些劳动力市场有所改善并创造了就业机会的城市。在美国，我们可以看到本地劳动力市场状况和生活成本之间有着明显的相关性。表3给出了目前生活成本最高和最低的城市。为了制作这个表格，我使用了包括租户和业主在内约100万个家庭的数据以及来自劳工统计局的消费品价格数据。为了度量生活成本，我们需要将居民消费的所有商品的当地价格加总。美国普通居民家庭是如何花钱的呢？多数人给出的是错误的答案。人们倾向于总体上高估他们在食品、汽油和杂货上的消费，这可能是因为这些东西是日常生活中需要经常购买的物品。但实际上，普通美国人只将其收入的14%用于食品和饮料，17%用于交通。这些比例并不高。其他类型支出占家庭预算更少：服装占3%，医疗保健占6%，娱乐占5%，教育和通信占6%。（美国居民分配家庭预算的方式与其他国家家庭的分配方式非常相似，但意大利居民是个特例，他们的服装消费比例是美国人的2倍。）目前，人们预算中最大的一项是住房，占总支出的40%。这意味着都市区之间生活成本的差异主要反映的是住房成本的差异，而后者主要反映了土地成本的差异。生活成本差异也反映了当地服务——如理

表 3 生活成本最高和最低的都市区

生活成本最高的城市

1. 圣荷西，加利福尼亚州
2. 斯坦福德，康涅狄格州
3. 旧金山 – 奥克兰 – 瓦列霍，加利福尼亚州
4. 圣克鲁斯，加利福尼亚州
5. 圣巴巴拉 – 圣玛利亚 – 隆波克，加利福尼亚州
6. 文图拉 – 奥克斯纳德 – 西米谷，加利福尼亚州
7. 波士顿，马萨诸塞州
8. 火奴鲁鲁，夏威夷州
9. 圣罗莎 – 佩塔卢马，加利福尼亚州
10. 萨利纳斯 – 海滨 – 蒙特雷，加利福尼亚州
11. 纽约，新泽西州
12. 华盛顿，特区 / 马里兰州 / 弗吉尼亚州
13. 洛杉矶 – 长滩，加利福尼亚州
14. 圣地亚哥，加利福尼亚州
15. 西雅图 – 埃弗雷特，华盛顿州
16. 特伦顿，新泽西州
17. 布里奇波特，康涅狄格州
18. 劳德代尔堡 – 好莱坞 – 庞帕诺比奇，佛罗里达州
19. 奥斯汀，得克萨斯州
20. 安克雷奇，阿拉斯加州

生活成本最低的城市

271. 扬斯敦 – 沃伦，俄亥俄州 / 宾夕法尼亚州
272. 莱马，俄亥俄州
273. 特雷霍特，印第安纳州
274. 沙伦，宾夕法尼亚州
275. 圣约瑟夫，密苏里州
276. 林奇堡，弗吉尼亚州
277. 威廉斯波特，宾夕法尼亚州
278. 乔普林，密苏里州
279. 布朗斯维尔 – 哈灵根 – 圣贝尼托，得克萨斯州
280. 杜鲁斯 – 苏必利尔，明尼苏达州 / 威斯康星州
281. 约翰逊城 – 金斯波特 – 布里斯托尔，田纳西州 / 弗吉尼亚州
282. 阿尔图纳，宾夕法尼亚州
283. 亚历山德里亚，路易斯安那州
284. 麦卡伦 – 爱丁堡 – 法尔 – 米申，得克萨斯州
285. 丹维尔，弗吉尼亚州
286. 加兹登，亚拉巴马州
287. 安尼斯顿，亚拉巴马州
288. 约翰斯敦，宾夕法尼亚州

发和餐厅用餐——的差异。但这些支出在消费预算中的份额很小，因此对生活成本的影响要小得多。而且，服务价格反映的也主要是该地区的土地成本。例如，纽约的理发价格高于达拉斯是因为在纽约租用一家商店花费更多，同时纽约发型师的工资更高也主要是为了弥补其更高的生活成本。餐厅用餐、咨询治疗、法律顾问和家政服务的价格同样如此。

表 3 证实了如下事实：生活成本最高的那些地区倾向于有着最强劲的劳动力市场——它们的工资和生产力也是最高的。圣荷西是生活成本最高城市，斯坦福德和旧金山紧随其后。波士顿、华盛顿特区、圣地亚哥、西雅图和奥斯汀等很多美国的创新中心都属于城市成本最高的组别。安克雷奇是个例外，这是因为这个地区的许多必需品必须依靠进口。由于数据反映的是整个大都市地区，所以纽约仅排在第十一位；如果仅考虑纽约市，它将成为生活成本最高的城市。相比之下，生活成本最低的地区则倾向于有着最疲软的劳动力市场。我们可以看到生活成本排名最低的是宾夕法尼亚州的约翰斯敦，一个正在衰落的制造业城市，那里的生活成本只有圣荷西的四分之一。生活成本排名靠后的城市还包括亚拉巴马州的安尼斯顿和加兹登以及弗吉尼亚州的丹维尔。劳动力市场的状况并不是决定住房成本的唯一因素。住房成本取决于多个因素，其中还包括生活质量（在其他条件相同的情况下，更好的生活质量意味着更高的住房成本）和该地区为适应需求的增长而建造房屋的难易程度（房地产发展越容易，意味着住房成本越低）。

这些事实将影响我们如何解读工人之间以及城市之间的不平等测度。让我们先从后者说起。当一个城市的劳动力市场增强时，工人的收入和住房成本都倾向于上升。这些上升对居民有两个不同的影响。一方面，住房成本的增加抵消了一部分工资增长带来的收益。在像约翰斯敦这样的城市，虽然人们的名义薪水很低，但由于该地区住房抵押贷款比其他地方低，一份普通的薪水有着更强的购买力。另一方面，虽然生活在纽约、华盛顿和波士顿的人们有着更高的名义工资，但由于他们的工资有很大一部分都倾向于被用来支付抵押贷款，他们的实际有效薪酬并不高。这有助于解释为什么不是每个人都选择离开约翰斯敦搬到波士顿或纽约。实际上，根据生活成本调整之后的美国不同城市的平均工资差异，要比未进行调整的情况小了 25% 左右。[1]

然而，这并不是故事的全部。就像空气质量的改善一样，劳动力市场表现强劲对家庭的影响，最终取决于一个家庭是属于那 70% 拥有房产的美国人还是属于那 30% 的租房者。拥有房产的人在强劲的劳动力市场中会得到双重的回报，这是因为他们不仅拥有更高的工资，而且享有更高的房产价值。对他们而言，由于财产带来的资本收益，劳动力市场强劲带来的福利效应超出了购买力的上升。这也凸显出一个人们意想不到的结论：美国充满活力的创新部门创造的财富中，有很大一部分不光是通过劳动力市场也是通过房产市场积累的。这些资本收益是创新枢纽地区的居民们从当地经济实力中获益的重要渠道。然而对于租客而言，租房成本的上升减弱了高收入带来的效果。因此，最终对他们福利水平的影响取决于以上两种力量谁占上风。工资增长越多，租金上涨越少，对他们来说就越好。与空气质量的情形一样，房产价格的变化有效地将就业增长所创造的财富从一个群体再分配给另一个群体。正如我们很快会发现的那样，地方政府有权力来管理当地生活成本的增长，从而决定究竟是业主还是租客能够从变强的

1　如果美国全体人口能够完全自由流动且所有城市的生活质量完全相同，那么所有城市的购买力将会完全一样。然而，不同城市提供的生活质量并不相同，人们常常对自己居住的地方有特殊的偏好，并不是所有人都愿意迁移到工资更高的地区。因此，实际购买力和福利在不同的地区有所差异。（用经济术语解释就是，人们的边际福利是相等的，但不适用于边际福利之外的人们。《本地劳动力市场》这篇文章进行了更加详细的讨论。）

劳动力市场中获得最大收益。

当地劳动力市场与生活成本之间的关系也影响到我们对工人之间不平等的看法。关于不平等的讨论，大部分舆论的焦点在于工资水平或收入水平之间的显著差异，然而真正重要的是他们的收入能够购买到多少商品。当经济学家们用这种方式衡量不平等时，他们发现穷人和富人之间在消费上的差距——从食品到服装，从电子产品到医疗保险——都没有工资不平等那么大。那么，富人和穷人之间的消费差距怎么会比收入差距小呢？

对这种明显矛盾的现象的一个重要解释与不同人群的居住地点的选择有关。在最近的研究中，我发现自 1980 年以来，一个典型的大学毕业生的住房支出的增长速度远高于一个典型的高中毕业生的支出增长。这种趋势不只是反映了大学毕业生拥有更好或更大的住房，它主要反映了不同技能群体聚集的地点的差异。如我们所见，过去 30 年来，大学毕业生的工作越来越集中在昂贵的大都市地区——像圣荷西、旧金山、波士顿、纽约和华盛顿特区这些创新中心——而高中毕业生的工作越来越倾向于集中在生活成本较低的内陆城市。1980 年时，两组人之间的住房成本差异很小，如今这个差异已经增长了 3 倍以上。这一点很重要，因为它意味着大学毕业生最终在住房上支出更多，从而减少了他们在其他商品和服务上的支出。这就好像是大学毕业生经历了比高中毕业生更高的通货膨胀率。因此，尽管美国高教育水平群体和低教育水平群体之间的生活水平差异很大，但实际上比我们想象的要小一些。

中产阶级化与不满

正如前文提到的空气质量的改善会产生意想不到的后果一样，更强劲的劳动力市场有时也会带来负面影响。更高的房产价格可以挤走穷人，大大改变社区居民的构成。这些变化最终会影响一个城市的特征。比如，我们可以想想 20 世纪 70 年代的波士顿。它当时的经济状况非常糟糕，深受旧的制造业基础和高失业率的困扰。但在过去的 30 年里，得益于创新和金融方面的工作，波士顿得以蓬勃发展。它的转型不仅是经济上的，也是人口和文化上的。它带来了城市的社会结构、城市形态和生活质量的全面改造。虽然这些变化很多都是向好的，但也存在显著的社会成本。许多长期居民因为价格不得不最终搬离自己的社区。由于一些社区的特征往往会经历突然的、有时是令人难以适应的变化，即便是那些留下来的居民也不能幸免。那些在 1990~2010 年迁入波士顿的人往往都拥有大学学历和高技术含量的职业。那些搬离的人则倾向于拥有较低的教育水平和非专业的工作。这两群人在生活方式、价值观和社会身份方面都有着巨大的差异。

社会上关于当地经济发展带来的成本的争论会变得十分激烈。来自剑桥、伯克利、华盛顿特区、圣莫尼卡等城市的当地活跃分子都非常憎恨这种经济变化。他们认为这种经济变化最终伤害到社区，应该不惜一切代价加以阻止。然而，虽然成本是显然存在的，但谁在承担这些成本，以及最小化这些成本的最佳方案是什么还有待进一步澄清。

正如我们看到的，最初的业主从社区的中产阶级化中受益。但我们要认识到这些人在很大程度上有别于那些使社区中产阶级化的人——接受过大学教育的专业人员、创新人员、企业家。“社区中产阶级化”这个概念本身几乎就意味着社区中的原有居民，包括业主，并不特别富有。以我在旧金山居住的教会区（Mission District）为例，它是这个城市中受到拥有大学教育水平的高科技专业人才大量涌入的影响最大的地方之一。因为这个地方靠近高速公路，许多喜欢城市生活方式的硅谷员工最终会选择这里。值得注意的是，高科技工作者涌入的最大受益者常常是拉丁裔的业主，这些人一直在向新搬来的人出售房产。就像一对墨西哥裔美国人夫妇，他们曾经拥有一栋离我的房子不远的漂亮的两层维多利亚式房子，并在里面居住了几十年。他们决定将这栋房子以 95 万美元卖掉，然后搬到了郊区。在那里，他们可以以一半的价格购买一套类似大小的房子，剩下的钱则可以用于生活开销。

那么其他居民呢，那些最开始就没有房产的人呢？在许多大的都市地区，大多数居民都是租客，因此他们受到了生活成本上涨带来的剧烈冲击。这种冲击给那些最终不得不放弃自己的住房、回忆、邻里和社交网络——也就是说他们生活的一大部分——并且不得不从别的地方重新开始的老年人和低收入者带来了极大的痛苦。我们应该怎么做才能保障他们避免突如其来的流离失所？

许多社区的典型反应是实行严格的土地使用管制以减缓社会经济的变化。这些法规通常有两种类型。第一种着力于商业地产，通过限制新办公楼的数量来寻求缓和社区的中产阶级化进程。伯克利是这方面最极端的例子之一，它为保护“好的蓝领工作”而做的努力有效地阻碍了该市西部地区高科技企业的发展。旧金山东部的大部分地区也被规划给了轻工制造业，妄想着这个产业能卷土重来。第二种则重点关注住宅类房产并试图限制新的商品房建设，特别是在那些正在转型的街区。实际上，第一种管制是试图限制创新部门新雇主的流入，而第二种管制则旨在限制新居民的流入。他们的目的都是通过减少私人投资来保持现有的经济和文化特征。

在我看来，这两类方案都是不合理的，并且不大可能有效解决社区中产阶级化带来的问题。约束新的高科技办公楼等同于减少了城市可以创造的工作数量，毕竟工厂不大可能建在旧金山和圣莫尼卡等城市的市中心。由于乘数效应和溢出效应，这项政策最终伤害的正是那些它试图去帮助的人。事实上，乘数效应和溢出效应给了我们最重要的启示，城市中的低技能劳动力能够从与他们相邻而居的高技能劳动力的财富中获得很多收益，他们的生计常常有赖于创新部门的持续增长：一个城市中高技能劳动力越多，意味着低技能劳动力拥有更多、更好的工作。这一政策也损害了非本地居民的利益。正如我们看到的，创新中心是美国生产力最高的地区，较高的生产力吸引了来自全国各地的工人。强大的集聚力量的存在使得这种水平的生产力难以在其他地方轻易复制。因此，减少美国创新中心的就业机会很容易导致全国范围内的就业净损失。这是一种可怕的资源浪费——它使我们的失业率变得更高。

遏制新住宅的开发也没有什么道理。这种做法相当于在一个城市创造了就业机会，却拒绝任何其他地方的人来本地申请工作。而且，这很可能加速了当地贫困居民的离开，而不是减缓。原因很简单：限制城市中新住房的供给无疑会导致更高的房产价格。这在直观上也很有道理：如果城市住房需求很高，减少供给只会导致房产价格上涨。在最新的一系列研究中，城市经济学家爱德华·格莱泽（Ed Glaeser）和他的合作者们发现了清晰的证据，该证据表明那些采取更加严格的住房开发政策的城市，最终都拥有相对于工资水平而言更高的住房成本。相比之下，积极推动城市住房开发的城市最终会有较低的住房成本。

中产阶级化问题真正的解决办法恰好与限制新住宅开发的做法相反。创新中心地区应该鼓励而不是限制新住房的开发。如果能通过智慧的增长政策得当管理，更多的住房并不意味着摊大饼式的无序扩张和拥堵，当住房集中在城市核心地区且伴随着公共交通系统的扩张时尤其如此。这种发展式的城市开发政策可以显著缓解中产阶级化带来的负面影响，同时还能提升城市社会互动，促进知识溢出和创新。

西雅图是一个很好的例子。当西雅图得益于高科技工作岗位的扩张而经济状况开始好转时，市政府决定通过允许大量填充式的城市开发来增加新的家庭住房的供给——这种开发方式着眼于通过翻新现有建筑和开发空地块来增加地区的密度，从而避免无序扩张。住房供应增加抑制了房地产价格上涨。尽管住房价格上涨明显，但仍低于旧金山和波士顿等严格限制新住房开发的城市。本质上，这项政策发挥了类似于再分配机制的作用，它使租客比业主从中受益更多。这意味着由本地高科技部门的崛起而创造的财富中，更大的部分流向了租客而不是业主。

西雅图同样幸运的是有着富有远见的商业领袖。与美国大多数城市不同，西雅图的主要零售商决定留在市中心。诺德斯特龙（Nordstrom）连锁店以及当时的百货公司——最主要的要数弗雷德里克和纳尔逊（Frederick & Nelson）——想阻止“去商场化”现象。这一决定鼓励了城市规划者接纳以零售为基础的城市中心，这在当时的美国算是一项不同寻常的举措。如果诺德斯特龙百货走出市中心，那今天的状况将会非常不同。市区内部和周边地区高科技工作岗位，以及城市步行街区高密度住房的同步增长扭转了中产阶级从城市中心流出的局面，最终带来了更低的犯罪率、活跃的文化活动、新的餐厅。随着新居民涌向城市中心，公立学校的质量也显著改善。不仅那些父母受过良好教育的孩子考试成绩提高了，那些父母教育程度较低且没有高科技工作的孩子成绩也提高了。

到头来，从城市的视角来看，中产阶级化问题是件好事，因为它是经济成功和就业增长的标志。很多衰败的城市都希望自己拥有这样的烦恼。当然，中产阶级化也会带来严重的社会后果。但解决方案并非限制创新部门创造新的就业岗位，同时寄希望于制造业奇幻般地卷土重来。正确的解决方案是智慧地管理经济增长的过程，尽可能减少对底层居民的伤害，并最大化所有人的经济收益。

第六章 贫困陷阱与性感城市

Poverty Traps and Sexy Cities

我们生活在一个快速分化的国家。兴旺的行业趋向于集聚在某些特定的城市。这些城市能够创造好的工作机会并支付不错的薪水，同时其他城市与其差距变得越来越大。虽然人们可以从衰落的城市迁移到繁荣的城市，但我们已经看到，这并不是一个万全之策。因此，如何帮助那些由于工作岗位与技术无法匹配而陷入停滞的社区走出困境，成为需要关注的问题。我们是否能够帮助诸如弗林特、莫比尔和维塞利亚等城市建立能够自我维持的生态系统，并在其中孕育好的工作机会呢?

回答这个问题颇具挑战性，但有个方法是着眼于现有的创新集群如何产生，并看看这个过程能否被复制到其他地区。回顾下生物技术产业的发展历史会特别有启发。在 1973 年春天，赫伯特・波伊尔（Herbert Boyer）和斯坦利・科恩（Stanley Cohen）发明了足以永久改变生命科学研究进程的基因重组技术。紧接着，许多私人生物技术实验室在美国各地出现，其中包括休斯敦、长岛、辛辛那提、蒙哥马利、剑桥、费城、新泽西北区、迈阿密、帕罗奥图、爱默里维尔、洛杉矶和拉荷亚等。

如今，最大的三个私人生物技术公司集中地分别是波士顿 - 剑桥大都市区、旧金山湾区和圣地亚哥。这几个地区的工作岗位在行业中所占的比重在持续上升。就旧金山湾区城市集群来说，生物技术风险资本家，同时也是三石风险投资公司（Third Rock Ventures）合伙人的查尔斯·霍姆赛（Charles Homcy）博士曾做出过这样的评价："能够发现伟大的科学和伟大的科学家，并且发现可以发动下一场医学革命的创新平台的地方难得一见，但这里是其中一个。"但在 1973 年，生物技术产业将在何处集聚的趋势并不十分明显。没有迹象表明如今排名靠前的城市会必然胜出。

作为这三大集聚地区之一的圣地亚哥曾经是个安静的社区，主要吸引了退休的海军水手、渔民和游客，仿佛是最不可能集聚生物技术产业的地方。斯坦福大学社会学家沃尔特·鲍威尔（Walter Powell）描述当地产业发展早期的情况时说，在 20 世纪 80 年代，"拉荷亚的托里针叶松路更广为人知的是高尔夫球场和美丽的海滩而不是实验室，而如今这里是圣地亚哥县'生物技术海滩'的中心"。甚至剑桥的成功也并非轻而易举。如今在剑桥的肯德尔广场到处都是太空时代的生物技术实验室，但是甚至直到 1985 年那里还"遍布着衰败的纺织厂"。由于对基因工程技术持反对态度，剑桥的自由学术机构起初还对这一新产业怀有敌意。生物技术的先驱 Biogen 公司就曾遭受惨痛教训。鲍威尔在重构上述这段历史时说："由'弗兰肯斯坦式工厂'引起的公众骚动迫使 Biogen 的创始人选择首先在瑞士设立公司以回避在剑桥引发的争议，同时公司的联合创始人、诺贝尔奖得主沃尔特·吉尔伯特（Walter Gilbert）也不得不暂时离开哈佛大学。"

那么为什么生物技术会在以上三个地方扎根呢？传统的观点认为这三个地方都有一流的大学：在剑桥有哈佛大学，在旧金山湾区有斯坦福大学、伯克利以及加州大学旧金山分校，在圣地亚哥则有加州大学圣地亚哥分校。表面看来，这个解释是有道理的：由于生物技术公司对基础科学的强调，学术研究对它们至关重要。因此，我们可以预料到与学术机构之间的距离是生物技术公司选址过程中需要考虑的重要因素。

但更深入思考一下就能发现，我们并没有真正找到事情的所有原委。这是典型的事后诸葛亮。在美国共有 1764 所四年制学院和 662 所大学。平均每个大都市区都有 5 所学院和 2 所大学。生物技术公司集群远离大学的可能性其实很小。即使我们把生物技术公司集群随机地放在美国地图上，也很可能与大学仅有几步之遥。

那是不是因为靠近顶尖大学，或者顶尖大学的顶尖生物学系呢？这同样不是问题的正确答案。因为 20 世纪 70 年代生物技术出现时，至少 20 家极好的研究型大学拥有世界级的生物学系或研究型医院，并且散布在诸如纽黑文、纽约、费城、巴尔的摩、亚特兰大、芝加哥、麦迪逊、丹佛、克利夫兰、休斯敦、帕萨迪纳、安阿伯和洛杉矶等城市。这些城市都很有吸引力，但没有全部发展成集聚区。

明星效应

社会学家琳妮·朱克（Lynne G. Zucker）和经济学家迈克尔·达比（Michael Darby）在1998年提出了一个令人惊奇的理论。在一篇引人入胜、如今已成经典的文章和一系列后续研究中，他们论证了真正能够解释私人生物技术公司选址和成功的原因是学术明星——那些发表了最多的特定基因测序分析文章的研究人员——的存在。在顶级大学中，有些研究机构恰好在某一个对生物技术很重要的生物学分支领域拥有明星教员，其他机构虽然有相当的学术地位，但没有在那个特定分支领域的学术明星。前者在当地创造了一个私人生物技术公司集群，而后者则没能做到。学术明星的磁力效应在数据上的表现令人印象深刻。朱克和达比估计明星效应的重要程度要高过与风险投资公司的临近性以及政府的资助。学术明星不仅能够解释生物技术创业公司会在何时何地出现，同时也影响哪些创业公司能够生存和发展，哪些会陷入困境并且消亡。

朱克和达比指出，高新技术企业的成功，特别是在其形成早期，要归结于少数有非凡远见并掌握突破性技术的科学家。这些不寻常人物对城市和地区经济发展的影响简直是难以估计的。拥有全世界范围内迄今 3500 亿美元的总投资、几乎 400 种生物技术药物，以及 1000 种正在接受临床试验的实验室化合物，生物技术产业可以为社区带来成千上万份好工作和巨大的繁荣。

明星之所以拥有强大的影响力有以下两点原因。首先，私营创业公司的科学家和研究人员要在空间上靠近前沿学术研究，从而保持其先锋地位。参加定期的学术研讨会、参与非正式的讨论，并了解其他人的研究进展对于形成和发展新思想至关重要。只有当他们的实验室在空间上靠近顶级学术研究人员时，私有研究机构的雇员才可能从知识溢出效应中获益。其次，学术明星通常会亲自参与行业领先的私人创业公司的创建。朱克和达比发现的一个典型模式是，学术型企业家还在大学任教时，就已经在其作为先驱的基因测序领域帮助创办公司了。

这个解释的寓意就是剑桥、圣地亚哥和旧金山湾区都是幸运的。在生物技术初现的 20 世纪 70 年代中期，学术明星的居住地是相对随机的：可以是 187 个拥有大学的美国城市中的任意一个，至少也可以是顶尖生物学系所在的 20 个城市之一。但后续发生的事情并不随机：集聚区自我强化的性质意味着一旦集聚过程启动，它将持续吸引企业和劳动者加入。第一批入驻者从锁定效应中获益，并且早期的优势会随时间推移不断放大。经济发展的吸引力保证了直至今天剑桥、圣地亚哥和旧金山湾区的产业集聚仍在持续。尽管随着产业的成熟，学术明星对创办企业的作用会逐渐减弱，但对地方经济的影响是持久的。

生物技术和好莱坞有何共同之处

生物技术并不是个例。它只是众多创新集群产生过程的一个代表。纵观历史，创新枢纽通常在意想不到的地方聚集而成。想想另一个依赖明星成功的重要行业：电影业。在 20 世纪初期，电影是炙手可热的新生事物，正与剧院展开竞争以成为被大众认可的娱乐媒体，同时也面临着与所有新兴产业类似的技术和管理方面的艰难挑战。从影片的拍摄和编辑，到生产和发行，一切都要从零开始。

1913 年，也就是第一次世界大战爆发的前一年，电影产业还主要集中在纽约，主要的制片厂和最耀眼的明星都在那里。芝加哥、费城、杰克逊维尔、圣巴巴拉以及洛杉矶等地的电影产业规模则相对要小。但到了 1919 年，即大战结束的第二年，已经有 80% 的美国电影在加利福尼亚州制作。查理·卓别林（Charlie Chaplin）和无数其他的明星迁移到了西部，洛杉矶的电影公司数量达到纽约的 3 倍之多。好莱坞的黄金时代就此开始。截至 20 世纪 20 年代中期，洛杉矶进一步巩固了其全球最大电影基地的地位，“好莱坞”一词也不再特指其西部郊外的那个宁静社区，而是开始成为整个电影界的代名词。史无前例的艺术和商业成就在 1940 年达到顶峰，当年好莱坞的制片厂共生产约 400 部电影，每周有 9000 万美国人去观看。到那时为止，洛杉矶的经济、社会和文化都已经发生了彻底的变化。电影已经成为一个规模巨大的产业，创造了成千上万的本地就业岗位，为城市的繁荣做出了显著的贡献。

洛杉矶从一个远离尘嚣的小地方发展成为艺术创作的国际中心，整个过程着实让人叹为观止。它的发展轨迹与我们在更现代的创新集群中看到的很相似。随着越来越多的演员、制片厂以及专业服务提供商（舞台技师、乐师、采景师、服装设计师等）聚集在好莱坞，集聚的速度也越来越快。上述的集聚过程造就了后来的洛杉矶，也使得其他地区越来越难与之竞争。正如今天的硅谷和西雅图吸引了最优秀、最聪明的中国和印度工程师一样，好莱坞当时吸引了众多才华横溢的移民，他们绝大多数是欧洲人，也有很多是犹太人：包括恩斯特·刘别谦（Ernst Lubitsch）、阿尔弗雷德·希区柯克（Alfred Hitchcock）、弗里兹·朗（Fritz Lang）、迈克尔·柯蒂斯（Michael Curtiz）等大导演和鲁道夫·瓦伦蒂诺（Rudolph Valentino）、玛琳·黛德丽（Marlene Dietrich）、罗纳德·考尔曼（Ronald Colman）等巨星。

尽管经济的力量很明显是洛杉矶迅速崛起的关键因素，但它并不是“初始缘由”。为什么是洛杉矶呢？传统的解释一直认为电影产业入驻洛杉矶是由于那里有良好的气候条件，而纽约寒冷的冬季给外景拍摄带来了技术挑战。尽管气候因素是重要的，但它不可能是决定性因素。这又是一个事后诸葛亮的例子。洛杉矶并不是美国唯一一个有着良好气候的城市。柏林、伦敦、巴黎和莫斯科——以上城市没有一个有着温和的冬季——也都成了电影之都。

2006年，加州大学洛杉矶分校的地理学家艾伦·斯科特（Allen Scott）给出了一个更好的解释。他指出洛杉矶崛起的转折点是1915年，当时商业和文化力量的强有力结合改变了这座城市的发展轨迹。好莱坞地位的加速上升离不开一个真正明星的推动，他就是先驱导演大卫·格里菲斯（D. W. Griffith）。他发明了若干影响电影制作数十年的新技术（包括特写、闪回、渐隐等），其影响力如此之大，以至于查理·卓别林称他为“我们所有人的老师”。好莱坞历史上的关键时刻出现在1915年，当时格里菲斯拍摄了电影史上第一部高预算的大片，名字叫《一个国家的诞生》。这部影片高达8.5万美元的制作成本超出之前电影的5倍，赢得了1800万美元的票房收入，远远超过默片时代的任何其他电影。电影的主流艺术地位借助《一个国家的诞生》得以牢固树立，并开始受到中产阶级观众的欢迎，而这一群体在那之前一直认为电影是一种逊于剧场的艺术形式。这个过程播下了洛杉矶未来成功的种子。影片制作完成3年后，洛杉矶的电影产业已然拥有了2倍于纽约的工人数量，并且两地的差距在随后的20年间持续扩大。集聚的过程开始了，再也没有反转。

事后看来，产业的选址似乎有其必然性。如今说起洛杉矶，我们可以立刻联想到电影，类似的还有纽约和金融、硅谷和计算机、西雅图和软件、罗利－达勒姆区域和医学研究。但在上述产业扎根于相应的城市之前，人们并不会这样看。1910年，几乎没有迹象显示洛杉矶将成为全球电影之都。在20世纪60年代的罗利－达勒姆地区也同样找不到任何预示它将成为生物医学研究之都的蛛丝马迹。20世纪70年代，西雅图貌似是最不可能成为全球软件开发中心的地方。剑桥、圣地亚哥、旧金山等城市都是在恰当的时间碰巧出现了合适的明星。与此相反，传统制造业的选址更容易解释，通常可以追溯到靠近港口或自然资源等物理因素。芝加哥、底特律、托莱多、布法罗和克利夫兰之所以能够在19世纪和20世纪成长为庞大的制造业集群，就与可以借助水路低成本地运输重质材料有关。

高科技集群的发展史表明，尽管我们可以很好地理解集群产生后的发展情况，但其产生的过程通常还是难以预料。试图人为地创建集群就更为困难。即使是硅谷，可以说是美国最重要的集群，也很难看作事先规划的结果。硅谷的早期与军事研究有很大关系，但硅谷的产业集群并不是因为军方官员坐下来决定在此建立创新中心而得以形成的。直到1940年，旧金山南部半岛还是一个在水果生产方面有着比较优势的安静的农业区。晶体管的发明者、传奇的高科技先驱人物威廉·肖克利（William Shockley）后来在他当地的“果园”（实验室）里播下了触发创新产业增长的“种子”。当一些肖克利的追随者在仙童半导体公司（Fairchild

Semiconductor）发明第一个集成电路时，创新的种子很显然已经萌芽了：集聚的过程就此开始。一个因机遇而生出的幼苗成为经济奇迹的起点，最终为当地带来了数以百万计的工作岗位。

尽管肖克利的确在斯坦福大学任过职，这一事实在硅谷的大多数历史记录中都有提及，并被用来佐证硅谷的存在应归功于这所大学，但是斯坦福当时只是美国众多大学的其中一所，而且甚至也不是最好的大学。斯坦福当然发挥了一定的作用，但并不像很多人以为的那样有决定性。研究型大学是必不可少的，但对于硅谷的诞生和未来的发展还远远不够。比如说，假如肖克利决定定居在当时的产业基础明显比帕洛阿尔托更发达的普罗维登斯，硅谷今天可能就会在罗德岛集聚，我们读到的将是很多关于布朗大学如何引发集聚的书。

自从人类开始在城市居住，空想主义者就一直在试图建设繁荣的城市。乌托邦式的社区许诺凭借开明的规划和强大的价值观来消除社会问题，因此总是能激发人们美好的想象。然而，大多数情况下，这样的社区都不能持久。1928 年，亨利・福特（Henry Ford）曾尝试从零开始，在一片处女地上建设一个叫作“福特之城”（Fordlandia）的全新的工业中心。他的设想是运用福特在工程上的理性效率，在巴西热带雨林中建设一个为福特轮胎收获橡胶的理想社区。后来人们发现，乌托邦是难以建设的。事实证明，福特的实验是对当地居民和其他投资者的一场灾难。在大张旗鼓开始之后的第 17 年，“福特之城”项目最终以极大的损失出售。

如今，美国各地处于困境中的社区正在设法彻底改造自己并吸引好的工作岗位。政府在这方面应该怎样施以援手呢？自从迈克尔・波特（Michael Porter）在 20 世纪 20 年代早期普及了“集群建设”（cluster building）这个朗朗上口的概念之后，城市和州政府便尝试利用各种不同的公共政策建造集群，这被经济学家们称为“区位导向性政策”（place-based policies)。上述措施实际上是一种福利，但它们的对象是城市而不是个人。州和联邦政府每年在这些政策上的花费大概有 600 亿美元，超过正常年份在失业救济方面的支出。但这些政策措施背后的经济逻辑很少有人讨论，也更少被人理解。

这些政策有效吗？为了回答这个问题，我们必须进一步审视其背后的想法，并严格评估其经济逻辑。我们将会发现正如亨利·福特在从零开始建设城市时面临挑战一样，地方政府在重新定位地方经济时同样面临挑战。理解政府干预何时合理、何时荒谬，是制定合理的政策时关键的第一步。

贫穷却性感

成功城市的经济建立在劳动力供给和需求之间良性的均衡之上：创新企业（劳动需求方）愿意在那里，是因为它们确信能够找到技能与其需求匹配的劳动者；技术工人（劳动供给方）愿意在那里，是因为他们知道能够找到想要的工作。陷入困境的城市的经济则正好相反。即使房产非常便宜，技术工人也不愿意在那里定居，因为他们知道那里没有工作可干。创新企业同样不愿意在那里，因为它们知道在那里找不到技术工人。在这种情况下，如果对方采取行动（进入某个城市），那么其中一方采取相同的行动对其自身也是有利的。但没有一方愿意先行一步。这就是一个困局，如同“第 22 条军规”（Catch-22）。

一般说来，有两种方法可以振兴一个陷入困境的城市。一个我称之为“需求侧方法”——设法吸引雇主并期望劳动者会随之而来。这通常涉及提供激励和税收减免以使得某个地区对企业有吸引力。另一个我把它叫作“供给侧方法”，试图吸引劳动者并期望雇主会随之而来。这涉及改善城市的便利设施以吸引人才。本质上，第一种策略是“贿赂”企业，第二种则是“贿赂”人。

10 年前，通过改善宜居性来重振地方经济的想法突然变得很流行。理查德・佛罗里达（Richard Florida）在他极具影响力的书中宣传了一个观点，即“创意阶层”对生活质量尤其敏感，地方经济增长取决于能否让这个城市对其民众既有趣又令人振奋。他写道：“西雅图是吉米・亨德里克斯（Jimi Hendrix）的故乡，后来则有了涅槃乐队、珍珠果酱乐队以及微软和亚马逊公司。早在迈克尔・戴尔（Michael Dell）步入如今著名的得克萨斯大学兄弟会之前，奥斯汀是威利·纳尔逊（Willie Nelson）的故乡，同时有着绝妙的第六街现场音乐。”城市要有自己的文化和自由的态度才能得以兴旺，简而言之，它必须很酷。随着公共再开发的资源应当主要集中于改善城市设施以吸引“创意人员”的观点被大量政府官员和地方政策制定者所接受，佛罗里达的政策主张成为一种流行的补救办法。从匹兹堡到底特律，再从克利夫兰到莫比尔，数以亿计的美元被投入并仍在投入于全美各地的社区。2003 年，密歇根州启动了一场雄心勃勃的运动和一个精巧的叫作“酷城（Cool Cities）”的网站，试图重塑昔日的工业城市如弗林特和底特律，使其成为性感并适宜创意阶层居住的地方。福特基金会已提供 1 亿美元资助艺术空间以“促进周边地区经济发展”。卡丽・雅各布斯（Karrie Jacobs）最近在《大都市》杂志撰文写道：“艺术已经成为经济发展的默认工具。”佛罗里达声称对同性恋的开放度是预测社区经济成功与否的良好指标，他的名声因此进一步增大。

的确，那些在创新产业上建立了坚实经济基础的城市，通常是充满活力、有趣并且文化开放的。然而，区分原因和结果非常重要。成功的创新集群的发展史表明，在很多情况下，城市变得有吸引力是因为它们成功地打下了坚实的经济基础，而不是相反。例如，如今到西雅图游览的人会发现那里充满文化活力，有着非常棒的餐馆和宽容的态度。他们可能就倾向于认为西雅图创新产业的成长是因为创意人士想在那里生活。但正如我们之前所发现的，情况恰恰相反。除了与吉米·亨德里克斯有关的一切，西雅图在1980年时并没有特别的吸引力。那里粗犷并令人沮丧，当地居民大批大批地离开。在开始吸引所有高技术工作之后，西雅图才成为受过教育的专业人士的充满活力的世界性运动场。

克利夫兰拥有吸引人的文化设施，包括一流的乐团、美术馆和焕然一新的市中心，但它至今未能建立新经济的基础。尽管奥斯汀是美国增长最快的创新枢纽之一，且非常宜人，但不如圣巴巴拉可爱。后者有理想的气候、优美的环境和放松的态度，但当地经济不活跃，也几乎没有高技术的工作。美国到处都是有魅力的城市——迈阿密、圣达菲、新奥尔良——那里文化丰富、态度宽容，但并没有在创新领域创造好的就业机会。意大利提供了一种美妙的生活方式，但它是发达国家中创新行业比例最低的国家之一。意大利的问题不在于创新人才的供给——那里不缺乏聪明、有抱负、受过大学教育的年轻人——而是需求不足。数百万的意大利青年处于失业或未充分就业状态，在很大程度上是因为经济体系在吸引强劲的创新部门方面是失灵的。

当然也有例外，纽约就是最重要的一个。纽约在提供优质的专业工作方面一直都有扎实的基础，但苦于高犯罪率、低下的生活质量和贫乏的公共服务，这座城市在长达30年的时间里表现不佳。它的经济复兴始于当地生活质量的改善以及大量高技能专业人士乐于重返这座城市。

如今，柏林是世界上最酷的城市之一。在柏林墙倒塌23年后，它变得像磁石一般吸引了来自欧洲各地的富有创造力的人才。每年有成千上万名受过大学教育的意大利、西班牙和法国的青年人移居到那里。吸引他们的是世界级的人文景观、数不尽的画廊、美妙至极的公共艺术展、无与伦比的高雅和另类的音乐作品、凌晨一点之后才营业的前卫舞蹈俱乐部、亲民的美食餐厅、日益多样化的民族美食。柏林众所周知的开明态度、大胆却有趣的建筑风格、饱受折磨的历史，令人体验到一种置身于 20 世纪 80 年代纽约的感觉。柏林也拥有全欧洲最能负担得起的住宅市场、享受政府补贴的高质量托幼服务、优质的学校，以及出色的公共基础设施，包括一座大型的玻璃钢铁结构的新式中央火车站和一座崭新的机场。不可思议的是，柏林也获益于过去分裂的历史：2 个动物园、3 个大型歌剧院、7 个交响乐团及大量博物馆，都是 40 年冷战竞争留下来的遗产。在历史悠久的市中心沿着美丽的街道散步，你会不可避免地感受到这种创造力和高品质生活的独特融合简直无法超越。也许不会太令人惊讶，两德统一后已有超过 100 万人移居到柏林，其中有很多是高技能人才。

唯一的问题是，那里几乎没什么工作机会。在过去的 10 年里，柏林的失业率在德国居首，几乎是全国平均水平的 2 倍，人均收入增速排名倒数第二。尽管柏林是德国迄今为止最有趣和最富有创造力的城市，也是欧洲“酷”都之一，但是它目前未能成功吸引坚实的经济基础。柏林的那位公开同性恋身份的进步市长是这座城市波希米亚形象的捍卫者，他把他的城市定位于“贫穷却性感”已广为人知。

迈克尔·伯达（Michael Burda）是一位毕业于哈佛大学的美国经济学家，任职于柏林历史最悠久、最负盛名的洪堡大学。伯达在 1993 年就搬到了柏林，并开始观察当地经济。当我们坐在柏林成千上万个露天咖啡馆中的一处，啜饮着美酒，欣赏着这座城市缓慢流淌的河流和热闹的街头生活之美的时候，伯达证实了统计得到的结论：旅游业是工作的主要来源。一些大型德国公司的总部设在柏林，主要因为它是首都，并且时尚和媒体行业也有一定规模。最近，一群互联网初创公司开始涌现，但规模太小，不足以在一个拥有近 400 万人口的地区发挥作用。总的来说，柏林的全球性创新公司的数量有限，其收入水平低于德国其他地区。自柏林墙倒塌以来，私营部门的发展一直滞后。事实上，柏林之所以能幸存下来，主要是历史原因使它成了一个旅游胜地，并从国内其他地区获得了巨额的转移资金，以直接投资的形式用于新设施和公共部门。数十年来，像巴伐利亚州和巴登－符腾堡州这些更富裕的州一直在资助柏林的就业。这与华盛顿特区形成了鲜明对比。在过去的 20 年里，后者建起的一大批自我维持的高科技私营企业已经超过了公共机构。

很难想出一个比柏林更好的地方来检验这样一种观点，即仅仅通过迎合创意阶层就能发展起创新中心。理查德·佛罗里达的论点是，为创意阶层增加便利设施会导致劳动力供给的增加，而这最终会提升一个城市的经济发展水平。但经过 20 年的魅力吸引，在柏林，受过良好教育的创意人才的供应大大超过了需求。根据一项研究，30% 的社会科学家和 40% 的艺术家没有工作。德国拥有蓬勃发展的高科技产业和高端制造业，但其中只有一小部分位于柏林。唯有时间才能证明这座城市是否会变成下一个硅谷，但这种情况目前还没有发生。

魅力不足以支撑地方经济。到头来，一个城市的发展需要吸引就业。但这并非意味着生活质量无关紧要。总部位于旧金山的 Yelp 公司的工程副总裁尼尔·库马尔（Neil Kumar）告诉《今日美国》（*USA Today*），“我们的位置帮助我们吸引了聪明、有文化和多样化的劳动力”。另外，在激烈的工程技术人才竞争中，城市本身就是一个关键的招聘工具。总部同样位于旧金山的社交游戏巨头星佳的高管科林·麦克格雷利（Colleen McCreary）表示：“我们能够吸引到创意和技术人才是因为我们身处这座城市。这不是首要因素，但当你从全局的角度来看时，就会发现它确实发挥了作用。”位于硅谷不那么性感的地方的企业应对竞争的举措是提供免费的、在当地被称为谷歌巴士（Google Buses）的公共汽车服务，把在旧金山居住的员工载到工作地点。谷歌、苹果、雅虎和基因泰克（Genentech）

公司都拥有配备 Wi-Fi 的生物柴油巴士车队，可以把员工带到半岛总部。员工们可以在上班的路上工作、上网、喝免费的低脂咖啡，还可以把自行车和狗带上车。

优质的生活确实有助于城市吸引人才和实现经济增长，但仅凭这一点，还不太可能将陷入困境的社区变成一个创新集群。如果这对柏林无效，对弗林特等其他城市也很难发挥作用。

大学能成为经济增长的引擎吗

每个城市都想拥有自己的麻省理工学院。它们的规划师、市政官员和当地政客们一直都在策划着，试图再造在这所世界上最著名的工程学院周边繁荣起来的创新中心。他们一定会想到像蒋业明（Yet-Ming Chiang）和德哈米斯·沙哈（Dharmesh Shah）这样的创新者。蒋是一位 53 岁的材料科学教授。除了授课和撰写题目为“锂铁磷酸电池电极的过电位依赖性相变路径”等有趣的学术文章，蒋还是一位连续创业者。他的学术研究导致了四家高科技公司的诞生。其中，最著名的是清洁技术领域的世界领导者之一 A123 系统公司，以及设计了可穿戴药物输送系统的绿芙疗法公司（SpringLeaf Therapeutics）。因为使用纳米技术为电动汽车制造更高效的电池，A123 经常被媒体报道。蒋教授直接提供了数以千计的本地就业岗位——仅 A123 公司就有 1700 人——另外还通过乘数效应间接贡献了数千人的就业。他不仅极其聪明，还非常成功地利用了波士顿－剑桥创新中心带来的所有竞争优势。“我在不擅长的学术领域向麻省理工学院的专家寻求合作，在生意上则与一流的企业家共事。”他在 2011 年被公认为波士顿最优秀的创新者之一时对媒体如是说。“然后我们与创业人群互动，雇用商业和技术领域最优秀的年轻人才。我最大限度地利用了我们的生态系统。”德哈米斯·沙哈在麻省理工学院的宿舍创建了 HubSpot。该公司是小型企业的在线营销平台，目前在剑桥市中心有 200 名员工。

但是大学真的能改变一个社区的经济吗？大学在地区发展中的作用是复杂的。正如我们所看到的，受过大学教育的劳动者数量是推动城市经济成功发展的关键因素。但是，大学毕业生是一个流动性很强的群体，除非市场环境有吸引力，否则他们并不一定待在他们上学的城市。在纽约工作的大多数大学毕业生并不是在哥伦比亚大学、纽约大学或纽约城市大学接受的教育，而是毕业于其他城市或州的学校。

我的研究表明，一个城市中学院或大学的存在，既通过培养学生并吸引外来的毕业生增加了大学毕业生的供给，又因为提高了他们的生产力增加了对大学毕业生的需求。[1] 需求效应的实现有三个渠道。首先，就像蒋业明创立的企业一样，一些企业是由于学术研究而直接产生的。一项最新的研究表明，1980 年通过的拜杜法案（Bayh-Dole Act），鼓励大学将创新成果商业化，导致了大学附近社区就业的增长。自 1980 年以来，麻省理工学院共获得了 3673 项专利，由麻省理工学院的毕业生和教师创办的公司每年能产生 2 万亿美元的销售额。斯坦福大学和伯克利大学的情况也类似。拉里·佩奇和谢尔盖·布林攻读斯坦福大学工程学院研究生期间，在一个研究项目中开发出了谷歌传奇的搜索引擎技术。早期的谷歌甚至就在

1　确定大学的影响是困难的。很可能大学往往出现在人们感到需要大学的城市，所以大学的存在可能仅仅是高技能人口存在的结果，而非原因。为了处理可能出现的逆向因果关系，我使用了在1862年开始创建的赠地学院（land-grant colleges）的有关数据。当时国会设立了第一个支持美国高等教育的大型联邦项目。总共成立了73所赠地学院和大学，每个州至少有一所。我比较了当地没有大学的城市和由于在19世纪接收过一所赠地学院而拥有一所大学的城市。因为这是联邦政府的一项法案，并且不取决于当地的状况，拥有赠地学院的城市是一个比所有拥有大学的城市更好的比较组。拥有和没有赠地学院的城市在接收赠地学院之前看起来是相似的，但今天的情况却截然不同。在大都市区，一所赠地学院的存在会导致大学毕业生数量多25%和明显更高的工资。

斯坦福大学网站下运营，域名是 google.stanford.edu。它的第一个员工是佩奇和布林的同学，多亏了那个幸运的突破，他现在成了百万富翁。

大学的第二个重要好处是，学术研究引发了之前讨论过的知识溢出，这进一步促进了当地创新部门的成长。亚当·贾菲的一项研究发现，这种溢出效应在药品、医疗技术、电子、光学和核技术领域尤为重要。尽管一些溢出效应会影响到各地的企业，但其中很大一部分局限在当地范围内。

第三个渠道是通过大学的医学院和附属医院。因为医院是全天候开放的，并且提供了属于劳动密集度和技能密集度最高的产品，它们创造了成百上千个高薪的本地就业。大部分医疗保健服务是给本地居民提供的，是当地繁荣的结果而非原因。但有时医院会成为地区或国家范围的服务提供者。明尼苏达州的罗彻斯特——梅奥诊所所在地，以及匹兹堡和休斯敦吸引了来自全国乃至世界各地的病人。这些医院实际上是在生产一种可贸易的服务，并出口到当地经济之外——与微软和苹果公司没有什么不同——因此，它们的存在是当地财富增长的重要驱动力。

总的来说，我的研究表明，平均来看，拥有大学的城市，其劳动力受教育水平和当地的工资水平会更高。但与此同时，市长和地方政策制定者们应该认识到，大学——即使是好的大学——也不能保证经济的成功。虽然大多数大城市都有大学，但只有一小部分大都市区拥有大量聚集的创新产业。圣路易斯华盛顿大学是比华盛顿大学西雅图分校更好的学术机构，但是圣路易斯却没有因此而拥有多少高科技的工作机会。事实上，在过去的 50 年里，圣路易斯的人口一直在流失，而西雅图现在是世界上最具活力的创新中心之一。亚利桑那州立大学和佛罗里达大学是美国最大的高等教育机构之一，但凤凰城和盖恩斯维尔在创新中心中的排名却很靠后。康奈尔大学和耶鲁大学在全球学术排名中占据着主导地位，但除了与这些大学直接相关的企业外，没有迹象表明伊萨卡和纽黑文市拥有世界级的高科技集群。

因此，接近一所研究型的大学是很重要的，但大学本身还不足以产生一个可持续的创新公司集群。认清这一点很关键，但无数的当地政府——从拉斯维加斯到底特律，从意大利到中国——都忽视了这一点，它们把有限的资源投入到了研究中心的创建。当大学是更大的创新活动生态系统的一部分时，它们在塑造当地经济方面才最为有效，而这个生态系统包括了一个密集的专业化的劳动力市场和专业化的中介服务市场。一旦集群得以建立，高校在促进其增长方面就发挥着重要作用，而且往往会成为整个生态系统中支持集群成长并使其成功的关键部分。

贫困陷阱和大推动的经济学

我们刚刚看到了通过增加城市中熟练工人的供给来促进当地经济增长的政策的积极作用与陷阱。另一种途径是通过吸引雇主来增加对劳动力的需求。这通常意味着为创新公司提供有针对性的激励措施，使其坐落于陷入困境的社区，以期形成一个最终能够自我维持的集群。一个成功的产业集群一旦形成，往往会随着时间的推移而趋于增强。它的劳动力市场和专业化的商务服务市场会变得更加稠密，其知识溢出效应更加强烈。当然，难点是如何启动集群。

2005 年，王平也面临着类似的问题。他在担任圣路易斯华盛顿大学经济系主任仅几个月后，很快就意识到这个系遇到了麻烦。华盛顿大学的本科生项目很出色，排名仅在常春藤盟校之下，吸引了全国各地的聪明学生。然而，和竞争对手常春藤盟校不同，华盛顿大学经济系从来都不是特别强。当王平成为系主任时，经济系已经在学术排名靠后的位置停滞多年了。根本没有多少教授积极参与学术研究。

对一所大学来说，一个强大的经济系能带来很多好处。经济学往往是热门专业，因为它提供了良好的职业前景。与许多其他学术领域不同，经济学对学术界以外的人也很重要，经济学家的研究常常被报纸和电视引用。虽然高校中经济学家的薪水要比物理学家或生物学家高得多，但经济学家对于大学来说是便宜的，因为他们不需要昂贵的实验室或复杂的科学仪器。

王平很快意识到，把一个缺乏活力的三流的经济系转变成一个顶尖的研究重地的问题是，学术界有点像高科技公司：当周围都是聪明的同事，能够彼此交流想法时，他们易于富有生产力和创新精神。仅凭自身，他们就会停滞不前。因此，已经很强的院系趋于变得更强，因为高效的研究人员的存在会吸引更多高效的研究人员，而那些较弱的院系也会因为同样的原因而变得更弱。没有哪个优秀的学者愿意第一个加入弱的院系。这不仅仅关乎声望，也与实际的生产力有关。

研究发展中国家的经济学家把这种情况称为“贫困陷阱”。王平意识到只有一种方法可以摆脱这个陷阱：他需要一个“大推动”策略。他接下来所做的事情是前所未有的。他给其他大学的两位学术明星打了电话，并向他们提供了一个根本不可能拒绝的条件：约 60 万美元的年薪。这场豪赌赢了。两位明星辞去了名牌大学的工作，搬到了圣路易斯。现在这个系已经有了两位明星，其他经济学家开始发现这个地方很有吸引力，即使是正常的工资，他们也接受了王平提供的工作机会。随着更多优秀的经济学家加入，这个系变得越发有吸引力。华盛顿大学的排名明显上升。王平已经脱离了这个贫困陷阱。不幸的是，这种正反馈循环在 2008 年被打破，当时金融危机导致华盛顿大学获得的捐赠严重减少，迫使经济系缩减了招聘规模。

本质上，一个陷于贫困陷阱中的城市面临着同样的挑战。它被自身的过去所困。把一个城市从“坏”平衡拉向“好”平衡的唯一方法就是大推动：

用一套协调的政策打破僵局，同时将技术工人、雇主和专业化的商务服务引向一个新的地方。唯有政府才能启动这些大推动的政策，因为只有政府具备协调单个参与者（劳动者和雇主）的能力，使集聚过程开始。关键是为那些愿意先行一步的人提供公共补贴，但在集聚过程变得能够自我维持后停止补贴，就像华盛顿大学只愿意为前两个学术明星而不是后来者支付超额薪水一样。大推动政策带来的好处可能是巨大的，因为原则上那些衰落的社区可能因此而起死回生。

但这些政策的业绩记录有好有坏。要想成功，推动的力度真的要非常大。它还需要有决定性并能够持续，而且最重要的是，补贴必须针对正确的受益者。华盛顿大学的例子说明，可能成本很高而成功只是暂时的。

美国历史上第一次也是最重要的一次大推动的尝试是田纳西河谷管理局（TVA），它是在大萧条时期创建的，旨在帮助极度贫困地区摆脱贫困。根据富兰克林·罗斯福（Franklin Roosevelt）的说法——他从来不倾向于轻描淡写——该计划旨在通过“触及并赋予活力于人们关心的一切”来实现区域经济的现代化。实际上，这意味着要投资大规模的基础设施项目，尤其是发电大坝——其电力被用来给该地区供电并提高当地的生产力、大规模新的道路网络、一条650英里的通航运河、学校和防洪系统。小部分资金用于预防疟疾、重新造林、教育项目和卫生诊所。该项目的规模巨大，远远超出了之前或之后的任何尝试。1933年到1958年，300亿美元的国内税收投入该地区。在该项目的高峰期，即1950年，联邦政府对该地区的年度补贴为每户625美元。1958年之后，联邦政府开始缩减其投资，而TVA成了一个能够自我维持的实体。

这种发展经济的方式基于一个简单的观念，即公共资金可以启动一个陷入贫困的地方经济。然而，右派和左派的评论家们都痛斥这些举措，他们要么将其看作政府过度干预，要么将其看作自上而下地控制当地社区。

在《纽约书评》（*New York Review of Books*）于 1984 年发表的一篇颇具影响力的文章中，进步的城市思想家简・雅各布斯对大推动政策（包括 TVA）进行了严厉的批评，认为这是培育地方经济的一种不自然的方式，并得出结论："在实践中，它们的效果很糟糕。"

我们如何以严谨的方式评估这些区位导向性政策呢？真正的检验方式不是看它们能否在推动的过程中创造就业机会。资金的流入会暂时增加一个地区的经济活动，但这并不意味着钱花得值得。相反，我们需要考虑的是，公共资助的"种子"是否能够最终产生一个足够大的私人支持的集群，从而实现自我维持。关键是政府提供的投资带动当地经济越过一个临界点，但到此为止。在这一点上，聚集的力量开始发挥主要作用，在补贴结束后继续吸引企业和工人。

我和我的同事帕特・克莱恩（Pat Kline）对 TVA 计划进行了认真研究，发现该项目在这片当时还主要是农村的区域成功地引发了一场产业革命。在实施"大推动"政策的 1933 年至 1958 年，由于企业被廉价的电力和便捷的交通所吸引，该地区制造业就业的增长速度远远高于国内其他地区。在联邦补贴停止后，制造业的工作岗位持续快速增长。尽管其影响正在放缓，而且可能很快就会消失，即使是在联邦政府转移支付结束 40 多年后的 2000 年，该地区制造业就业的增长速度仍比南方各州快。虽然该计划成功地将该地区的产业从低生产率部门（农业）转移到了高生产率部门（制造业），但当地工资水平没有得到明显提高。原因很简单：随着就业岗位日渐增多，改善了的经济状况吸引越来越多的工人从南方的其他地区来到这里。劳动供给的增长有力地抵消了需求增加的影响。

像 TVA 这样的类似政策面临的根本挑战是，要让它们取得成功，地方的政策制定者必须能够挑选出有发展前景的公司来投资。他们有点像风险投资人。从这个意义上说，罗斯福的任务太容易了。当制造业是就业增长的引擎，而繁荣依赖于基础设施和廉价的能源时，发展的方法是显而易见的。田纳西河谷地区的工业发展水平如此之低，以至于无论是开一家炼铝厂、一家钢铁厂还是一家化工厂，都会有助于地方经济。但是，如今决定地方社区成功最重要的因素是人力资本，做出正确的选择要困难得多。一个县区应该用所有的钱来吸引一个新的纳米技术实验室还是亚马逊最新的计算机农场，是一个太阳能电池板研发中心还是生物技术实验室？即使是专业的风险投资家也很难预测哪些行业和公司会成功。对于处境艰难的市政当局来说，这一挑战是无法克服的。

的确，看看美国主要创新集群的地理分布，很难发现哪个是由大推动产生的。硅谷不是由哪个本地的政治家发起创建的。我们在西雅图、波士顿、圣地亚哥和洛杉矶的案例中已经看到，最初成功的某个锚公司（anchor company）通常是发展成高科技集群的种子。

对于陷入困境的社区来说，一个更为现实的目标是发展更小的、专业化程度更高的集群，但情况也一样。细想一下波特兰（俄勒冈州）、博伊西以及堪萨斯城，三个小型高科技中心，分别以半导体、通用高科技、动物健康与营养科学为主导产业。尽管规模很小，但它们都是充满活力的中心：波特兰和博伊西的人均专利数量几乎和波士顿一样多。这些中心没有一个是计划出来的。1976 年，英特尔的半导体工厂开始运营，开启了波特兰的高科技产业。惠普公司于 1973 年将打印机部门迁到了博伊西，在那里种下了产业集群的“种子”。堪萨斯城的生命科学研发可以追溯到 20 世纪 50 年代，当时尤因·马里恩·考夫曼（Ewing Marion Kauffman）创办了他的药物实验室。正如布鲁金斯学会（Brookings Institution）最近的一项研究指出的那样，这些城市高科技企业的出现没有多少是地方政府积极招募的结果。

世界上的其他地区已经取得了一些成功。爱尔兰采用经过深思熟虑的大推动政策，建立起此前没有的人力资本密集型产业部门。尽管该国最近的金融危机使此类政策的可持续性遭到了质疑，但它凭借激进的税收及其他优惠政策创造了重要的高科技和金融集群。以色列的高科技集群是世界上最具活力的集群之一，它高度依赖于该国的军事力量。尽管以色列政府没有特意去创建高科技产业部门，但它对创新型防御技术和专用人力资本的需求间接地培育了一个后来具有全球竞争力的私营部门。

也许大推动成功的最明显的例子是中国台湾地区。在 19 世纪六七十年代，它凭借大规模当局资助研究的策略，将农村经济转型为具备活跃创新部门的先进经济。该项目成功地将顶尖的华人科学家从美国吸引回来，并成功建立起一个公费支持但最终大到能够支撑私营企业独立运营的研发集群。虽然他们曾押注于几项失败的技术，但也很早就对半导体技术进行了资助。半导体迅速成为中国台湾地区高科技产业的核心，可以说是其繁荣的引擎之一。最近，当地的高科技产业集群已经开始引入包括生命科学在内的更新的技术。但中国台湾地区可能只是一个例外。

产业政策、绿色就业和挑选赢家的挑战

加利福尼亚州弗里蒙特的故事可以说明大推动产业政策可能发挥的作用与陷阱。随着传统制造业继续缩员，一些社区力图在太阳能、风能、电动汽车和更高效的电池等领域创造创新驱动的绿色岗位。产业升级最明显的城市当属弗里蒙特，那儿是一个有着不同收入群体的社区，正设法将自身改造为绿色研发中心。

直到最近，弗里蒙特的经济引擎还是汽车产业。该城市最大的雇主是新联合汽车制造公司（NUMMI），这家大型汽车厂生产了丰田的两款主要车型——卡罗拉（Corolla）和塔科马（Tacoma）皮卡。沿着弗里蒙特大

道（Fremont Boulevard）行驶，你会经过大型工厂、仓库、满是货车的铁路站场以及卡车的柴油加油站。窗户未洗、黄色标牌已经褪色的当地小饭馆提供3美元一份的培根鸡蛋早餐。弗里蒙特具有在美国无数社区都能见到的典型的工业景观。如果不是偶尔出现的棕榈树，你可能会认为自己在底特律。

在过去的20年间，随着制造业工作岗位的减少，弗里蒙特的经济前景开始看上去越来越不稳定。当NUMMI最终关闭了工厂，5000个工作岗位不复存在时，大多数居民都做好了最坏的打算。但与底特律不同的是，弗里蒙特已经吸引了一批清洁技术公司，其中一些已经在旧的制造厂中开业。事实上，NUMMI的旧工厂现在由特斯拉汽车公司（Tesla Motors）使用，该公司最著名的Roadster跑车是美国第一款系列生产的达到一般内燃机引擎性能的电动汽车。有一段时间，未来看起来并不可怕。太阳能公司Solaria的首席执行官丹·舒格（Dan Shugar）在2010年向媒体表示：“在弗里蒙特扔飞盘而不撞上另一家太阳能公司是不可能的。”当时，弗里蒙特的经济发展局负责人洛丽·泰勒（Lori Taylor）对清洁技术公司最终将成为该市新的经济增长引擎颇为乐观。

但在2011年，这座城市经历了一次严重的挫折，当地最大的雇主之一——名为索林德拉（Solyndra）的太阳能电池板公司申请破产。索林德拉公司本应该是明智的产业政策的典范，却变成了一个痛苦的警示。2009年，美国能源部向该公司提供了大约5.35亿美元的贷款担保，使得索林德拉公司能够在弗里蒙特开一家大型工厂，并雇用1000多名工人生产太阳能电池板。紧随其后的是高调的剪彩仪式和奥巴马总统的到访，他自信地将索林德拉公司介绍为“一个更加光明和繁荣的未来的代言人”。无数的新闻文章鼓吹美国“先进制造业”的光明前途。但索林德拉公司的商业模式基于一个有严重缺陷的前提。它完全依赖于一种被认为是比硅基太阳能电池发电更便宜的新型太阳能电池组的竞争力。当硅的价格昂贵时，索林德拉公司的技术显得鼓舞人心。但即便如此，聪明的分析师也会意识到，硅的价格不太可能永远居高不下，因为高昂的价格不可避免地会给其他生产商强大的激励，促使它们进入市场，扩大供给，最终压低价格。到 2009 年，当联邦政府批准贷款担保时，硅的价格急剧下降。（另一个挫折是中国政府决定向市场大量销售高补贴的硅基太阳能电池板。）最终，价格的下跌导致索林德拉公司破产。

在索林德拉公司垮掉后，媒体的焦点主要集中在贷款担保背后是否有政治献金，而忽视了两个最重要的教训。首先，虽然不能因为一次错误谴责所有产业政策，但美国和欧洲对产业进行政府补贴的业绩记录并不好。即使是最聪明、最用心的决策者也很难事先识别出可能成功的行业。在上个年代初期，清洁技术似乎是一个即将爆发的行业。虽然一直在增长，但该产业在就业上的增长并不突出：自 2003 年以来，这一行业就业的增长要低于其他行业。即使很清楚哪些行业将推动未来的增长，在这些行业中挑选胜出的公司仍然是困难的。在索林德拉公司的例子中，即使企业前景正迅速恶化，能源部却仍认为它值得政府投资。

其次，也是最重要的一个教训是，无论何时我们花费公共资金支持私营企业，都需要问问这个决定是否有合理的经济依据。为美国那些太阳能公司提供早期的资金支持，被视为一种可以在美国产生公司集群并最终使该行业吸引越来越多全球就业岗位的方式。从本质上讲，这一想法是可再生能源行业的大推动。如果一个行业具有较强的集聚特征，并且需要大量的初始投资，那么国际竞争就会成为赢者通吃的竞赛，第一个进入者会夺取整个市场。在这种情况下，政府早期的补贴可以帮助产业植根于美国。一旦国内企业获得了市场份额，就可以取消补贴。然而，正如我的同事塞韦林·博伦斯坦（Severin Borenstein）所指出的，德国和西班牙已经在这一领域尝试了自己的大推动政策。他们对太阳能电池板的生产和安装做了巨额的投资，但其市场份额在补贴取消后立即下降。这表明，太阳能电池板的生产和安装没有较强的集聚特征——如果它们有，该行业将集中在德国和西班牙——因此，在这种情况下，大推动并没有多大的经济意义。

大量的太阳能电池板覆盖着我家屋顶的整个南侧。在白天的中间时段太阳光很强烈的时候，我可以看到电表逆时针旋转，这是电池板在把电力卖回给电网。为减少对化石燃料的需求做出贡献是一件很棒的事情，尤其是在加州的能源消耗达到高峰的中午时分。我的电池板是 10 年前在美国制造的。但是新一些的太阳能电池板越来越多地在其他国家制造。很多美国公司把总部和研究实验室设在美国，但在菲律宾和中国等地生产太阳能电池板。如果这听起来像苹果手机的故事，好吧，的确是。

从环境的角度来看，太阳能电池板行业的全球化是一个好消息，因为它使太阳能更能与化石燃料竞争。今天购买太阳能电池板的成本是 10 年前我购买时的一半，部分原因是它们来自越南。从就业的角度来看，真正的问题是，什么样的大推动政策对今天的美国是有意义的。当政府推行产业政策时，主要做的应该是纠正某种形式的市场失灵。在绿色科技的案例中，这指的是与创新阶段有关的外部性，而不是在生产阶段。我们很快就会发现，由于能够产生大规模的溢出效应，政府在经济（和环境）方面有充分理由为绿色技术的基础研究和应用研发提供补贴。但鉴于德国和西班牙的经验，似乎没有理由补贴太阳能电池板的实物生产。

这一切对弗里蒙特意味着什么呢？这座城市仍然在寻求清洁技术领域的雇主，并免除了清洁技术公司的工资税。虽然索林德拉公司的倒闭是一个重大的挫折，但当地经济的增长仍然由研发密集型的清洁技术公司推动，而且最近几年也出现了新的生物技术和高科技公司。在弗里蒙特的清洁技术公司数量由 2006 年的 6 家增长到如今的 25 家。尽管其中一些公司至少部分依赖联邦政府的补贴，但其他一些公司纯粹是由私人风险资本投资运营。现在判断弗里蒙特的战略是否能长期持续，还为时过早。但至少就现在来说，就业机会正在产生，城市的前景看起来也比弗林特或底特律更加光明。

贿赂企业雇用工人

田纳西河谷管理局那么大规模的大推动计划在今天是不可想象的。但规模小一些的大推动非常普遍，它们以各种联邦和州政府补贴的形式吸引私人投资到陷入困境的社区。事实上，每当一家公司宣布新总部、实验室或大型生产设施的计划时，争抢就开始了。各州竞争激烈，以减税、补贴贷款、地方基础设施、出口援助和融资、劳动力培训和区域营销等形式来提供越来越诱人的条件。

这些补贴的数额可能非常大。松下公司最近将北美总部搬到纽瓦克，因此获得了超过 1 亿美元（每份工作 12.5 万美元），而伊莱克斯（Electrolux）公司在孟菲斯新成立的公司获得了 1.8 亿美元（每份工作 15 万美元）的税收减免。因在亚拉巴马州的万斯设址，奔驰公司收到 2.5 亿美元的奖励（每份工作 16.5 万美元）。政府在地方经济发展上的总支出每年达 400 亿美元，远远超过联邦政府为 TVA 提供的累计 30 年的补贴支出。这些补贴是民主党和共和党倾向于达成共识的少数事项之一。尽管他们关于政府干预的言辞听起来并不相同，但蓝州和红州都在努力贿赂企业来他们的辖区。与加州、纽约和马萨诸塞州的举措类似，里克·佩里（Rick Perry）为得克萨斯州的公司提供了 2 亿美元的“新兴科技基金”。索林德拉公司享有的联邦贷款担保计划始于 2005 年的小布什时期，2009 年由奥巴马政府进一步扩充。

虽然政客和他们资助的公司通常称赞这些补贴的好处，但批评人士抱怨说，这是对公共资金的巨大浪费。每份工作 15 万美元的补贴支出真的是帮助孟菲斯居民的最好方法吗？假如我们代之以给那些居民支票呢？我和两位同事研究了以提供补贴的方式成功争取到大型雇主后，当地社区会发生什么。当公司考虑在哪里开设大型工厂时，通常会先查看几十个可能的地点。他们会先将名单缩小到大约 10 个地点，然后从中选出 2 个到 3 个进行最后的选择。在研究中，我们比较了公司最终选择的县区（赢家）和与之竞争的落选县区（输家）的情况。例如，当宝马公司于 20 世纪 90 年代决定在美国开设一家新工厂时，进入最后阶段厂址名单的有两个候选城市：南卡罗来纳州的格林维尔 – 斯帕坦堡和内布拉斯加州的奥马哈。宝马公司选择了格林维尔 – 斯帕坦堡，部分原因是一项价值 1.15 亿美元的激励方案。在这种情况下，输家是那些在漫长的挑选过程中幸存下来，但在最后的竞争中险败的县区。因此，输家的经验可以告诉我们，如果赢家当时没有争取到迁入的企业，他们将会有怎样的表现。

我们的数据显示，在竞标战之前的几年里，赢家和输家在就业、薪资和生产率方面都是相似的。但在这之后，赢家经历了生产率的大幅提升。这些生产率的提升似乎是知识溢出效应的体现，在那些与新工厂分享类似的劳动力和技术储备的现有工厂中表现得尤其明显。我们得出的结论是，新工厂以提高现有生产者生产率的方式为该县区其他企业带来了一个重要的好处，即正外部性。更高的生产率导致了更多的工作和更高的工资。因此，提供补贴可以被视为将这种外部性内化的一种方式。

虽然理论上很清晰，但在实践中，这些政策并不总是按照应有的方式起作用。补贴的提供应该与社会效益的大小相称。但当几十个类似的县区不顾一切地吸引外来投资时，它们的出价往往变得如此慷慨，以至于可以超过能给社区带来的社会福利。无论成本如何，市长和州长们都有引进新企业的动机。当他们成功的时候，当地报纸的头版新闻倾向于关注的是未来数百个本地的工作岗位，而不是那些关于提供资金的细则。当他们失败的时候，当地的政客就会因为没有为当地经济做足够的努力而受到抨击。所有这些都可能导致地方政府出价过高。在这种情况下，唯一的赢家是被追求的公司的所有者，因为州和地方政府付出的补贴最终得不偿失。即使这些补贴对一个特定的县区有经济意义，但对整个国家来说，它们并不总是合理的，因为城市之间对一个特定公司的竞争可能会变成国家范围内的零和博弈。

赋权于社区

区位导向性政策在帮助陷入困境的社区创造就业机会和提高工资方面的一个成功的例子就是特许区项目（Empowerment Zone Program）。设立于克林顿政府的第一个任期的 1993 年，该计划为“陷入困境的”城市地区提供了一揽子就业税收补贴和重建基金。该项目没有面向整个地区，而是瞄准亚特兰大、巴尔的摩、芝加哥、底特律、纽约、费城、洛杉矶和克利夫兰等地的穷困社区。联邦补贴的目的是鼓励经济和社会投资。补贴资金用于为在这些贫困社区生活和工作的个人提供就业和培训计划，以及商务支持、基础设施投资和社区发展。特许区基金资助的社区中最明显的一个例子就是哈莱姆区第 125 大道附近的地区，那里从一个充满问题和犯罪猖獗的街区变成了纽约市最有活力的地方之一。

2010 年，一个由帕特・克莱恩领导的三人经济学家团队完成了对该项目的深入评估。他们比较了那些被设计为特许区的地区与被当地政府提名的同样贫困但从未获得过资助的地区。他们的研究结果是令人鼓舞的。在项目的头 5 年里，特许区社区的本地就业岗位大幅增加——大约比其他社区高 15%。居民的小时工资也明显提高了大约 8%。

为什么在这个项目成功的时候，许多其他的区位导向性政策失败了呢？就像产业集群的发展一样，社区复兴的过程产生了许多外部效应。例如，一个门窗封闭的房产变成一个活跃的零售商店会给附近的商店带来更多的生意，增加人流量，并减少整个街区的闲散人员和犯罪。一家企业改善自家店面的外观，不仅有利于自己，而且也有利于它周围的所有房产。在一个困难的社区里提供一份新工作并不仅仅意味着一个劳动者得到了一份工作，它还以减少公共援助和减少犯罪的形式创造了社会效益。解决这些外部性问题是地方经济成功发展的秘诀。某些行动会使整个社区受益，但个人不会独自去做，原因在于虽然社会收益很大，但私人收益有限。

在特许区的案例中，政府能够为这些行动提供激励。尽管在政治上，该项目只是作为一种将财政资源转移给贫困城市居民的方式而推出的，但特许区项目之所以成功，是因为它解决了集体行动问题。第二个原因是，与面向特定公司或行业的产业政策不同，政策制定者扮演的不是风险资本家的角色：公共基金针对的是任何可能对社区有利的投资形式。第三个原因，也是关键的一点，政府补贴不仅是一种赠品，而且是重要的私人投资的催化剂。据估计，从公共基金中每支出 1 美元，私营企业投资 3.5 美元，从而产生了一个良性的增长循环。这是成功的区位导向性政策的真正标志，因为它表明当公共资金终止时，该地区将继续创造就业机会。最后，激励是有针对性和精心设计的。与那些最终只是将投资从一个县转移到另一个县的典型的州级政府对新工厂的补贴不同，此项目的补贴面向的是高失业率地区的居民，因此创造的大部分就业机会并不以牺牲其他地区的就业机会为代价。

那会带来中产阶级化的问题吗？该项目似乎并没有导致原住居民被替代，因为该地区的租金没有受到明显影响。（哈莱姆是一个主要的例外。）

这很可能反映了这样一个事实，即该项目主要针对的就是已经在附近居住和工作的劳动者。

对政府来说，该项目总体上是一笔不错的投资。它每年增加的工资总额约为 9 亿美元。假设创造的大多数工作岗位都由以前失业的工人获得，那么纳税人的年投资回报率是 15%。与此同时，该项目以增加就业、提高当地收入，以及内部化与复兴有关的不可避免的外部性等方式，帮助了国内一些最贫穷的城市社区的居民。

改变总是痛苦的。经济变革尤其痛苦。人们在工作、职业和社区中投入了时间和精力。因为周围的经济环境已经发生了变化而要求他们做出改变，确实要求太高，但有时候根本就没有其他可以替代的选择。

人们往往对政府抱有不切实际的期望。地方政府在振兴陷入困境的社区方面所发挥的作用，比大多数选民意识到的和大多数市长愿意承认的要小得多。事实上，一个城市的经济命运在很大程度上取决于历史因素。对于那些缺少受过良好教育的劳动力和成熟的创新部门的社区，路径依赖和聚集的强大力量给它们带来了严峻的挑战。地方政府当然可以为经济发展奠定基础，为城市的重生创造一切必要条件，包括为创造就业营造友好的商业环境，但复兴没有什么简单的规律可循。就像政治活动一样，所有的创新都是有地域性的：每个社区都有自己的比较优势。地方政府必须以自己现有的能力为基础，利用好当地的优势和专长。必须在有重大市场失灵，并确信有机会在社区建立能够自我维持的集群的情况下，才动用公共资金创造就业机会。然而，最终，地方决策者应该意识到，在地区发展方面，没有免费的午餐。

第七章 新『人力资本世纪』

The New “Human Capital Century”

过去，好工作和高收入是与产品的大规模生产紧密联系在一起的，工厂是创造经济价值的地方。但是到了今天，生产产品创造的经济价值越来越少，好工作和高收入越来越多地来自新创意、新知识和新技术。这种转变将会持续下去并很可能在未来加速发展。在未来的几十年里，全球竞争将更多地集中在吸引创新的人力资本和创新型企业方面。同时，地理和集聚的力量在决定人力资本的区位选择中将发挥越来越重要的作用。一个国家人才中心的数量和实力将决定这个国家是走向繁荣还是衰落。传统的工厂将持续不断地失去其重要性，但是，那些聚集了很高比例的高教育水平员工的城市将成为生产创意和知识的新工厂。

今天的美国准备好了吗？答案是肯定的也是否定的。美国的经济在很多方面都表现得非常强劲。例如，美国的劳动力市场是全球最有效、最灵活和最任人唯贤的劳动力市场之一。美国比其他国家更鼓励个人的努力和冒险精神，这也是美国能够吸引全球顶尖人才的关键优势。此外，尽管近些年来出现了一些问题，但美国的资本市场和风险资本系统仍然是全球最有效率的，能为那些有好的创意并且愿意去努力的创新型企业家提供融资支持。正如我们现在所见的那样，这样的支持会对创建当地的企业产生重要的影响。最重要的是，美国拥有充满活力的人才中心，这使美国能继续产生许多创新活动。

与此同时，美国经济也存在一些严重的缺陷。可能许多人并不会对这些缺陷感到吃惊，因为它们和我们的民族性格密切相关。作为一个社会，我们把过多的关注点放在了眼前，而不惜以未来为代价。我们的文化崇尚及时的享乐和短期内的结果，规避长期的承诺。国家在制定政策时，将更多的注意力集中在那些与短期问题有关的事务上。例如，如何刺激未来 6 个月的经济，如何应对本周的就业数字。尽管短期的问题可能是紧迫的，但它们的重要性相比那些长期问题要逊色得多，因为后者才是真正深刻而持久地影响我们生活水平的问题。复利增长的魔力意味着微小的增长率差异都将对我们未来的工作和收入产生巨大的影响。因此，即使是对经济增长产生轻微影响的政策都远比应对短期问题的经济政策重要得多。我们看重即时回报的文化倾向及无力对长期问题承担责任的结构性问题，正导致我们对未来的投资严重不足。如果不加以纠正，这种趋势可能会带来真正的灾难性后果。受这些后果影响最严重的将是我们的后代和社会中最底层的那些人。

具体而言，过去 30 年间出现的两个结构性的弱点已经严重制约了美国的经济潜力并造成了严峻的社会失衡。人力资本和研发是维持美国经济和劳动力发展的引擎。但是，正如我们所看到的，一些美国城市在这两方面的投入都十分欠缺。但问题要比这大得多。整个美国对人力资本和研发的投资都是不足的。由此带来的后果便是我们的薪水增长速度已不如以往，同时，不平等的问题也越来越严重。

在第六章，我们研究了地区政策在促进公平竞争方面的作用。在本书的最后一章，我们要看一下整个美国——作为一个国家——现在应该如何做才能重获使其在 20 世纪的世界舞台上发挥主导作用的实力。这些改革对我们这个社会的未来非常关键，因为它们将会直接影响美国在未来几十年中的经济增长潜力。

科研的社会回报

美国经济面临的第一个问题是公共部门和私人部门对科研的投资不足。这不是说相比于其他国家，美国的大学和企业的投资少（虽然有时确实如此），而是说相比于社会的最优化水平，我们投资得太少。这种情况是由知识的市场严重失灵导致的。正如我们在第四章所看到的，知识溢出意味着新思想创造者的努力总是无法得到完全的补偿，因为他们的研究成果不可避免地会被他人分享。这个问题不仅仅存在于美国，但是相比于其他国家，这个问题对美国更为重要，因为创新在美国未来的经济增长中将发挥十分重要的作用。

传统上，学术界提供基础的科研成果，私人部门将这些科研成果转化为商业应用。这是联邦政府通过像美国国家科学基金会和美国国家卫生研究院这样的机构来资助科学研究的一个重要原因。但是，问题在于政府对科研项目的资助远远跟不上知识的增值。正如我们所见，全球化和技术变革导致了创造新商业知识的回报增加。这意味着基础科学中新发现的潜在经济价值也在不断增加。如果投资的回报上升，理性的反应是要投资得更多。然而，联邦政府用在支持基础科学研究上的资源实际上是下降的。正如我们在太阳能的例子中看到的，联邦政府和州政府大力度支持那些前景不明的工厂和设备生产商，但是对基础科学的投入却少得多。

知识溢出不仅仅是从科研机构流向私人企业。最重要的一种溢出效应存在于私人企业之间。进行科研投资的创新型企业只是获得投资收益的一部分。以一家为电动汽车开发新的节能电池的企业为例。专利保护为这个企业从新技术中获利提供了保障。但是，当该企业在申请专利时，行业中的其他企业便会注意到带来这项创新的突破，这一知识将可能激发出相关技术或产品的新创意。

任何新产品的开发都会产生相似的溢出效应。例如 iPad 的出现。因为 iPad 当时是全新的事物，没有人真正知道它的市场潜力。由于在 iPad 的研发上投入巨大，苹果公司为此承担了很大的风险。事实上，当史蒂芬·乔布斯于 2010 年 1 月在旧金山一个仅限于受邀群体的产品发布会上向媒体人和意见领袖们——包括美国前副总统艾伯特·戈尔——介绍 iPad 时，很多行业分析师对 iPad 的前景表示怀疑，认为 iPad 只是昂贵的小玩意儿，注定只会成为小众产品。一些人甚至嘲笑 iPad 是一个没有电话功能的超大型的苹果手机，并预测它不会令多少人产生兴趣。然而当 iPad 公开发行后，它显然带来了国际性的轰动。这时，很多行业内的竞争者立即开始推出 iPad 的同类产品。从本质上来说，这些竞争者得益于苹果公司通过承担风险而产生的消费需求信息。

现实中，这种知识溢出的效应很大。在迄今为止最为严格的一项研究中，两位经济学家——斯坦福的尼克·布鲁姆（Nick Bloom）和伦敦经济学院的约翰·范·里宁跟踪了数千家企业在 1981~2001 年的情况后发现，溢出效应非常大，一家企业的研发投资不仅提高了该企业的股价，而且提高了相同行业内其他企业的股价。有一部分溢出效应会影响到全球范围。例如，20 世纪 90 年代，美国企业研发投入的上升为英国相关行业的企业带来了明显的生产率增长，而且这些溢出效应主要作用于那些在美国开设了业务的英国公司。但是，由于它通常发生在地理上接近的企业之间，相当一部分溢出效应是区域性的。所以，一家美国企业创造的新知识使得其他的美国企业获益。

本质上，创新的私人投资会为投资的企业带来私人回报，但它也产生让其他企业获益的社会回报。问题在于，由于投资的个体无法获得投资的所有回报，市场上创新投资的数量小于社会最优的数量。纠正这种市场失灵的唯一方法，就是政府介入去补偿那些由于投资研发而产生外部收益的企业。这是美国政府以及一些工业化国家的政府利用税收减免来补贴研发投入的主要原因。重要的是要意识到，这不是关于公平的问题——而纯粹是关于经济效率的问题。政府并不是因为有道德责任要这么做才去补贴那些创新者。政府补贴创新者是因为这样做对美国经济有利。

现在的问题在于创新的私人和社会回报之间的差异要比现有的补贴大得多。布鲁姆和范·里宁的研究表明，研发投资的社会回报率大约是38%，几乎是私人回报率的2倍。这个结果有着惊人的启示意义。美国不仅仅是在研发上投入不足，我们目前的研发投入水平仅仅是社会最优化水平的一半。这对美国经济政策的含义是非常清晰的：目前美国对企业研发支出的税收优惠远远低于它应有的水平。我们需要增加联邦政府对科学和工程领域的学术研究，特别是私人部门的研发的支持。这是能够为我们带来回报的稳健的投资。与此同时，其他各级政府也应该承担起自己的责任。由于溢出的收益部分上是区域性的——有助于某些社区而不是其他社区——有效率的成本分摊方式是州和地方政府也为补贴提供资金。

有趣的是，不是所有创新者都应得到相同水平的补贴。当布鲁姆和范·里宁在研究一些特定的企业时，他们发现，一些企业能产生比其他企业更多的社会回报。例如，计算机和通信企业会比制药企业产生更多的社会回报。制药公司的研发往往是重复其他公司已经在做的事情，而且几个制药公司争着去为治疗同样疾病的药物注册专利的情况并不罕见。在这样的竞争中，获胜的制药公司将会获得收益，而其他的企业将会浪费之前投入的宝贵资源。这种商业窃取效应将会降低制药行业研发投入的社会回报，同时也意味着在这样的行业，研发投入的税收抵免应该比其他行业小。

美国经济面临的第二个主要问题更棘手。美国没有创造出足够的人力资本。过去 30 年间，美国没能大幅提高受过大学教育的年轻人的比例。一些企业，特别是创新型行业的企业，发现雇用到有合适技能的雇员的难度越来越大。同时，工人收入不平等的状况正在快速上升。这两个问题都反映了美国人力资本供给和需求的严重不平衡。

最近一段时间，我们听到许多关于美国教育危机的言论。尽管我认为我们应该为所有的孩子提供最一流的教育，但我在这里强调的观点不仅仅是道德层面的。这是一个非常实际的观点。它关系到我们是否想让第三个美国——那个有着空心化的城市核心区域、高犯罪率、低工资和低寿命的美国——成为唯一的美国。

为什么不平等与教育有关

对于一些欧洲人来说，美国最让他们耳目一新和鼓舞人心的地方是，这是一个缺乏强烈的社会阶层意识的国家。即使在今天，欧洲一些国家的等级观念还是非常盛行，如英国和法国（尽管很多法国人强烈地否认这一点）。欧洲国家的蓝领工人会认为他们的社会地位与白领的专业人士差异很大。这当然不仅影响到个人的感觉，也影响着他们的抱负和政治倾向。相比之下，美国没有欧洲国家那样的社会阶层观念。事实上，民意调查显示，大多数的美国人——不管是挣 2 万美元还是 30 万美元——都会回答自己属于中产阶级。我一直认为，这是新、旧两个世界之间重要的文化差异之一。这样的差异能够解释为何美国人会有更强的企业家精神，以及美国人和欧洲人对待收入不平等与收入再分配的不同态度。

但是，无论美国人的自我认识是什么，收入水平的差距都在不断上升。正如我们在整本书中提到的，收入差距上升在很大程度上表现在地域之间。但是，它也与技能有关。表 4 显示了自 1980 年以来不同教育水平的美国全

表 4　按教育水平划分的男性平均小时工资（以 2011 年的美元计价）

	1980 年	2010 年	百分比变动
辍学	$ 13.7	$ 11.8	−14%
高中	$ 16.0	$ 14.8	−8%
大学	$ 21.0	$ 25.3	+20%
更高的学历	$ 24.9	$ 33.1	+32%

注：数据包含 25~60 周岁的全职工人。

职男性工人平均小时工资的变化情况。那些受教育水平仅为高中或者高中以下的劳动力，如今的小时工资要比 1980 年低。相比之下，大学毕业生的工资在这 30 年间显著增长。拥有硕士或者博士学位的劳动力工资的增长幅度更大。

“大学溢价”——那些接受过高中和大学教育的工人之间的工资差距——是劳动经济学家最常用来跟踪劳动力市场不平等状况变化的指标。这个指标最恰如其分地反映了典型的高技能工人和低技能工人之间的差距。1980 年时这个溢价相对较小——仅为 31%——但是从那之后，溢价的程度逐年递增，现在已经是 1980 年的 2 倍还高。如果考虑工资以外的其他报酬，这个差距甚至更大，这是因为大学毕业生往往享有更好的雇主支付的健康保险以及更加慷慨的养老金[1]。

1　除了不同教育水平之间的收入差距在不断上升，同一教育水平组内的收入差异也在不断扩大。例如，在大学毕业生中，高工资和低工资的差距也大幅上升了。

工资不平等是当下的一个热门话题。一个普遍的误解是，美国的全部不平等问题都在于收入最高的 1% 的人和剩下 99% 的人之间的差距。虽然超级富有的群体容易抓住人们的眼球，但是他们的收入不是这些数字背后的主要动力。这些数字反映的不是在公园大道上拥有顶层公寓的百万富翁或拥有数百万股票期权的创业奇才与其他人之间的差距，而是反映了典型的大学毕业生和典型的高中毕业生之间的差距：两者都是有着普通的工作、家庭和贷款的普通人。如果我们从数据中删除所有的 CEO 和资本家，这个表格在很大程度上不会改变。在今天的美国，关于不平等最重要的方面不是在数千个资本大亨身上发生了什么。他们的财富份额的增长当然是一个问题，但并不像 4500 万名有大学学历的工人和 8000 万名没有大学学历的工人之间快速加剧的收入差距那么重要。正如我们将要看到的，这是真真正正影响人们生活——他们的生活水平、他们的家庭稳定、他们的健康，甚至是他们孩子的健康水平——的差距。

另外一种误解是，工资不平等的上升主要是由一些经济政策导致的：最低工资真实价值的降低，像工会那样用来保护低工资者的制度的减弱，以及放松管制的一般趋势。但是对数据的细致分析表明，制度因素只发挥了次要的作用。过去 30 年间，尽管每个国家有着不同的劳动力市场制度、政府管制、税收制度、工会力量和最低工资水平，欧洲、亚洲和美洲的很多国家的工资不平等都上升了。在美国，无论是最低工资水平较高的蓝色州还是最低工资水平较低的红色州，工资不平等都上升了。无论是在工会化程度高的部门还是在工会化程度低的部门，大多数部门的工资不平等都上升了。

事实上，工资不平等的趋势反映出背后更深和更加结构化的原因。最近的很多研究表明，对这些趋势最好的解释是供给和需求的变化，即对拥有大学学历的工人的需求增长而供给放缓。在一本非常著名的书中，哈佛大学经济学家拉里·卡茨（Larry Katz）和克劳迪亚·戈尔丁（Claudia Goldin）研究了20世纪中这种需求和供给之间的赛跑。他们的研究结果表明，在20世纪的大部分时间里，供给都是超过需求的，这使不平等得到了控制。在20世纪的50年代和60年代，美国人上大学的比率快速增长，其结果是大学和高中毕业生之间的收入差距非常稳定甚至呈现下降的趋势。但是在过去的40年中，对大学毕业生需求超过了供给，收入不平等的状况也急速加剧了。大学毕业生供给的减缓在男性中尤其明显：从1980年到今天，年轻白人男性（年龄在25岁到34岁）的大学毕业比例上升非常缓慢，只是从1980年的22%上升到今天的26%。幸运的是，女性的数据看上去比男性好：虽然她们开始时的增长也放缓了，但是女性大学毕业生的数量近些年来开始快速上升。与1980年时的情况刚好相反，如今新近的大学毕业生中有60%的女性和40%的男性，这是一个非常显著的变化。这两位哈佛经济学家的研究表明，如果1980年以后美国大学毕业生的数量能保持此前的增长速度，美国的工资不平等在过去的30年中将有所下降而不是上升。

我们应该对此做些什么呢？我们知道对高技能劳动力需求增长的原因：技术进步、全球化、外包以及传统制造业的转型。同时我们已经看到，为何向一个由人力资本支撑的创新型经济转变对美国是一件好事。因此，政府几乎不能也不应该去限制对高技能劳动力日益增长的需求。另外，我们可以做很多工作来增加高技能劳动力的供给。

回过头看，高技能劳动力供给的减少着实令人困惑。首先，既然大学毕业生的工资要比低学历工人的工资增长得更快，那为什么没有更多的年轻人通过上大学来增加收入呢？面对这样的困惑，一个标准的反应是怪罪于不断上涨的上大学的成本：20世纪70年代，上大学非常便宜，但是自那以后，无论是私立大学还是公立大学的学费都在猛涨。耶鲁大学的学费从 1980 年的 6210 美元上涨到今天的 40500 美元。伯克利大学的学费从 1980 年的 776 美元上涨到今天的 13500 美元，以增长率来看增幅超过了耶鲁大学。这些并不是特例；过去 30 年间，典型的美国大学的学费上涨了 10 倍，上涨的幅度要比大多数其他商品或服务大得多。这是问题的根源吗？

大多数 17 岁的年轻人认为，上大学意味着从父母的房子里搬走，有新的经历，还能偶尔享受喝醉的滋味。经济学家们——不可否认是一群沉闷的人——则倾向于从金钱的角度来思考上大学的决策。1964 年，芝加哥大学的经济学家加里·贝克尔（Gary Becker）写了一本名为《人力资本》的书，并凭借此书获得了诺贝尔奖。这本书的中心思想非常简单但是非常有说服力。人们是否去上大学的决策就其核心而言与其他投资决策没什么两样。当你购买国债时，你首先需要立即支付一笔钱，然后你会不断获得收益。贝克尔指出，上大学的道理与其非常类似。2011 年，上大学的前期花费非常高。同时考虑到学费和大学 4 年放弃的工作收入，上大学的总投资成本会达到 10.2 万美元。

这是一笔巨大的花费。但是收益比这大得多。图 11 比较了一个典型的大学毕业生和一个仅有高中文凭的工人在他们的一生中薪水的变化情况。在 22 岁时两者间的收入差距很大，而且随着年龄的增长工资差距在不断扩大。在 50 岁的时候，两者的收入差距达到峰值。此时，一个大学毕业生一年平均可以挣到 8 万美元，而高中毕业生只能挣到 3 万美元。如果一个 17 岁的年轻人决定去上大学，那他可以期待一生中挣一百多万美元。而如果他不去上大学，他的收入会不到上述金额的一半[1]。

1　这种差距是巨大的，但是，这样的差距是真实的吗？一位去普林斯顿大学读书的人和一位在高中毕业后就在当地超市工作的人，两者之间真的可比吗？问题在于大学毕业生的高收入可能是自选择导致

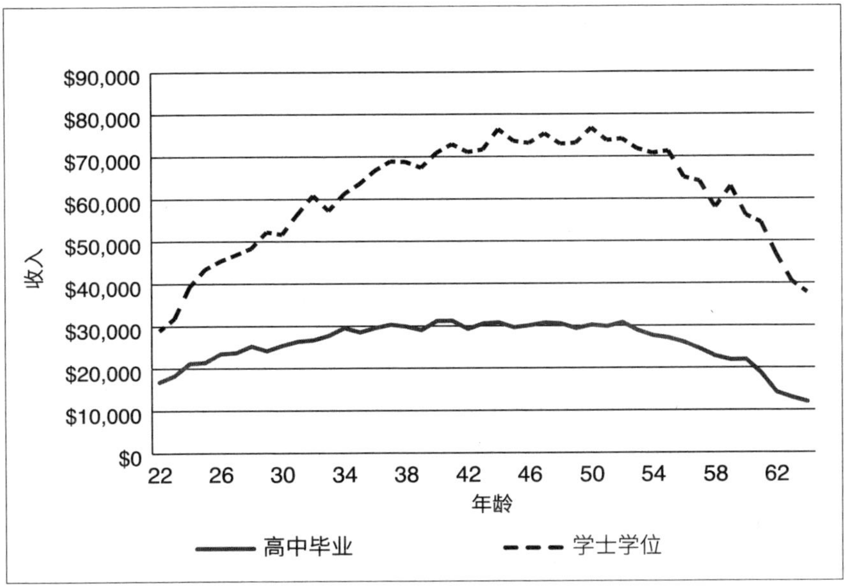

数据来源：Greenstone and Looney，www.brookings.edu。

图 11　按年龄和教育分类的年平均收入

的统计上的假象，这使得大学的真实回报要小得多。大学毕业生倾向于比那些没有上大学的人有更高的智商和更好的家庭环境。所有这些因素意味着，即使这些人没有大学学位，他们也可能获得更高的工资水平。所以，考察自选择的重要性就非常关键：如果大学毕业生的高工资不是由他的大学学历而是由其高智商和更多的家庭关系带来的，那就没有必要去支付一大笔钱去上大学。一些研究已经考察了这个问题。为了控制自选择，他们考察了城镇中新开办大学或是州政府突然决定为大学提供更多财政资助的情况。由于上大学的决定是由外部因素推动的，这些案例中的自选择问题并不严重。在这些研究中，一个压倒性的结论是，尽管上大学的人要比不上大学的人有更强的分析能力，但大学确实直接提高了人们的生产效率和工资水平。

当然，这也并不是意味着每个人都必须去上大学。在科技发展的历史中，点缀着一些从大学辍学的非常聪明的创新者。如果你有一个突破性的想法，追求你的梦想显然是明智的。比尔·盖茨决定放弃哈佛的学业而在微软工作的时候正是软件行业的一个转折点。如果比尔·盖茨先完成了大学学业，微软可能不会像后来那样成为该行业的主导力量，而盖茨的身价也会比现在少几十亿美元。如果马克·扎克伯格完成了大学阶段的学习，他的竞争者——文克莱沃斯（Winklevoss）双胞胎兄弟很可能在扎克伯格之前创办社交网络。2010年，一位名叫彼特·蒂尔（Peter Thiel）的风险资本家成立了一个有争议的慈善机构，为那些20岁左右、有着出色商业创意的年轻人提供10万美元的奖学金，使他们能够从大学辍学。但是，这些都是特例。对于普通人来说，教育会带来回报，而且今天的回报比以往任何时候都高。

上大学不仅是一项好的投资，而且是我们周围最好的投资机会之一。也许一个 17 岁年轻人的父母并不完全信服这个论断，那我们不妨来看一下。如果他们不是支付 10.2 万美元让他上大学，而是给他价值 10.2 万美元的股票或债券，那么，是上大学还是享受金融投资的收益会令其生活更好呢？当米歇尔·格林斯通（Michael Greenstone）和亚当·鲁尼（Adam Looney）两位学者比较了大学教育和其他金融投资产品的回报率后，他们发现很难找到一种比上大学的回报率更高的投资产品。经通货膨胀调整后，一个大学学位的年投资回报率仍超过 15%，要远高于历史上股票的投资回报率（7%）和债券、黄金、房地产的投资回报率（全都低于 3%）。因此，大学应该是聪明的投资者投资的地方。而且，我们还没有考虑风险。事实上，人力资本投资不仅回报更高，而且比其他投资更安全。如果大学是一只股票的话，它将成为华尔街的宠儿。

而且不止于此。大学教育的收益不仅局限于经济利益——它们还涉及健康、婚姻和生活的很多其他方面。在一个基于 200 万位母亲的有代表性的样本的研究中，我和珍妮特 · 克里（Janet Currie）发现受过更好教育的母亲更可能结婚：97% 的受过大学教育的母亲在分娩之前结婚了，而只有 72% 的高中辍学的母亲在分娩之前结婚。同时，在那些结婚的母亲中，前者的丈夫比后者的丈夫挣得更多。好的教育背景不仅令其自身受益，也惠及她们的孩子。我们发现，只有 2% 的受过大学教育的母亲在怀孕期间吸烟，而 17% 高中毕业的母亲在怀孕时吸烟，34% 高中辍学的母亲曾在怀孕期间吸烟。受过大学教育的母亲的孩子是早产儿或出生时体重较轻的可能性更小，而早产和出生时的低体重是影响孩子未来健康的两个重要预测指标。受过大学教育的父母的孩子不仅出生时更健康，而且倾向于接受更多、更好的教育，这会进一步提高他们的健康状况和收入潜力。需要注意的是，这些差异不是因为那些上大学的女性在此之前就已经养成了良好的习惯，或者说这些差异是教养或其他社会经济因素导致的。事实上，这些差异反映了上大学的影响，因为我们注意到对于女性来说收益的获得是在她们居住的县区开办一所新的大学之后，而不是开办之前。

在和兰斯·洛克纳（Lance Lochner）的研究中，我们发现教育还有另一个收益：教育降低了人们卷入犯罪活动的可能性。在白人男性中，由于犯罪被监禁的可能性随着受教育年限的增加而降低。这种效应对于非洲裔美国人的影响更大。有趣的是，这是一个教育不仅使接受的个体受益而且使整个社会受益的例子。

很显然，教育对个人、家庭和社会都起到了非常积极的作用，它可能是最好的投资方式之一。所以，越来越多的美国青年不去上大学真的是一件令人吃惊的事情。是什么因素限制了美国人力资本的扩张呢?

其中一个障碍是，很多家庭就是没有钱或是无法借到足够的钱去支付教育所需的前期花费。通常，当人们有一个好的投资想法但是没有现金时，他们会去银行贷款。每年都有数百万的小公司通过这种方式诞生。但是，这也是人力资本投资区别于其他投资方式的地方。创业通常需要投资于那些可以用来做抵押品的物品，如机器或者房地产。相比之下，人力资本完全是无形的。这也就解释了为何私人部门没能积极参与帮助人们去上大学。考虑一只对冲基金，它不投资于已有的公司，而是投资于年轻人的教育以换取当年轻人最终进入劳动力市场后其高收入中的一部分。一个叫卢尼（Lumni）的社会公司正在尝试做的正是这样的事情。这个公司筹集了 1500 万美元去资助美国和拉丁美洲低收入的学生去受教育。但是没有了抵押品，很难说这种商业模型如何能扩大。卢尼公司要求学生们在他们毕业以后的 10 年内用其收入的一部分来偿还贷款，但这在很大程度上只是道德约束，要在实践中真正执行它成本很高而且很费时间。私人部门的参与仍然非常有限，这也就是为什么政府会为那些需要的学生提供补贴贷款。经济学家对融资约束在解释贫穷家庭低大学入学率方面到底发挥了多大作用有着不同的看法，但是很显然，这对于很多家庭来说是非常重要的一个因素。

第二个重要阻碍是美国日益增长的在教育方面的地理分割。正如我们已经看到的，那些成年人是大学毕业生的家庭越来越多地居住在其他大学毕业生附近，而那些成年人是高中毕业生的家庭越来越多地住在其他高中毕业生附近。由于同群效应很可能是影响大学入学的一个决定因素，所以这种地理上的分割对孩子来说很重要。那些和一群没有兴趣上大学的朋友一起长大的孩子上大学的可能性，要低于那些周边同伴都向往大学的孩子。这种“社会乘数”效应不可避免地加大了不同社会经济群体之间的教育差距[1]。这也同时让我们注意到一个最重要的因素：早期教育。诺贝尔奖获得者詹姆斯·赫克曼（James Heckman）长期以来一直认为技能的积累是一个动态的过程：“技能产生技能。早期的投资会促进之后的投资。”为了理解大学教育的投资不足，我们必须追溯到高中，甚至可能更早。如果我们不在孩子的早期发展阶段开始投资，大学仍将是一个遥远的梦想。

数学竞赛

在最近一次访问硅谷的一家高科技公司时，我问印度出生的工程师——也是公司现在的执行官尼米什·穆迪（Nimish Modi），为何他公司的大多数工程师都是外国人？他回答道：“美国出生的工程师匮乏，这要追溯到

1　第三个因素是我们之前考虑过的大学毕业生面临的更高的生活成本。我们看到，大学毕业生的工作往往集中在昂贵的大都市地区，而高中毕业生的工作往往集中在更经济实惠的地区。这多少使得大学投资不像看上去那么具有吸引力了，但它仍然好过其他投资。

美国的高中。一切都与美国的高中缺乏对科技教育的重视有关。”令他气馁的是，他补充道：“我每天都和自己的儿子有同样的争论，他出生在美国，并且对数学毫无兴趣。”

为了考察问题到底有多严重，我们考察一下 PISA（Programme for International Student Assessment，国际学生评估项目）的考试结果，这是一个在世界上 70 个国家针对 15 岁青少年的数学和科学测试。因为所有学生都面对相同的问题，所以这个测试是比较全球范围内数学和科学教育质量的一个好的方式。（数学和科学被认为是创新过程中的两个关键因素。）表 5 给出的 PISA 的结果着实令人不安。PISA 分数排名第一位的是中国上海（上海与中国其他地区分开进行测试），紧随其后的是芬兰、中国香港地区、新加坡和其他几个富裕的国家，包括日本、加拿大和澳大利亚。这本身就是一个令人感到吃惊的结果。虽然上海在一个发展中国家，但那里的学生表现超过了世界上所有其他富裕的国家，包括那些组织良好、同质性很强的北欧社会，后者在教育上的投入也是很大的。紧接在上述国家后面的是其他的欧洲国家，包括荷兰、德国和英国。在这张表的最后是那些贫穷的国家，如突尼斯、秘鲁和印度尼西亚。美国位于中间的位置，挤在匈牙利和捷克共和国之间，远远地落在波兰、斯洛文尼亚和中国台北地区的后面。在数学方面，美国事实上更靠近底部而不是顶部。同样令人失望的结果也表现在读写能力和解题能力的测试上。不光是教育质量比较差，根据 OECD 的数据，和其他 30 个发达国家相比，美国的教育水平排名第十一。

同样令人不安的是 PISA 分数不平等的程度。美国是顶尖学生和底层学生成绩差异最大的国家之一，类似的国家还有巴西、印度尼西亚和墨西哥等。美国的教育系统不仅对普通学生不利，对那些处于不利地位的学生尤为不利。这在很大程度上破坏了我们这个社会所基于的契约精神：无论

表 5　2009 年不同国家及地区的 PISA 分数

	数学	科学
中国上海	600	575
芬兰	541	554
中国香港地区	555	549
新加坡	562	542
日本	529	539
韩国	546	538
新西兰	519	532
加拿大	527	529
爱沙尼亚	512	528
澳大利亚	514	527
荷兰	526	522
列支敦士登	536	520
德国	513	520
中国台北地区	543	520
瑞士	534	517
英国	492	514
斯洛文尼亚	501	512
中国澳门地区	525	511
波兰	495	508
爱尔兰	487	508
比利时	515	507
匈牙利	490	503
美国	487	502
捷克共和国	493	500

	数学	科学
丹麦	503	499
法国	497	498
冰岛	507	496
瑞典	494	495
奥地利	496	494
葡萄牙	487	493
意大利	483	489
西班牙	483	488
俄罗斯	468	478
希腊	466	470
土耳其	445	454
智利	421	447
塞尔维亚	442	443
保加利亚	428	439
罗马尼亚	427	428
乌拉圭	427	427
泰国	419	425
墨西哥	419	416
巴西	386	405
哥伦比亚	381	402
突尼斯	371	401
阿根廷	388	401
印度尼西亚	371	383
秘鲁	365	369

数据来源：PISA。

家庭背景如何，对平等的机会都有着无形的承诺。

对于这些令人担忧的数字的一个普遍反应是假装它们不是很重要。毕竟，美国仍然拥有世界上最好的研究型大学；毕竟，创新最终取决于大学毕业生以及那些拥有硕士或博士学位的人所取得的突破。但是，这个观点是短视的。在一系列的研究文章中，赫克曼论证了美国的高中辍学率可以在很大程度上解释近些年来受过大学教育的员工的增长率放缓。纵观 20 世纪上半叶，每一代人都比自己的上一代人更可能从高中毕业。在 20 世纪 60 年代末期，高中毕业率达到了大约 80% 的峰值。令人难以置信的是，这个值此后开始下降。虽然这种下降的趋势已经被遏制住了，但是今天美国的高中毕业率并没有明显高于 1970 年。当年，美国高中（和大学）的毕业率是世界上最高的。今天，我们已经被其他几十个国家超越了。基本上，就高中而言，在过去的 40 年是一个巨大的失去的机会。赫克曼写道："自 1970 年开始的高中毕业率的下降使得大学入学率及美国劳动力的技能水平增速减缓。为了增加未来劳动力的技能水平，美国需要面对一个庞大而不断增长的辍学问题。"辍学率的上升很可能导致未来更低的生产率和更多的不平等现象。很显然，除非美国大量增加拥有大学学历的高技能劳动力的数量，否则美国人力资本的供给无法满足其需求，我们这个社会的不平等将持续上升。

社会的不平衡不是唯一的问题。对于创新型公司来说，能找到拥有合适技能的员工变得越来越有挑战。美国不仅没有培养出足够多的大学毕业生，同时，我们也没有培养出合适的大学生。一位经济学家指出，在过去的 25 年中，视觉和表演艺术专业的学生已经翻了一番，但是计算机科学、化学工程、微生物学专业的学生数量一直保持平稳或呈现下降趋势。在最近一次和分析师的会议中，3M 公司的 CEO，乔治·伯克利（George Buckley）抱怨道，他需要雇用越来越多的科学家和工程师，但是无法在美国人中找到合适的人选。卡特彼勒（Caterpillar）公司的CEO，道格·奥伯赫尔曼（Doug Oberhelman）表达得更清楚："我们无法找到合格的、按小时付薪的生产工人，比如很多提供服务的技术工程师……美国的教育体系对于培养这些专业人才来说是失败的，我们公司必须对每个我们招聘来的员工进行培训。"他补充道，这很显然伤害了美国高生产率的基础。在最近的一项调查中，47% 的生物制药公司的 CEO 都说，缺乏高技能员工是他们对未来最担心的三件事之一。我从无数硅谷的人力资源经理那里听到过类似的抱怨。考虑到 PISA 的分数，让我们吃惊的是硅谷没有坐落在新加坡或斯洛文尼亚，而是坐落在加利福尼亚。

有两种方法可以增加美国的人力资本。一种方法是显著提高教育质量——特别是高中的数学和科学教育质量——以增加拥有大学学历的美国人的数量。另一种方法就是通过允许技术移民，从海外进口人力资本。这两种方法都会奏效，但是它们涉及不同的财政负担，同时对美国社会的未来有着深远的不同的影响。

外来的发明家

在美国出生的聪明而极具进取心的人的比例和在世界上其他国家出生的比例一样多。但是，在美国工作的聪明而有进取心的人的比例很可能更高。美国一直以来的一个关键优势是有能力吸引有天赋、有雄心的外国人来到这里。这个优势在很大程度上源于美国文化，因为很少有其他国家能在吸引如此多的外国人方面如此开放。但它也有深刻的经济原因。尽管美国在很大程度上相当于放弃了为本土美国人提供合适的教育，但它还是奖励技能。这也是这么多有天赋的移民会来到美国的原因。美国的创新中心对于国外出生的勤劳的企业家和科学家来说是一块磁石，这反映出在美国，优秀的工人——那些通过付出更多努力来争取更好结果的人或者是那些更有创造力及能产生更好想法的人——很可能被认可并获得回报。

在其他国家就并非总是如此。例如，欧洲大陆的工人就面对非常不同的激励。严格的工会制度限制了工资、工作安排和晋升。决策制定等级性很强，晋升经常要靠熬资历。要提拔工人（降级也是）会花费更长的时间。欧洲工人之间的工资差异更小，但是努力和能力获得回报的机会也更少。如果你是一个能力低于平均水平的工人，欧洲会提供更好的保障。然而，如果你是一个极其有天赋的人，美国会为你提供更多：你的事业将会得到更快的发展，你的工资也会更高。美国是工业化国家中教育回报率最高的国家之一。考虑税前工资是这样的情况；同时由于大多数其他国家的税率更高，税后工资就更是如此。很显然，美国的劳动力市场对于最好的和最聪明的人来说是非常有吸引力的。

因此，来到美国的人的技能水平越来越高也就不足为奇了。自 1980 年以来，移民中拥有大学学位和拥有研究生学历（硕士及博士）的人的比例大幅上升。这种趋势在过去的 10 年中加速了，这是因为累积的低技能移民数量减少了，而累积的高技能移民数量在强劲增长。（在经济衰退的 2008~2011 年，由于美国劳动力市场的总体低迷，两组移民的数量都减少了。）今天，一位外来移民拥有硕士或博士学位的可能性要显著高于本土出生的美国人——这一情况经常在我们讨论移民问题时被忽略。同时，外来移民和本土出生的美国人拥有 4 年大学学位的可能性相同。（然而，移民拥有很低教育水平的可能性也更大。因此，移民人口要比本土美国人的极化现象更严重。）

尽管就全国范围而言，高技能移民的比例呈现上涨趋势，但这个趋势在美国不同地区之间差别很大。一些城市吸引了有着研究生学历的高教育水平专业人士，另一些城市则吸引了从未上过学的劳动力。在第一类地区中，外来移民要比本土美国人受过更多的教育，因此他们的到来提升了社区的平均人力资本。在第二类地区，外来移民要比本土美国人受到的教育更少，他们的到来降低了社区的平均人力资本。处于两类地区中间的地区，外来移民和本土美国人有着相似的教育水平。正如对在美国出生的人而言存在三个美国一样，对于移民而言也存在三个美国。

地图 5 来自美国布鲁金斯协会的一项研究，它识别了哪些城市中受过大学教育的外来移民的数量超过高中辍学的移民数量的 25% 以上，哪些城市刚好相反。纽黑文市、明尼阿波利斯市、费城、旧金山、华盛顿和纽约是高技能移民集中的城市的例子。令人惊奇的是，高技能移民集中的城市也包含了一些以前的制造业的中心，如匹兹堡、奥尔巴尼、布法罗和克利夫兰。总的来看，有 44 个城市地区主要吸引高技能的外来移民，30 个城市地区主要吸引低技能的外来移民。吸引低技能外来移民的城市包括了西部和西南部靠近边界的一些城市，如亚利桑那州的菲尼克斯、加州的贝克斯菲尔德、得克萨斯州的埃尔帕索和麦卡伦。这些地方的大多数移民只受过很少的教育或是根本就没受过教育。它们也包括了大平原地区的一些城市，如俄克拉荷马城、奥马哈、塔尔萨和威奇托。在过去 30 年间，这些城市之间的差异逐渐扩大。很明显，即便就移民而言，大分化也正在发生。

这种巨大的地区差异既是造成创新部门地区差异的原因也是结果。创新中心吸引了很多高教育水平的移民是因为能为他们提供工作。同时，通过提高当地的人力资本，高教育水平的移民使得创新中心更有生产力和创造力。2010 年，珍妮弗·亨特（Jennifer Hunt）和马巧莲·克里斯托弗（Marjolaine Gauthier-Loiselle）发表了一项细心的研究，考察了过去 60 年中美国不同州的申请专利数量和技术移民数量之间的关系。他们发现，那些受过大学教育的移民比例增长最快的州也是那些专利数量最多的州。这个效应是非常大的：拥有大学学历的外来移民每上升 1 个百分点，相应

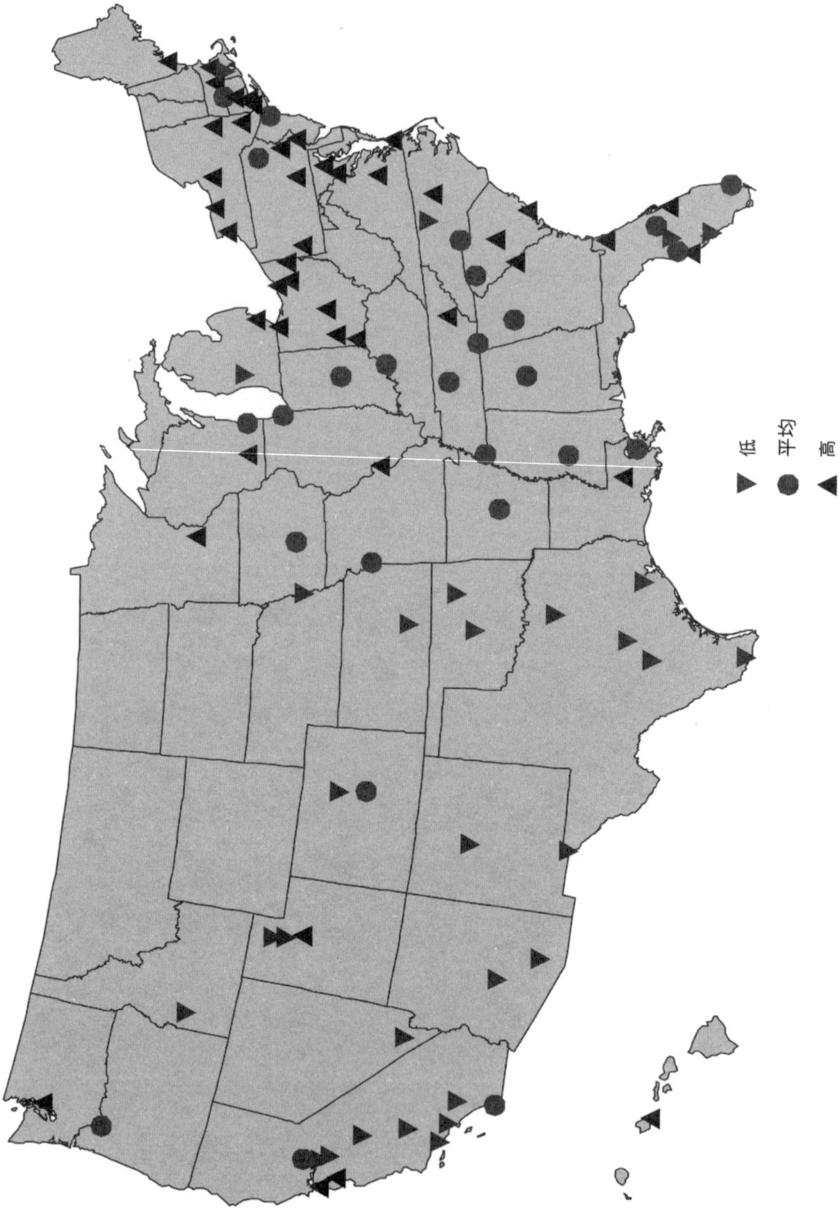

来源：霍尔，辛格，德龙和罗宾客·格雷夫（Hall，Singer，De Jong，and Roempke Graefe），www.brookings.edu。

地图 5　按区域划分的外来移民的教育水平

的专利数量上升 9% 至 18%。这个巨大的影响主要是因为高技能移民对创新的直接贡献要比本地居民大得多，他们申请专利的数量是后者的 2 倍。此外，通过增加当地的人力资本，受过良好教育的移民使得一些州的高技能人口达到了一定规模，这是维持有活力的创新中心并产生知识溢出效应所需的。因此，移民流进一步拉大了过去 30 年来美国社区之间的不断扩大的鸿沟。

一直到最近为止，衡量不同种族对创新的贡献都是很困难的，因为专利机构并不记录此方面的信息。但是在 2011 年，经济学家威廉·克尔（William Kerr）使用种族姓名的数据库——类似于营销人员所用的那些——来衡量到底是哪些种族对美国的科技进步做出了最多贡献。（基本上，如果一个人的姓氏为 Chang，克尔就将他标记为中国人；如果姓氏为 Gupta，就把他标记为印度人。）克尔发现在 20 世纪 90 年代颁发给外来族裔发明者——特别是中国裔和印度裔——的专利比例增长速度惊人。这些由外来族裔发明者发明的专利集中在如电脑和制药等高科技行业，而由本土美国人发明的专利相对更集中在传统的制造业领域。

所有的研究都表明移民对于美国技术进步的贡献在不断上升。我对这些统计数据非常熟悉；多年来，我一直在研究它们。然而，当我真正访问硅谷的高科技公司的时候，我还是为我见到的感到吃惊。任何怀疑移民在美国经济中扮演的角色的人都应该去一家硅谷的高科技公司参观一下，在公司吃一顿午饭，和员工一起聊聊天。在那里，你才会真正意识到有多少美国的创新是由这些外来移民创造的。

工作和签证

20 世纪 90 年代，有超过一百万的苏联移民来到以色列，他们中的大多数是受过高等教育的。鉴于以色列的规模，这使得以色列的人力资本得到了史无前例的提高。虽然苏联移民对制造业的影响令人失望，但是，以色列的高科技部门在生产效率和创新方面经历了巨大的提升。类似的情形也出现在其他接收了许多高技能移民的地方。1997 年 7 月 1 日，英国将香港的主权交还给中国。由于心存顾虑，数千的香港居民——很多都非常富有且受过良好的教育——在主权移交之前搬往了温哥华。尽管在早期有一些不可避免的文化冲击，也不是所有华人都留了下来，但温哥华最终还是在人力资本和金融资本方面从这次移民潮中获益。移民带来了他们的积蓄，温哥华当地经济获得了数亿美元的新投资。由于习惯了香港高密度、高层住宅的居住环境，许多移民选择居住在公寓楼中，这在很大程度上加速了温哥华市中心的复兴。这些变化都帮助温哥华逐渐变成一个文化多元的全球化大都市。

日本的经验则刚好相反。20 世纪 80 年代，日本的高科技公司在全球市场上占据主导地位，但是这些高科技公司在过去 20 年中失去了优势，特别是在软件和互联网相关的领域中。对于这样惊人的逆转有很多解释，但是一个关键因素就是日本公司所能获得的软件工程师的数量要比美国少得多，而这在很大程度上是因为日本的外来移民较少。美国对那些外来的最有才华的软件工程师有很强的吸引力，然而日本的法律、文化和语言障碍阻碍了全球人力资本流入日本，代价就是日本逐渐丧失了其在高科技部门的一些最有活力的领域的领导地位。正如我们之前看到的，一些特殊职业的劳动力市场规模是决定创新部门成功的关键因素。

今天，关于美国移民问题的讨论忽略了一个关键点：给高技能移民颁发签证并不意味着会减少美国公民的工作机会。相反，这可能会为美国公民带来更多的工作机会。现在，外来员工占到美国劳动力市场的 15%，但他们占到美国工程师数量的三分之一以及博士毕业生的一半。如果没有移民，美国将不会像现在这样在科学领域占据主导地位。一方面，美国的诺贝尔奖数量将少很多。在美国工作的外籍科学家获得诺贝尔奖的概率比美国本土科学家的 2 倍还高，他们也更有可能入选美国科学院和工程院。不只是科学奖项和学术头衔如此。对于美国员工来说更重要的是，移民创业的概率要比非移民高将近 30%。自 1990 年以来，移民创业占到所有风投支持的上市公司的四分之一，占销售额在 100 万美元以上的高科技公司的四分之一。史蒂芬·乔布斯(他的父亲是叙利亚人，来到美国攻读博士学位)，杨致远（ Jerry Yang ）(雅虎的联合创始人，他出生在中国台湾地区 ）和谢尔盖 · 布林（ 谷歌的创始人，是在俄罗斯出生的 ）只是移民或者移民的后代创业的几个例子，他们的创业为本土美国人提供了数以千计的新工作。

如此看来，目前关于移民的争论可能存在被误导的趋势。这种争论已经变成那些想要更严格的规则还是更温和的规则的人们之间的意识形态之争。但是，关键的问题不是让多少移民进入美国，而是让什么样的移民进入美国。很可能是低技能移民倾向于压低美国本土低技能员工的工资，从而加剧了不平等——经济学家们还在激烈地争论这样的影响到底有多大。但是，高技能移民的影响更倾向于是积极的，特别是对美国低技能劳动力。

对此有三点理由。第一，高技能移民并不直接与低技能的美国员工竞争。事实上，他们是互补的，这意味着前者的增加很可能提高了后者的生产率。第二，企业倾向于通过更多的投资来应对高技能移民的流入，这些投资进一步提高了低技能员工的生产率。第三，高技能移民在当地产生了重要的溢出效应。一个城市中高技能个体数量的增加有利于当地经济的发展，从而创造更多的当地工作并提高本地员工的工资水平。

原则上，这种效应甚至对高技能的美国人也可能是积极的。显然，高技能移民和高技能的美国人之间形成了竞争，这会降低美国人的工资。但是，其他的两种效应可能会促进美国本土的高技能人才的工资增长。无论如何，高技能移民数量的大幅度增长会在降低工资不平等方面发挥重要作用。总之，限制低技能移民的数量不太可能对本地低技能员工有显著的消极影响，但是，限制高技能移民的数量可能就会有显著的消极影响，特别是对于低技能的美国本土员工。

珍妮弗·亨特最近的研究探究了哪种类型的高技能外来移民最有可能令美国本土员工受益。使用一个受过大学教育的外来移民的详尽的样本，她发现博士后研究人员和研修医师在创新研究和专利方面最为成功，其表现远远超过了美国本土员工。相比之下，那些由于已有家庭成员在美国而来到美国的移民的表现和当地美国人的表现相差不多。

改革移民政策去吸引那些有着学士学位、硕士学位和博士学位的移民是符合美国自身利益的。当前，美国工程类学校的学生中 60% 都是外国学生，但是当这些学生毕业时，他们通常会发现想待在美国是一件非常困难的事。几位高科技公司的人力资源经理和我说过，美国目前的政策限制了公司的发展。一位硅谷的人事经理非常直接地说，她认为美国当前的政策是“非常荒谬的”。政策使得高科技公司在雇用外国员工时要花费大量的成本和时间，即使这些外国员工拥有像斯坦福、麻省理工这样的美国顶级学校的硕士学位并且成绩优异。高技能员工的签证类型是 H1B，但是这种签证的数量远远不能满足高科技公司的需求，而且在正常年份这样的签证名额一经放出很快便会被一抢而空。英特尔公司的一名员工最近告诉我，英特尔公司是全国使用 H1B 签证最多的公司之一，公司经常会雇用一家法律公司，法律公司又会雇用一些助理律师，他们整晚等待在提交申请的联邦大厦前，以便让英特尔公司的签证申请能够被第一批送进去。（但是由于劳动力市场的疲软，2009~2011 年是特例，名额要比签证申请多出很多。）我的一个朋友（很显然她希望匿名）从伯克利获得了 MBA 学位，并在一家顶尖高科技公司获得了一份工作。但是，她不得不和她美国的男朋友结婚才能防止签证延误，从而保住她的工作。我们应该尽一切可能去留住这类人才，然而，我们现在在尽一切可能阻止她留下来。我们吸引全世界顶尖人才的能力是我们的一个关键优势，也是其他文化无法比拟的。但是，它受到了违背我们自己经济利益的移民政策的制约。

美国的选择

20 世纪初期，美国仍然是一个欠发达国家，在历史和文化方面要比欧洲单薄得多。学术上，柏林、巴黎、伦敦和罗马是西方世界的中心。它们觉得纽约和芝加哥顶多算得上是边远省份的小市镇，而美国的其他地方则尚未开化而且不值得留意。然而，也是在这段时间，美国在教育领域确立了其无可争议的全球领导者的地位。不同于其他工业化国家，美国决定基本上普及高中教育；相比之下，欧洲的国家——传统上在各方面都更加精英主义——则拖后了几十年才做到这一点。当欧洲国家开始让所有孩子上学时，也缺乏美国教育的雄心和进取心。

这个充满远见的决策意味着在 20 世纪的大多数时间里，美国在人力资本的投资方面都处于世界领先地位。在最近的一本书中，哈佛大学的戈尔丁（Goldin）和卡茨（Katz）教授称 20 世纪是“人力资本世纪”。美国员工的受教育程度要比世界上其他国家高很多，这使美国的员工是世界上生产力最高、最具创造力和创业精神的员工。戈尔丁和卡茨指出，人力资本世纪属于美国并不是偶然。美国势不可当地从世界边缘的一个原始地区崛起为全球经济强国，这与美国劳动力的卓越技能密切相关。20 世纪的大多数时间里，美国都是教育领域的全球领导者。美国的经济主导地位在很大程度上来源于它在教育方面的主导地位。但是在过去的 30 年中，美国已经放弃了其激进的教育扩张政策。尽管现在美国的研究机构和研究生院校仍然是世界上最好的，但是，美国的小学和中学教育已经落后于许多欧洲国家和一大批发展中国家。大学的毕业率也减缓了。

如果说人力资本是20世纪经济繁荣的关键，那它在21世纪就更加重要了。在未来的几十年里，成功的社会将是那些能够吸引并培养最有创造力的员工和企业家的社会。美国需要选择如何增加其人力资本使其在这个新经济中保持竞争力。有两种方法可以为美国创新企业提供它们所需要的受过良好教育的员工，同时又能减少高技能员工和低技能员工之间的经济差距。

第一种方法是大幅度改革移民政策，使其有利于那些有着大学和研究生学历的外来员工。这样的政策已经在加拿大和澳大利亚推行了，它将会增加美国的人力资本，而对美国的纳税人没什么影响。允许一个印度工程师移民到美国，而不是培养出一位美国工程师，这意味着美国公司可以直接利用印度工程师的技能，而无须让美国纳税人为他的教育花钱。本质上，美国免费获得了人力资本，相当于是印度的馈赠。第二种方法是通过为美国人提供教育来提高美国的人力资本。这在短期内会花费很多纳税人的钱，因为这涉及改造高中教育和大幅扩张高等教育。但它也意味着巨大的长期回报，因为这可以长期让更多的美国人受到更好的教育，并因此获得一份好的工作。什么也不做当然也是一种选择，但这是最糟糕的一种方式。这意味着，美国将失去在创新方面的优势。更糟糕的是，这样会使得我们国家的发展陷入停滞甚至是不可逆转的衰退。

在教育和移民之间的选择不是无关紧要的。对于谷歌公司来说，工程师拿的是美国护照还是印度护照并不重要，重要的是它能挑选最好和最聪明的工程师。但是，对于美国工人来说这是非常关键的。这就意味着，很多高科技工作机会的好处并没有使美国人受益，而使印度人受益。美国将会为那些受过良好教育的外国人提供创新型的工作，而本土的美国人只能从事那些“乘数效应”创造出来的服务性工作。如今的世界，苹果手机是由在库比蒂诺的中国和印度的博士们设计的，而本土的美国人则是为他们提供服务的服务生、木匠和护士。美国关于教育的决策是这个国家今天面临的最重要的战略性决策。

本地化的全球经济

伟大的城市学者简·雅各布斯在50年前意识到，社区——就像自然生态系统一样——不是静态的，而是持续演化的创造性的共享空间，取决于社区居民的创造性，它可能繁荣也可能衰落。它们是人类的生态系统。这个生态系统不断被破坏和再生的过程是最终推动创新的动力。创新会使得一些活动和职业过时，同时产生新的工作。创新的火花会不断地创造出简·雅各布斯所称的“新工作”。她是在20世纪60年代和70年代写下这些话的，所以她的创新的例子已经过时了。但是，她那关于“什么给一个社会带来活力和繁荣”的观点在今天仍然非常适用：当人们在丰富的城市环境中相互交流，以及当他们的想法无意间碰撞产生出之前没有的想法的时候，创新便产生了。

我们生活在一个充满矛盾的世界里。这使它很多时候难以理解，但是，这也使它无比迷人。一个最有趣的悖论就是我们的全球经济正在变得越来越区域化。尽管有各种各样连接性加强和距离已死的炒作，我们在哪里生活和工作却要比以往任何时候都更重要。我们最好的创意仍然反映了我们遇到的人和我们周边的环境所带来的日常的、不经意的刺激。我们绝大多数重要的交流仍然是面对面的，我们学到的大多数有价值的东西都源于我们认识的人而不是维基百科。世界上大多数的电话、网络流量和投资仍然是本地化的。远程办公仍然非常少。视频会议、电子邮件和Skype通信并没有削弱创新人才近距离交流的需求。事实上，面对面的交流变得比以往更加重要了。在商品和信息能够以越来越快的速度到达全球任何一个角落的同时，我们正在见证一种逆向的引力将我们拉向一些重要的城市中心。全球化和本地化就像一枚硬币的两面。当地社区作为经济成功的秘诀，比以往更加重要。就像亚尼夫・本赛顿（Yaniv Bensadon）——一位以色列的企业家，他最近将他的企业搬到了硅谷——所说的："没错，很多事情无论你身在何处都可以在网络上完成，但是归根结底，这仍是关于人与人之间的事情。"

21世纪的两个主要的趋势——日益增长的全球化和日益增长的地区化——正在重塑我们的工作环境以及我们的社区的方方面面。它们也重新定义了美国在世界上扮演的角色。虽然我们不再是产品制造的主导者，但是，我们正在努力维持我们作为知识和新创意的主要生产者的角色。为了成功，我们需要恢复美国的团结并重新定位我们的优先事项。最重要的是，我们必须决定在未来我们想要一个什么样的美国——一个教育水平不断提高、生产率不断提高和有着务实的乐观主义的美国，还是一个技能不断恶化、视野变得狭隘、陷于悲观主义的美国。我们现在正处在一个能够决定美国未来几十年走向的关键的、历史性的十字路口。虽然我们面临严峻的挑战，但是，我们仍有其他国家无法比拟的优势。我们国家吸引和欢迎世界各地最具创造性的个体的独一无二的能力、工作场所的活力及创新中心的实力，给了美国在新的全球经济中一个非常好的开始。保持这个优势是我们的责任。

致谢

很多人认为学术圈中严肃的经济学家们不应该去写书，而应该去写技术性很强的学术论文。的确，在过去的 15 年中，撰写那样的学术论文是我的主要工作。与其他一些学科不同，经济学这个领域不怎么看重为大众撰写通俗读物。这自然是有很多原因的。但是，在劳动和城市经济学的交叉领域做了 15 年的研究之后，我越来越渴望能够有更多的读者，而不仅是那些阅读我的论文的学者。和马修 · 卡恩的一次重要的谈话以及为期 1 年的学术假期最终促使我开始这项酝酿了数年的计划。撰写这本书的过程是令人欣喜的。有点像是奇遇一样，花 1 年的时间系统地思考本书中的问题让我产生出很多新的研究想法，我现在又迫不及待地要开始写论文了。

撰写此书如此有趣的原因之一是它给了我与很多人交谈的机会，他们影响了我的想法。本书的大部分内容撰写于我在斯坦福经济系和斯坦福经济政策研究所的学术假期期间。我非常感谢约翰 · 沙文（John Shoven）的热情款待以及花费时间帮我联系到硅谷一些出色的创新者。很多朋友和同事提供了出色的建议。特别是，谢长泰（Chang-Tai Hsieh）、保罗·敖叶尔（Paul Oyer）、帕特 · 克莱恩、吉奥瓦尼 · 佩里（Giovanni Peri）、杰西 · 罗森斯坦（Jesse Rothstein）、艾利克斯 · 马斯（Alex Mas）、迈克尔·雅尼（Michael Yarne）和威利姆·弗洛（Willem Vroeh）阅读了早期的书稿（或部分初稿），而且非常慷慨地给出了富有洞见的评论和建设性的批评。布鲁斯·马恩（Bruce Mann）和迈特·沃宁（Matt Warning）非常好心地为我提供了关于西雅图历史的信息。在写作本书的整个过程中，我在与尼克·布鲁姆、爱德华·格莱泽、雅克·拉沃里（Jacques Lawarree）、杰拉尔德·奥特乐（Gerald Autler）、马克·巴步新（Marc Babsin）、本·冯·扎斯特罗、马可·塔尔其尼（Marco Tarchini）、泰德·米谷尔（Ted Miguel）、安东尼奥·莫雷迪（Antonio Moretti）和吉亚科莫·德·吉奥尔吉（Giacomo De Giorgi）的交谈中受益良多。两名异常聪明、有好奇心并且工作努力的伯克利大学的学生亚历克斯·沃林斯基（Alex Wolinsky）和乔伊斯·刘（Joyce Liu）提供了非常出色的助理工作并且帮助我改进了文稿。娴熟的制图员麦克·韦伯斯特（Mike Webster）制作了第三章中的地图。

我的代理商佐伊·帕格那门塔（Zoë Pagnamenta）在寻找出版商的过程中提供了专业的指引。我最终选择霍顿·米夫林·哈考特出版社的原因之一是阿曼达·库克（Amanda Cook），人们告诉我她是这个领域最优秀的编辑之一。她没有让我失望。她的反馈给了我书稿细节和全局方面的建议，帮我改进了文稿并更好地呈现了文中的概念。我的文稿编辑丽兹·杜瓦尔（Liz Duvall）通过两轮仔细的编辑和很多建议进一步改进了文稿。

我要尤其感谢伊拉里亚（Ilaria）。她以一种超乎寻常的乐观精神，总是支持我尝试新鲜事物的想法。即便是在我异常悲观并导致推迟和延误本书写作的时候，也是如此。她一直以来都是正确的。

注释

页码 引言

3 1969 年，大卫·布里德洛夫（David Breedlove）还是一位年轻的工程师：与大卫·布里德洛夫的儿子马克·布里德洛夫（Mark Breedlove）私下交谈得知。

9 深圳的人口在同一时期增长了：根据深圳市政府的官方网站，1979 年深圳市人口为 3 万人，2010 年达到了 1036 万人。

11 这从根本上解释了为什么：克雷默（Kraemer）、林登（Linden）和戴德里克（Dedrick），"在全球网络中捕捉价值"。

12 大约有三分之一的美国人：我的计算是基于美国人口普查局的县级商业模式数据。

14 "新经济给公司和工人"：阿特金森（Atkinson）和戈特利布（Gottlieb），"大都会新经济指数"，2001 年。

第一章　美国铁锈

19 美国铁锈：《美国铁锈》是菲利普·迈耶（Philipp Meyer）写的一本小说的标题。

24 图 1：分析使用的数据来自美国人口调查局的县级商业模式数据。

24 20 个部门中将有 19 个：美国劳工统计局，"2018 年的工业产出和就业预测"。

25 "美国不能再生产足够多的东西"：雅各比（Jacoby），"美国制造"。

27 "二战"后的 10 年里：格莱泽（Glaeser），《城市的胜利》。

28 “人们认为在中国生产的优势是成本低廉”：法洛斯（Fallows），“中国制造，世界使用”。

29 一项重要的新研究：奥特尔（Autor）、多恩（Dorn）和汉森（Hanson），“中国综合征”。

29 尼古拉斯·布鲁姆（Nicholas Bloom）、米尔科·德拉卡（Mirko Draca）和约翰·范·里宁（John Van Reenen）最近的研究：布鲁姆、德拉卡和范·里宁，“贸易引发了技术变革？”。

30 “似乎市镇上每个28岁的青年人”：卡丽·雅各布斯（Karrie Jacobs），“布鲁克林制造”，《都市》，2010年6月。

31 “他们大多数人的年龄在30岁以下”：同上。

33 芝加哥大学的两位经济学家：布罗达（Broda）和罗马利斯（Romalis），“价格差异上升的福利含义”。

34 经济学家埃梅克·巴斯克（Emek Basker）：巴斯克，“以更便宜的价格出售捕鼠器”。

36 看看图2展示的……就业变化情况：分析使用的数据来自美国人口调查局的县级商业模式数据。

38 “每个美国人都听说过戴尔”：法洛斯，“中国制造，世界使用”。

39 出现了中空现象：奥特尔，“美国劳动力市场就业机会的极化”。

39 奥特尔和他的两位同事在2003年一篇颇具影响力的文章中指出：奥特尔、利维（Levy）和默南（Murnane），“近期技术变革的技能内容”。

40 奥特尔研究了……就业岗位的变化：奥特尔，“美国劳动力市场就业机会的极化”。

第二章 智能劳动：微芯片、电影和乘数效应

47 全球专利数量：《世界知识产权指标》，世界知识产权组织，2010年。

47 美国2010年最大的专利生产商：数据来自作者对美国专利商标局数据的分析。

48 “错误地相信”：格罗夫（Grove），“美国如何创造就业”。

48 如图3所示：作者的分析基于美国人口普查局的县商业模式数据。

51 最近的一项研究估计：汉恩（Hann）、维斯瓦纳坦（Viswanathan）和科赫（Koh），“脸书应用经济”。

51 经济学家米歇尔·亚历克索普洛斯（Michelle Alexopoulos）……精心整理：阿历斯波尔（Alexopoulos），“阅读一切！！”。

51 同样，全球管理咨询公司麦肯锡（McKinsey）：马尼卡（Manyika）和罗克斯堡（Roxburgh），“伟大的变化”。

51　增长了 300%：根据美国劳工统计局的数据，“该行业的工人从事经济中大量的——但并非全部的——科学研究和研发工作。……制药、化工、汽车和航天产品等多个行业的公司进行的大部分研发都是在科学研究和开发服务行业内进行的，因为许多公司拥有独立于生产工厂和其他具有这些行业特色的机构的实验室及其他研发设施”。源自劳动统计局，“工业职业指南，2010~2011 年版”。

51　美国劳工统计局将生物医学工程师：美国劳工统计局，“2018 年职业就业预测”。

51　最近的一项研究表明：巴拉苏不拉马连（Balasubramanian）和西瓦达桑（Sivadasan），“当公司申请专利时会发生什么？”。

52　“数以万计的就业机会”：卡尔维（Calvey），“湾区初创公司资金短缺，信誉良好”。

55　这个行业每年的收入：“美国瑜伽”，《瑜伽杂志》，2008 年 2 月。

55　成千上万的人：美国劳工统计局，《职业前景手册》，2010~2011 年。

57　只占有一小部分就业岗位：并非所有的可贸易工作都相似。贸易部门的工人生产率越高、收入越高，那么城市就可以支持规模越大的非贸易部门。数据显示，在美国，一个城市的贸易部门工作岗位越多、收入越高，它的非贸易工作岗位也会越多。

57　根据……的分析，我的研究表明：莫雷迪（Moretti），“局部乘数效应”，以及作者的后续分析。

58　我的分析表明：同上。

58　“如果你有一家汽车装配厂”：韦塞尔（Wessel），“工厂车间在创造就业机会方面存在上限”。

59　根据一份公司报告：艾彻（Eicher），“微软的经济影响研究”。

62　一项对法国互联网行业的分析：佩莱西埃·劳萨斯（Pélissié du Rausas）等，“互联网很重要”。

“科技业内人士认为”：赫尔夫特（Helft），“在硅谷，为工程师而收购公司”。

64　美国对中国的出口增长了：巴尔博扎（Barboza），“随着中国的发展，它对美国制造产品的需求也不断增长”。

65　让我们以……甲骨文（Oracle）为例：韦塞尔，“美国大企业转向海外招聘”。

66　“每年赚 1000 美元”：法洛斯，“中国制造，世界使用”。

66　印度即将获得……的认证：更确切地说，当时印度正努力使其完全符合经合组织药物非临床研究质量管理规范 (GLP) 工作组确立的一套实验室实验规则。2011 年 3 月 3 日，印度成为经合组织药物非临床研究质量管理规范工作组的正式成员，并承担全部义务。这意味着在印度，GLP 认证实验室进行的临床前测试中产生的安全数据现在被所有经合组织成员国接受，包括整个欧洲、美国和日本，以及南非和新加坡等非成员国。这将包括对药品、工业化学品、食品和饲料添加剂及可能来源于合成或生物的农用化学品进行测试。

66　一系列研究：科伯恩（Cockburn）和斯劳特（Slaughter），“生物制药知识活动的全球定位”；汉森、马塔洛尼（Mataloni）和斯劳特，“海外扩张和美国跨国公司的国内业务”。

67 “离岸外包似乎有助于”：国家工程学院，《工程外包》。

67 经济学家纳塔拉詹·巴拉苏不拉马连和加格蒂什·西瓦达桑：巴拉苏不拉马连和西瓦达桑，“当公司申请专利时会发生什么？”。

67 伦敦经济学院教授：范·里宁，“租金的产生和获取”。

67 创新带来的经济租金：工人获得创新活动带来的部分经济租金这一事实是有道理的。毕竟，创新中最重要的因素不是物质资本，而是人力资本。当企业投资研发时，它们的大部分支出都用于研发人员的工资。虽然实验室和机器很重要，但工人是一个更重要的成分。因为创新工作与其他工作不同，它们涉及创造力和独创性，所以工人占据了非常多创新所产生的经济租金。使用标准薪酬方案很难激发创造力。因为创造力和创新需要工人更多的个人参与，而不是标准化的、创造性较低的工作，工人和雇主之间的租金分享是公司促使其员工更加努力工作的一种方式。

第三章 大分化

74 “绝望之城”：“绝望之城”，《经济学家》，1971 年 5 月 22 日，第 57~58 页。

74 在微软搬迁之前……劳动力市场：这些数据是根据我的计算得出的，使用的数据来自人口普查和美国社区调查。受过大学教育的工作者包括那些有研究生学位的人。

77 据估计，仅微软的老员工：泰斯（Tice），“极端分子”。

77 据我估计，微软为：计算结果是基于莫雷迪的文章“本地乘数”中的估算。

79 地图 1 显示了：我是基于美国专利商标局的数据做的分析。

79 生产最多专利的州：这些计算基于美国专利和商标局 2010 年 12 月“按国家、州和年份所有专利类型分列的延长年限专利”的数据。亨特（Hunt）和高塞耶 – 洛伊塞尔（Gauthier-Loiselle）在文件中指出，在 1929 年到 1989 年，各州专利申请趋于收敛，但在 1990 年开始出现了发散。详细见亨特和高塞耶 – 洛伊塞尔的“移民在多大程度上促进了创新？”。

81 硅谷占所有风险资本投资的三分之一以上：数据来自普华永道的“金钱树报告”。其中最早的一年是 1995 年。

81 尽管它们的地理位置并不是特别近：埃切弗里 – 卡罗尔（Echeverri-Carroll），“经济增长与硅谷的联系”。

84 利用普查局收集的数据：我报告了根据来自美国综合公共微观数据系列（Ipums USA）的 2006 年、2007 年和 2008 年美国社区调查计算的每年或每小时劳动收入（税前）的加权平均值。为了最大程度提高我的估计的精确性，我在按职业划分的收入分析中只分析了在相关职业中至少有 100 个观察结果的城市。例如，对于律师，我只考虑美国社区调查报告中至少有 100 个律师收入数据的城市。就工业生产管理人员而言，我在分析城市中包括了相关职业中至少有 20 个观察结果的城市，因为有 100 个有效观察样本的城市太少。

86 地图 2 显示了地区之间的差异：我的分析基于美国社区调查和美国人口普查局的数据。

86 表 1 显示：表 1 和表 2 是我根据美国人口普查局 2006 ~2008 年美国社区调查的数据计算得出的。该样本包括所有年龄在 25 至 59 岁、在所有相关年份中都确定居住在大都市地区（工作人口超过 20 万），并且关于教育和收入的信息都没有缺失的所有工人。收入的定义是税前劳动年收入。显示的结果是加权平均后的结果，其中权重是美国社区调查提供的相关“人员权重”。

92 图 4 显示了：我的分析基于美国社区调查和美国人口普查局的数据。所有大都市地区都包括在内。

93 这种关系适用于所有行业：莫雷迪，“评估高等教育的社会回报”“工人的教育、溢出效应和生产力”。

94 在 1988 年发表的一篇著名文章中：卢卡斯（Lucas），“关于经济发展的机制”。

94 我在 2004 年发表的一项研究中：莫雷迪，“评估高等教育的社会回报”。

94 经济学家杰弗里・林（Jeffrey Lin）：杰弗里・林，“技术适应、城市和新工作”。

95 地图 3 显示了：我的分析数据基于人口普查、美国社区调查和美国人口普查局。

96 图 5 是一种通过视觉方式展现大分化的方式：我的计算是基于美国人口普查局于 1980 年、1990 年和 2000 年的人口普查，以及 2006 年、2007 年和 2008 年美国社区调查的微观数据。这些数据包含了 25~60 岁的工人。这一估计是基于具体年份定义的前 10 名和后 10 名大都会区。因此，每年处于顶层和底层的都市区域都有所不同。因此，图中的趋势应被解释为横截面维度上个体不平等的变化。或者，我们可以根据 1980 年大学毕业生所占比例（1980 年大学所占比例最高和最低的 10 个城市）来定义大学所占比例最高和最低的群体。在这种情况下，每一组城市的分类是固定不变的。由此得到的图形和之前是类似的，如下所示：

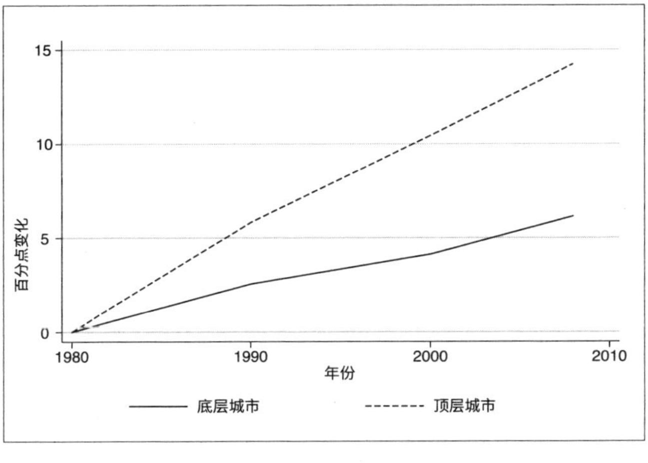

图 12　1980 年以来大学毕业生的增长变化（基于 1980 年的大学份额）

96 证据表明，如今美国城市的：格莱泽和维戈（Vigdor），“种族隔离的终结”。

98 的确，图 6 显示了：与之前的图一样，这个图是基于我使用 1980 年、1990 年和 2000 年人口普查，以及 2006 年、2007 年和 2008 年美国社区调查的微观数据的计算，这些微观数据均来自美国人口普查局。数据包括 25~60 岁的工人。与之前一样，这些估计是基于特定年份定义的前 10 名和最后 10 名大都市区（换言之，该图显示了横截面不平等的变化）。因此，在顶部和底部组的大都市区在每年均发生了变化。如果根据 1980 年的大学毕业生份额（1980 年大学份额最多和最少的 10 个城市）来定义顶部和底部群体，得到的图非常相似，如下图所示：

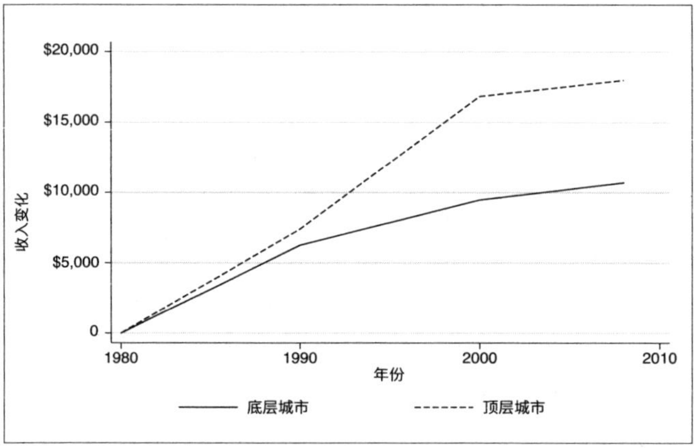

图 13　1980 年以来高校毕业生收入的增长（基于 1980 年的大学份额）

100 地图 4 显示了……差异：我的分析基于华盛顿大学卫生计量和评价研究所的数据。

102 这种预期寿命的地理不平等程度：库尔卡尼（Kulkarni）、拉文 – 雷克托（Levin-Rector）、埃扎蒂（Ezzati）和莫里（Murray），“落伍”。

102 美国地区间预期寿命不平等的加剧：我的计算是基于华盛顿大学卫生计量和评价研究所统计的美国 3147 个县的男女预期寿命数据。对于那些显示教育和收入差异的图形，其中的估计是基于具体年度的前 10 名和最后 10 名的县。因此，上下两个组内的县在不同年份是变化的。

104 经济学家、前空军军官：卡雷尔（Carrell）、霍克斯特拉（Hoekstra）和韦斯特（West），“穷人的健康有传染性吗？”。

104 耶鲁大学经济学家杰森·弗莱彻（Jason Fletcher）：弗莱彻，“社会交往和吸烟”。

105 “搬向机遇”（Moving to Opportunity）计划：路德维希（Ludwig）等，“社区、肥胖和糖尿

病——一项随机社会实验”。

106 根据美国 800 万已婚成年人的数据：数据来自美国社区调查，包括所有 18~70 岁的已婚人士。

106 图 8 显示了……增长情况：我的分析基于美国人口普查局人口普查和美国社区调查的数据。

107 在 2008 年总统大选中：本节的所有数据都是基于我对投票数据的分析。数据是我在论文《投票技术影响选举结果吗？》和《2008 年总统大选中的种族偏向》中所使用的数据。

108 在 2004 年发表的……研究中：米利根（Milligan）、莫雷迪和奥列奥普洛斯（Oreopoulos），“教育提高了公民身份吗？”。

108 “稳定和民主的社会”：弗里德曼（Friedman），《资本主义和自由》。

108 图 9 显示了……选民参与率的变化：我的分析基于戴夫·莱普（Dave Leip）的“美国总统选举地图集”和美国有线电视新闻网的数据。

110 美国哪个城市的人均慈善机构最多：我的计算是基于非营利性的慈善机构在美国国税局收入统计资料档案中长表的数据。这些数据是在卡德、哈洛克和莫雷迪的著作《慈善的地理布局》中使用的数据。

110 社区之间的差距：在今天，人均非营利组织数量最高（或人均捐款最高）的十个城市和非营利组织数量最低（或人均捐款最低）的十个城市之间在捐款方面的差异比 1990 年大很多。

第四章　吸引力

118 “寻找（资金和）”：霍格（Hoge），“帮助公司解决了成长的问题”。

118 “我知道我想做”：塔姆（Tam），“科技公司把目光投向其他地区雇用新员工”。

120 “事情发展的速度”：凯恩（Kane），“海外初创公司搬进来”。

120 例如，研究表明：鲍姆加德纳（Baumgardner），“医生服务和跨地区市场的劳动分工”。

121 不妨想想脸书的历史：在最近的一次采访中，扎克伯格批评了硅谷文化中他不喜欢的几个方面，但承认“如果我留在波士顿，脸书就不会成功”。——2011 年 10 月 29 日，扎克伯格在 Y Combinator 创业学校接受的采访。

121 劳动力市场的规模：惠勒（Wheeler），“本地市场规模和年轻人换工作的模式”；布利克利（Bleakley）和林，“厚市场效应和劳动力市场的搅动”。

123 在最近一项关于家庭结构变化的研究中：科斯塔（Costa）和卡恩（Kahn），“高学历夫妻”。

126 “爱立信在那里有 1200 多名员工”：克拉克（Clark），“海外科技公司增加了在硅谷的招聘”。

127 一项研究发现：索伦森（Sorenson）和斯图尔特（Stuart），“联合网络与风险投资的空间分布”。

128 “更靠近”：德乐（Delo），“当租车车队停在你的车道上时”。

128 “很难获得资金”：盖利斯（Gelles），“所有的道路都通向硅谷”。

128 “很多的支持”：访谈，“风险投资家角色的转变”，《市场》，国家公共广播电台（NPR），2011 年 1 月 18 日。

129 “接近行动”：基萨克（Kissack），“电动汽车公司获取硅谷的资金”。

130 “知识的流动是看不见的”：引用了贾菲（Jaffe）、特拉滕伯格（Trajtenberg）和亨德森的“专利引用证明知识溢出地理上的本土化”。

130 1993 年，三位经济学家：同上。

131 如果不包括来自同一家公司的引用：汤普森（Thompson），“专利引用和知识溢出的地理分布”。

131 “板球越来越多地渗透到”：洛尔（Lohr），“科技和交通塑造的硅谷”。

131 引用量最高：贝伦松（Belenzon）和尚克曼（Schankerman），“传播消息”。

131 地理距离似乎也阻碍了：亚当斯（Adams）和贾菲，“限制研发的影响”。

132 皮埃尔·阿祖雷（Pierre Azoulay）、约书亚·格拉夫·齐文（Joshua Graff Zivin）和王嘉兰（Jialan Wang）：阿祖雷、格拉夫·齐文和王，“超级明星灭绝”。

132 哈佛医学院的一个医生团队：李（Lee）、布朗斯坦（Brownstein）、米尔斯（Mills）和科汉（Kohane），“相同的地点是否能说明合作的影响？”。

134 其目标是……进行“激进的合作”：这个定义来自 Hub SoMa 的网站，这是一个社会企业，是 Chronicle Building 项目的一部分。

137 1993 年，城市规划师安·马库森（Ann Markusen）：马库森、霍尔（Hall）、坎贝尔（Campbell）和德特里克（Deitrick），《枪支带的崛起》，第 187~189 页。

138 普林斯顿大学经济学家艾伦·布林德（Alan Blinder）：格罗夫在“美国如何创造就业机会”中引用。

139 经济学家史蒂文·克莱珀（Steven Klepper）指出：克莱珀，“产业集群的起源和增长”。

140 “打开电视”：林赛·里德尔（Lindsay Riddell），“‘反增长’公司为明星拍摄”，《旧金山商业时报》，2011 年 7 月 1 日。

141 房屋空置……非常普遍：马蒂奥利（Mattioli），“柯达衰落，罗彻斯特开发其他业务”。

第五章　流动的不平等和生活成本

145　在 2006 年发表的一项研究中：马纳科尔达（Manacorda）和莫雷迪，“为什么大多数意大利年轻人与父母同住？”。

145　“数百万的人”：费里（Ferrie）引用，“内部移民”。

146　“促进了……开采利用”：同上。

146　大约 33% 的美国人：微观数据，2000 年人口普查。

148　利用涵盖数百万个人历史行为信息的经济普查数据：沃兹尼亚克（Wozniak），“大学毕业生对远距离劳动力市场机会的反应是否更加积极？”。

148　在英国：格雷格（Gregg）、梅钦（Machin）和曼宁（Manning），“流动性和失业”。

148　当欧洲居民被问及：梅钦、佩尔坎恩（Pelkonen）和萨尔瓦内斯（Salvanes），“教育与流动”。

149　图 10 显示了……差异：来自美国劳工统计局的数据，数据是基于 25 岁及以上的个人。

151　值得注意的是，这项政策也会帮助到：在经济术语中，这里的市场失灵首先是指导致失业的工作搜寻过程中的摩擦。

153　“空间错配”：凯恩（Kain），“住房隔离，黑人就业和大都市分权”。

153　密歇根大学的经济学家团队：邦德（Bound）、格伦（Groen）、凯兹迪（Kezdi）和特纳（Turner），“大学培训中的交易”。

154　诺里尔斯克市：马拉比（Mallaby），《比上帝更多钱》。

156　一项研究发现，一个地区污染水平下降：西格（Sieg）、史密斯（Smith）、班茨哈夫（Banzhaf）和沃尔什（Walsh），“按空间划分的公共物品的大变化的一般均衡效益评估”。

156　为了制作这个表格，我使用了：数据和方法在我的论文“实际工资不平等”中有详细介绍。

159　然而，这并不是故事的全部：我在“当地劳动力市场”中深入探讨了这些主题。

160　当经济学家们用这种方式衡量不平等时：参见，克鲁格（Krueger）、佩里（Perri）、皮斯塔费里（Pistaferr）和维奥兰特（Violante），“宏观经济学家的截面事实”。

160　在最近的研究中，我发现：莫雷迪，“实际工资不平等”。

160　因此……生活水平差异很大：你可能会想，“这些大学毕业生可能会支付高额抵押贷款和租金，但至少他们住在大城市。较高的生活成本可能仅仅是这些城市更好设施的反映”。我的研究表明，对城市生活突然的热爱并没有推动大学毕业生迁移到昂贵的沿海城市。虽然城市生活肯定比 20 世纪 80 年代更好，但这是结果而不是起因。大学毕业生搬到昂贵的城市地区的主要原因更多的是与工作有关。大学毕业生的工作，特别是金融和高科技的工作，在昂贵的沿海城市增加了更多，使得毕业生进入这些城市。大学毕业生付出了高昂的代价住在旧金山和波士顿等地，是因为他们的工作就在那里，而不是因为他们从 1980 年开始比高中毕业生更加喜欢旧金山和波士顿。

163 在最新的一系列研究中：格莱泽和沃德（Ward），“土地使用管制的原因和后果”；格莱泽和托比奥（Tobio），“阳光地带的崛起”；格莱泽、乔克（Gyourko）和萨克斯（Saks），“为什么曼哈顿如此昂贵？”。

第六章　贫困陷阱与性感城市

167 紧接着，许多私人生物技术实验室：鲍威尔（Powell）、惠廷顿（Whittington）和帕卡伦（Packalen），“组织和制度的起源”。

168 “发现伟大的科学”：Leuty，“旧金山生命科学中心吸引了东海岸的风投公司”。

168 “托里针叶松路”：鲍威尔、惠廷顿和帕卡伦，“组织和制度的起源”，第 4~5 页。

168 “公众骚动”：同上。

169 那是不是因为：朱克（Zucker）、达比（Darby）和布鲁尔（Brewer），“智力人力资本和美国生物技术企业的诞生”。

169 生物技术出现时：同上；鲍威尔、惠廷顿和帕卡伦，“组织和制度的起源”。特别是，鲍威尔、惠廷顿和帕卡伦认为，许多潜在的集群，每个都有充裕的禀赋，本可以演变为重要的集群，但它们都没有：“纽约大都市区和新泽西中部都是一流大学的所在地，有许多资金雄厚的金融机构，以及众多大型的跨国制药公司……费城大都市区有宾夕法尼亚大学（the University of Pennsylvania）、威斯达研究所（the Wistar Institute）、美国追狐癌症中心（the Fox Chase Cancer Center）、费城儿童医院（the Children's Hospital of Philadelphia），所有重要的公共研究机构，以及一些主要的制药公司……在洛杉矶，成立于 1980 年的安进公司是最早也是最成功的生物科技公司之一，加利福尼亚理工学院（CalTech）和加州大学洛杉矶分校拥有丰富的科学资源，但在那里却没有形成一个集群。得克萨斯州的休斯敦拥有金融财富、几所医学院和大学，还有一个开创性的研究医院……乔治亚州的亚特兰大有疾病控制中心（the Centers for Disease Control）、埃默里大学（Emory）和乔治亚理工大学（Georgia Tech）等研究型大学……俄亥俄州的克利夫兰是风险投资的早期发源地，克利夫兰诊所是全国首屈一指的研究型医院之一。以上城市如今在生物技术方面都没有重大的进展。”（第 4~5 页）

169 在一篇引人入胜、如今已成经典的文章：朱克、达比和布鲁尔，“智力人力资本和美国生物技术企业的诞生”；朱克等，“解除绑缚的密涅瓦”；朱克、达比和阿姆斯特朗（Armstrong），“知识商业化”；朱克和达比，“经由日本明星科学家捕捉技术机会”；朱克、达比和阿姆斯特朗，“地理学上的本地化知识”；朱克和达比，“出现在生物技术革命中”。

170 经济发展的吸引力：在最近的研究中，朱克和达比表示，今天的美国拥有世界上超过一半的生物技术明星。更有趣的是这些数字是如何随着时间变化的。美国在研究型大学上拥有强大的领先地位，是世界上明星科学家的首要产地，尽管并非所有的明星都决定留下来。然而，从净增数据来看，明星们有明显的向美国集中的趋势。最近，明星们从瑞士、英国和加拿大等国来到美国。这很可能反映了以下事实，即瑞士各州新的限制对生物技术并不友好，英国已经系统地减少了对大学的资助，美国劳动力市场对高技能人才的吸引力仍比加拿大要大。总的来说，美国已经取得了正的净收益，并因此提高了在生物技术领域的领先地位。在大多数高技术产业中，明星对创新集群位置的重要性是显而易见的，其中影响最大的是制药、生物技术和计算、信息技术（IT），纳米技术的影响较小，而半导体行业则是最小的。参见朱克和达比，“明星科学家和工程师的迁移与高科技公司的进入”。

171 1913 年，也就是第一次世界大战爆发的前一年：所有的数据都来自斯科特，“好莱坞电影产业的起源与发展”。

172 2006 年，加州大学洛杉矶分校的地理学家艾伦·斯科特（Allen Scott）给出了：同上。

176 “西雅图是……故乡”：理查德·佛罗里达（Richard Florida），《创意阶层的崛起》，第 206 页。

176 “艺术已经成为”：雅各布斯（Jacobs），“布鲁克林制造”。

179 根据一项研究：参见“酷的代价”，《经济学家》，2011 年 9 月 17 日。

179 “我们的位置帮助我们”：乔恩·施瓦茨（Jon Swartz），“旧金山的魅力吸引着高技术工人”，《今日美国》，2010 年 12 月 6 日。

179 “我们能够吸引到”：同上。

180 “我……寻求合作”：“电池革命”，《波士顿环球报》，2011 年 5 月 22 日。

182 亚当·贾菲的一项研究发现：贾菲，“学术研究的真正影响”。

186 1933 年至 1958 年：300 亿美元以 2010 年价格测算。

186 “在实践中，它们的效果很糟糕”：雅各布斯，“TVA 为什么失败”。

186 我和我的同事帕特·克莱恩（Pat Kline）：克莱恩和莫雷迪，“地方经济发展、集聚经济和大推动”。

187 细想一下波特兰：这三种情况在迈尔（Mayer）“引导高科技”一文中有详细的描述。

187 正如布鲁金斯学会（Brookings Institution）最近的一项研究指出的那样：同上。迈尔补充道，近年来，公共政策变得更为重要。地方企业开始倡导公共政策的改变，在某些情况下，它们成功争取到了公民领袖的参与。例如，随着创新企业在波特兰、博伊西和堪萨斯城扩大规模，它们开始寻找更多的技术工人，并且更加依赖大学的研究。不过，在所有情况下，政策变化都需要时间。以技术为基础的都市经济发展必然需要长期的努力。

189 “扔飞盘而不撞上”：瓦拉（Vara），“清洁技术来了，回报有限”。

190 在上个年代初期：在全球范围内，燃料电池和太阳能、风能和地热能的创新专利申请在 9 年内增长了近 5 倍，从 2000 年的 584 个增加到 2009 年的 3424 个。太阳能在这一增长中占了最大的份额，日本发明家创造了最多的太阳能和燃料电池技术专利，美国的发明家创造了最大数量的风能专利。参见世界知识产权组织，《世界知识产权指标》，2010 年。

190 虽然一直在增长：瓦拉，“绿色能源的红旗”。

190 正如我的同事……所指出的：博伦斯坦（Borenstein），“可再生能源发电的私人和公共经济学”。

191 很多美国公司把总部：贝克（Baker），“美国太阳能公司在安装方面领先”。

191 清洁技术公司数量……如今的 25 家：瓦拉，“清洁技术来了”。

193 我和两位同事研究了：格林斯通（Greenstone）、霍恩贝克（Hornbeck）和莫雷迪，“识别集聚的溢出效应”；格林斯通和莫雷迪，“竞标工厂”。

194 2010 年……三人经济学家团队：布索（Busso）、格雷戈里（Gregory）和克莱恩，“评估一项著名的区位导向性政策的影响和效率”。

196 假设创造的大多数工作岗位：以我在写作时（2011 年）可以获得的论文的最新版本为依据进行测算。收益率的计算方法为比较居民和非居民工资收入的年增加额和联邦纳税人在此项目上的总支出（6 亿美元）与一个系数的乘积，考虑到征税有关的效率损失，系数值等于 1.3。上述计算方法假定受项目影响的工人的劳动的影子价格为零。鉴于该项目面向的是高失业率地区，这种假设并非不切实际。

第七章　新“人力资本世纪”

202 在迄今为止最为严格的一项研究中：布鲁姆（Bloom）、尚克曼（Schankerman）和范·里宁，“识别技术溢出和产品市场竞争”。同样可参照格里菲斯、哈里森（Harrison）和范·里宁，“特殊关系有多特殊？”以及莱孔（Lychagin）、平斯克（Pinske）、斯莱德（Slade）和范·里宁，“空间溢出效应”。

203 布鲁姆和范·里宁的研究：布鲁姆、尚克曼和范·里宁，“识别技术溢出和产品市场竞争”。

204 表 4 显示了：我的数据是基于美国人口普查局的人口普查数据和社区调查数据。

206 如果我们从数据中删除所有的 CEO：事实上，我在这里使用的人口普查数据中的收入数据是经过高位编码的，这意味着收入大于 30 万美元被视为等同 30 万美元。这样做的目的是保护被调查者的隐私。如果没有经过高位编码，人们将很容易从普查数据中找到那些收入非常高的人。但是，高位编码的一个副作用就是那些非常高的收入对这里的数字没有影响。

206 在美国……工资不平等都上升了：奥特尔（Autor），“美国劳动力市场的工作机会极化”。

206 在一本非常著名的书中，哈佛大学经济学家：戈尔丁（Goldin）和卡茨（Kakz），《教育和科技之间的赛跑》。

208 2011 年，上大学的前期花费：格林斯通和鲁尼（Looney），“哪里是投资 10.2 万美元的最好地方？”

208 在 22 岁时两者间的收入差距很大：同上。这些平均值既包括了有工作的群体，也包括了那些没有工作、没有薪水的群体，所以，这些平均值不仅仅反映了收入水平的差异，也反映了失业率的差异。

210 当米歇尔·格林斯通（Michael Greenstone）和亚当·鲁尼（Adam Looney）两位学者：同上。

210 在一个基于 200 万位母亲的有代表性的样本的研究中：克里和莫雷迪，“母亲的教育水平和人力资本的代际传递”。

211 在和兰斯·洛克纳（Lance Lochner）的研究中：洛克纳和莫雷迪，“论教育对犯罪的影响”。

212 “技能产生技能”：赫克曼（Heckman），“促进人力资本的政策”。

216 “高中毕业率的下降”：赫克曼和拉方丹（LaFontaine），“美国高中毕业率的下降”。

217 “我们无法找到”：萨缪尔森（Samuelson），“高技能的工作比比皆是”。

217 在最近的一项调查中：里德尔，“东海湾学校的目标是不断更新生物技术劳动力”。

218 然而，移民拥有很低教育水平的可能性也更大：例如，在《教育和科技之间的赛跑》中，戈尔丁和卡茨指出，17% 的移民上学时间不足 9 年，而相比之下，仅有 1% 的当地人上学时间少于 9 年。

219 2010 年，珍妮弗·亨特（Jennifer Hunt）和马巧莲·克里斯托弗（Marjolaine Gauthier-Loiselle）发表了：亨特和克里斯托弗，“移民在多大程度上促进了创新？”。

221 但是在 2011 年，经济学家威廉·克尔（William Kerr）：克尔，“美国少数民族发明家的聚集”。

221 20 世纪 90 年代，有超过一百万：对传统制造业的估计指向了相反的效果。参照帕斯曼（Paserman），“高技能移民提高了生产率吗？”。

222 日本的经验则刚好相反：阿罗拉（Arora）、布兰特斯特（Bransetter）和德雷夫（Drev），“向软件转型”。

223 对于美国员工来说更重要的是：所有数据来自克尔，“美国少数民族发明家的聚集”。

224 珍妮弗·亨特最近的研究：亨特，“哪类移民最具创新和创业精神？”。

228 “没错，很多事情”：洛尔（Lohr），“科技和交通塑造的硅谷”。

参考文献

Adams, James D., and Adam B. Jaffe. "Bounding the Effects of R&D: An Investigation Using Matched Establishment-Firm Data." *Rand Journal of Economics* 27, no. 4 (Winter 1996): 700–21.

Alexopoulos, Michelle. "Read All About It!! What Happens Following a Technology Shock?" *American Economic Review* 101, no. 4 (June 2011):1144–79.

Arora, Ashish, Lee G. Bransetter, and Matej Drev. "Going Soft: How the Rise of Software Based Innovation Led to the Decline of Japan's IT Industry and the Resurgence of Silicon Valley." Working Paper 16156. National Bureau of Economics, July 2010.

Atkinson, Robert D., and Paul D. Gottlieb. "The Metropolitan New Economy Index." Progressive Policy Institute, Case Western Reserve University, 2001.

Autor, David. "The Polarization of Job Opportunities in the U.S. Labor Market: Implications for Employment and Earnings." Center for American Progress and the Hamilton Project, May 2010.

Autor, David H., and David Dorn. "The Growth of Low-Skill Service Jobs and the Polarization of the U.S. Labor Market." NBER Working Paper 15150. National Bureau of Economic Research, July 2009.

Autor, David H., David Dorn, and Gordon Hanson. "The China Syndrome: Local Labor Market Impacts of Import Competition in the United States." March 2011.

Autor, David H., Lawrence F. Katz, and Melissa S. Kearney. "The Polarization of the U.S. Labor Market." *American Economic Review* 96, no. 2 (May 2006): 189–94.

Autor, David H., Frank Levy, and Richard J. Murnane. "The Skill Content of Recent Technological Change: An Empirical Exploration." *Quarterly Journal of Economics* 118, no. 4 (November 2003): 1279–1334.

Azoulay, Pierre, Joshua S. Graff Zivin, and Jialan Wang. "Superstar Extinction." NBER Working Paper 14577. National Bureau of Economic Research, December 2008.

Baker, David R. "U.S. Solar Firms Lead in Installation." *San Francisco Chronicle*,September 24, 2011.

Balasubramanian, Natarajan, and Jagadeesh Sivadasan. "What Happens When Firms Patent? New Evidence from U.S. Manufacturing Census Data." *Review of Economics and Statistics* 93, no. 1 (February 2011):126–46.

Barboza, David. "As China Grows, So Does Its Appetite for American-Made Products." *New York Times*, April 7, 2011.

Basker, Emek. "Selling a Cheaper Mousetrap: Wal-Mart's Effect on Retail Prices." *Journal of Urban Economics* 58, no. 2 (September 2005): 203–29.

Baumgardner, James R. "The Division of Labor, Local Markets, and Worker Organization." *Journal of Political Economy* 96, no. 3 (June 1988):509–27.

———. "Physicians' Services and the Division of Labor Across Local Markets." *Journal of Political Economy* 96, no. 5 (October 1988): 948–82.

Becker, Gary S. *Human Capital: A Theoretical and Empirical Analysis, with Special Reference to Education*. New York: Columbia University Press, 1964.

Belenzon, Sharon, and Mark Schankerman. "Spreading the Word: Geography, Policy and University Knowledge Diffusion." CEPR Discussion Paper 8002. Centre for Economic Policy Research, September 2010.

Bishop, Bill. *The Big Sort: Why the Clustering of Like-Minded America Is Tearing Us Apart*. Boston: Houghton Miffl in Harcourt, 2008.

Bleakley, Hoyt, and Jeffrey Lin. "Thick-Market Effects and Churning in the Labor Market: Evidence from U.S. Cities." FRB of Philadelphia Working Paper 07-23. Philadelphia: Federal Reserve Bank, October 2007.

Bloom, Nicholas, Mirko Draca, and John Van Reenen. "Trade Induced Technical Change: The Impact of Chinese Imports on Innovation, Diffusion IT and Productivity." NBER Working Paper 16717. National Bureau of Economic Research, January 2011.

Bloom, Nicholas, Mark Schankerman, and John Van Reenen. "Identifying Technology Spillovers and Product Market Rivalry." NBER Working Paper 13060. National Bureau of Economic Research, April 2007.

Borenstein, Severin. "The Private and Public Economics of Renewable Electricity Generation." NBER Working Paper 17695. National Bureau of Economic Research, December 2011.

Bound, John, Jeffrey Groen, Gábor Kézdi, and Sarah Turner. "Trade in University Training: Cross-State Variation in the Production and Use of College-Educated Labor." *Journal of Econometrics* 121 (2004): 143–73.

Broda, Christian, and John Romalis. "The Welfare Implications of Rising Price Dispersion." Chicago: University of Chicago, 2010.

Busso, Matias, Jesse Gregory, and Patrick M. Kline. "Assessing the Incidence and Effi ciency of a Prominent Place Based Policy." NBER Working Paper 16096. National Bureau of Economic Research, June 2010.

Calvey, Mark. "Bay Area Startups Court Cash-strapped, Creditworthy." *San Francisco Business Times*, February 10, 2012.

Card, David, Kevin F. Hallock, and Enrico Moretti. "The Geography of Giving: The Effect of Corporate Headquarters on Local Charities." *Journal of Public Economics* 94, no. 3–4 (2010): 222–34.

Card, David, and Enrico Moretti. "Does Voting Technology Affect Election Outcomes? Touch-screen Voting and the 2004 Presidential Elections." *Review of Economics and Statistics* 89, no. 4 (November 2007): 660–73.

Carrell, Scott, Mark Hoekstra, and James E. West. "Is Poor Fitness Contagious? Evidence from Randomly Assigned Friends." *Journal of Public Economics* 95, no. 7–8 (August 2011): 657–63.

Clark, Don. "Overseas Tech Firms Ramp Up Hiring in Silicon Valley." *Wall Street Journal*, June 23, 2011.

Cockburn, Iain M., and Matthew J. Slaughter. "The Global Location of Biopharmaceutical Knowledge Activity: New Findings, New Questions." In Josh Lerner and Scott Stern, eds., *Innovation Policy and the Economy*, Vol. 10, pp. 129–57. Chicago: University of Chicago Press, 2010.

Costa, Dora L., and Matthew E. Kahn. "Power Couples: Changes in the Locational Choice of the College-Educated, 1940–1990." *Quarterly Journal of Economics* 115, no. 4 (November 2000): 1287–1315.

Currie, Janet, and Enrico Moretti. "Mother's Education and the Intergenerational Transmission of Human Capital: Evidence from College Openings." *Quarterly Journal of Economics* 118, no. 4 (2003): 1495–1532.

Delo, Stacey B. "When the Car-Rental Fleet Is Parked in Your Driveway." *Wall Street Journal*, May 19, 2011.

Echeverri-Carroll, Elsie. "Economic Growth and Linkage with Silicon Valley." *Texas Business Review*, December 2004.

Eicher, Theo. "The Microsoft Economic Impact Study." Seattle: Microsoft Corporation, March 2010.

Fallows, James. "China Makes, the World Takes." *The Atlantic*, July 2007.

Ferrie, Joe. "Internal Migration." In Susan B. Carter et al., eds., *Historical Statistics of the United States: Millennial Edition*. New York: Cambridge University Press, 2003.

Fletcher, Jason M. "Social Interactions and Smoking: Evidence Using Multiple Student Cohorts, Instrumental Variables, and School Fixed Effects." *Health Economics* 19, no. 4 (April 2010): 466–84.

Florida, Richard. *The Rise of the Creative Class: And How It's Transforming Work, Leisure, Community and Everyday Life*. New York: Basic, 2002.

Friedman, Milton. *Capitalism and Freedom*. Chicago: University of Chicago Press, 1962.

Gelles, David. "All Roads Lead to the Valley." *Financial Times*, May 18, 2009.

Glaeser, Edward, and Jacob Vigdor. "The End of the Segregated Century: Racial Separation in America's Neighborhoods, 1890–2010." Civic Report 66. Manhattan Institute for Policy Research, January 2012.

Glaeser, Edward L. *Triumph of the City: How Our Greatest Invention Makes Us Richer, Smarter, Greener, Healthier, and Happier*. New York: Penguin, 2011.

Glaeser, Edward L., Joseph Gyourko, and Raven Saks. "Why Is Manhattan So Expensive? Regulation and the Rise in House Prices." *Journal of Law and Economics* 48, no. 2 (October 2005): 331–69.

Glaeser, Edward L., and Kristina Tobio. "The Rise of the Sunbelt." NBER Working Paper 13071. National Bureau of Economic Research, April 2007.

Glaeser, Edward L., and Bryce A. Ward. "The Causes and Consequences of Land Use Regulation: Evidence from Greater Boston." *Journal of Urban Economics* 65 (2009): 265–78.

Goldin, Claudia, and Lawrence F. Katz. *The Race Between Education and Technology*. Cambridge, Mass.: Belknap/Harvard University Press, 2008.

Greenstone, Michael, Rick Hornbeck, and Enrico Moretti. "Identifying Agglomeration Spillovers: Evidence from Winners and Losers of Large Plant Openings." *Journal of Political Economy* 118, no. 3 (2010): 536–98.

Greenstone, Michael, and Adam Looney. "Where Is the Best Place to Invest $102,000 — In Stocks, Bonds, or a College Degree?" Hamilton Project, Brookings Institution, June 2011.

Greenstone, Michael, and Enrico Moretti. "Bidding for Industrial Plants: Does Winning a 'Million Dollar Plant' Increase Welfare?" NBER Working Paper 9844. National Bureau of Economic Research, July 2003.

Gregg, Paul, and Stephen Machin. "Child Development and Success or Failure in the Youth Labor Market." In David G. Blanchfl ower and Richard B. Freeman, eds., *Youth Employment and Joblessness in Advanced Countries*, pp. 247–88. Chicago: University of Chicago Press, 2000.

Gregg, Paul, Stephen Machin, and Alan Manning. "Mobility and Joblessness." In Richard Card, Richard Blundell, and Richard B. Freeman, eds., *Seeking a Premier Economy: The Economic Effects of British Economic Reforms, 1980–2000*, pp. 371–410. Cambridge, Mass.: NBER Books, 2004.

Griffith, Rachel, Rupert Harrison, and John Van Reenen. "How Special Is the Special Relationship?" *American Economic Review* 96, no. 5 (2006).

Grove, Andy. "How America Can Create Jobs." *Bloomberg Businessweek*, July 1, 2010.

Hall, Matthew, Audrey Singer, Gordon F. De Jong, and Deborah Roempke Graefe. "The Geography of Immigrant Skills: Educational Profi les of Metropolitan Areas." *State of Metropolitan America* 34. Washington, D.C.: Brookings Institution, 2011.

Hann, Il-Horn, Siva Viswanathan, and Byungwan Koh. "The Facebook App Economy." Center for Digital Innovation, Technology and Strategy, University of Maryland, September 11, 2011.

Hanson, Gordon H., Jr., Raymond J. Mataloni, and Matthew J. Slaughter. "Expansion Abroad and the Domestic Operations of U.S. Multinational Firms." 2003.

Heckman, James. "Policies to Foster Human Capital." *Research in Economics* 54 (2000): 3–56.

Heckman, James J., and Paul A. LaFontaine. "The Declining American High School Graduation Rate: Evidence, Sources, and Consequences." *NBER Reporter*, 2008, no. 1.

Helft, Miguel. "In Silicon Valley, Buying Companies for Their Engineers." *New York Times*, May 18, 2011.

Hoge, Patrick. "Help Desk Firm Solves Problem of How to Grow." *San Francisco Business Times*, October 2010.

Hunt, Jennifer. "Which Immigrants Are Most Innovative and Entrepreneurial? Distinctions by Entry Visa." *Journal of Labor Economics* 29, no. 3 (July 2011): 417–57.

Hunt, Jennifer, and Marjolaine Gauthier-Loiselle. "How Much Does Immigration Boost Innovation?" *American Economic Journal: Macroeconomics* 2, no. 2 (April 2010): 31–56.

Jacobs, Jane. "Why TVA Failed." *New York Review of Books*, May 10, 1984.

Jacobs, Karrie. "Made in Brooklyn." *Metropolis*, June 2010.

Jacoby, Jeff. "Made in the USA." *Boston Globe*, February 6, 2011.

Jaffe, Adam. "Real Effects of Academic Research." *American Economic Review* 79, no. 5 (1989): 957–70.

Jaffe, Adam, Manuel Trajtenberg, and Rebecca Henderson. "Geographic Localization of Knowledge Spillovers as Evidenced by Patent Citations." *Quarterly Journal of Economics* 108, no. 3 (August 1993): 577–98.

Kain, John F. "Housing Segregation, Negro Employment, and Metropolitan Decentralization." *Quarterly Journal of Economics* 82, no. 2 (May 1968): 175–97.

Kane, Yukari Iwatani. "Overseas Start-Ups Move In." *Wall Street Journal*, May 26, 2011.

Kerr, William R. "The Agglomeration of U.S. Ethnic Inventors." In Edward L. Glaeser, ed., *Agglomeration Economics*, pp. 237–76. Chicago: University of Chicago Press, 2010.

Kissack, Andrea. "Electric Vehicle Companies Tap Silicon Valley Cash." *Morning Edition*, NPR, October 13, 2010.

Klepper, Steven. "The Origin and Growth of Industry Clusters: The Making of Silicon Valley and Detroit." *Journal of Urban Economics* 61, no. 1 (January 2010): 15–32.

Kline, Patrick, and Enrico Moretti. "Local Economic Development, Agglomeration Economies and the Big Push: 100 Years of Evidence from the Tennessee Valley Authority." November 2011.

Kraemer, Kenneth L., Greg Linden, and Jason Dedrick. "Capturing Value in Global Networks: Apple's iPad and iPhone." July 2011.

Krueger, Dirk, Fabrizio Perri, Luigi Pistaferri, and Giovanni L. Violante. "Cross-Sectional Facts for Macroeconomists." *Review of Economic Dynamics* 13, no. 1 (January 2010): 1–14.

Kulkarni, Sandeep C., Alison Levin-Rector, Majid Ezzati, and Christopher J. L. Murray. "Falling Behind: Life Expectancy in U.S. Counties from 2000 to 2007 in an International Context." *Population Health Metrics* 9, no. 16 (June 2011).

Lee, Kyungjoon, John S. Brownstein, Richard G. Mills, and Isaac S. Kohane. "Does Collocation Inform the Impact of Collaboration?" *PLoS One* 5, no. 12 (December 2010).

Leuty, Ron. "SF Life Science Hub Lures East Coast Venture Firms." *San Francisco Business Times*, May 27–June 2, 2011.

Lin, Jeffrey. "Technological Adaptation, Cities, and New Work." *Review of Economics and Statistics* 93, no. 2 (May 2011): 554–74.

Lochner, Lance, and Enrico Moretti. "The Effect of Education on Crime: Evidence from Prison Inmates, Arrests and Self-Reports." *American Economic Review* 94, no. 1 (2004): 155–89.

Lohr, Steve. "Silicon Valley Shaped by Technology and Traffi c." *New York Times*, December 20, 2007.

Lucas, Robert. "On the Mechanics of Economic Development." *Journal of Monetary Economics* 22, no. 1 (July 1988): 3–42.

Ludwig, Jens, et al. "Neighborhoods, Obesity, and Diabetes — A Randomized Social Experiment." *New England Journal of Medicine* 365 (October 2011): 1509–19.

Lychagin, Sergey, Joris Pinske, Margaret E. Slade, and John Van Reenen. "Spillovers in Space: Does Geography Matter?" NBER Working Paper16188. National Bureau of Economic Research, July 2010.

Machin, Stephen, Pano Pelkonen, and Kjell G. Salvanes. "Education and Mobility." *Journal of the European Economic Association*, doi: 10.1111/j.1542-4774.2011.01048.x.

Mallaby, Sebastian. *More Money Than God: Hedge Funds and the Making of a New Elite*. New York: Penguin, 2010.

Manacorda, Marco, and Enrico Moretti. "Why Do Most Italian Youths Live with Their Parents? Intergenerational Transfers and Household Structure." *Journal of the European Economic Association* 4, no. 4 (June 2006): 800–29.

Manyika, James, and Charles Roxburgh. "The Great Transformer: The Impact of the Internet on Economic Growth and Prosperity." McKinsey Global Institute (2011).

Markusen, Ann, Peter Hall, Scott Campbell, and Sabina Deitrick. *The Rise of the Gun Belt: The Military Remapping of Industrial America*. New York: Oxford University Press, 1991.

Mas, Alexandre, and Enrico Moretti. "Peers at Work." *American Economic Review* 99, no. 1 (2009): 112–42.

———. "Racial Bias in the 2008 Presidential Election." *American Economic Review* 99, no. 2 (2009): 323–29.

Mattioli, Dana. "As Kodak Fades, Rochester Develops Other Businesses." *Wall Street Journal*, December 24, 2011.

Mayer, Heike. "Bootstrapping High-Tech: Evidence from Three Emerging High Technology Metropolitan Areas." Metropolitan Economy Initiative no. 10. Brookings Institution, June 2009.

Milligan, Kevin, Enrico Moretti, and Philip Oreopoulos. "Does Education Improve Citizenship? Evidence from the U.S. and the U.K." *Journal of Public Economics* 88, no. 9–10 (2004): 1667–95.

Moretti, Enrico. "Estimating the Social Return to Higher Education: Evidence from Longitudinal and Repeated Cross-Sectional Data." *Journal of Econometrics* 121, no. 1–2 (2004): 175–212.

———. "Local Labor Markets." In Orley Ashenfelter and David Card, eds., *Handbook of Labor Economics*, Vol. 4B, pp. 1237–1313. London: Elsevier, 2011.

———. "Local Multipliers." *American Economic Review* 100, no. 2 (May 2010): 373–77.

———. "Real Wage Inequality." NBER Working Paper 14370. National Bureau of Economic Research, 2008.

———. "Social Learning and Peer Effects in Consumption: Evidence from Movie Sales." *Review of Economic Studies*, forthcoming.

———. "Workers' Education, Spillovers and Productivity: Evidence from Plant-Level Production Functions." *American Economic Review* 94, no. 3 (2004): 656–90.

National Academy of Engineering, Committee on the Offshoring of Engineering. *The Offshoring of Engineering: Facts, Unknowns, and Potential Implications*. Washington, D.C.: National Academies Press, 2009.

Paserman, M. Daniele. "Do High-Skill Immigrants Raise Productivity? Evidence from Israeli Manufacturing Firms, 1990–1999." Discussion Paper 6896. Centre for Economic Policy Research, July 2008.

Pélissié du Rausas, Matthieu, et al. "Internet Matters: The Net's Sweeping Impact on Growth, Jobs and Prosperity." McKinsey Global Institute, May 2011.

Powell, Walter, Kjersten Whittington, and Kelley Packalen. "Organizational and Institutional Genesis: The Emergence of High-Tech Clusters in the Life Sciences." In John F. Padgett and Walter W. Powell, eds., *The Emergence of Organizations and Markets*. Princeton, N.J.: Princeton University Press, forthcoming.

Riddell, Lindsay. "East Bay Schools Aim to Refresh Biotech Labor Pool." *San Francisco Business Times*, April 22–28, 2011.

Samuelson, Kristin. "High-Skill Job Openings Abound." *Chicago Tribune*, October 3, 2011.

Schumpeter, Joseph. *Capitalism, Socialism, and Democracy*. New York: Harper and Brothers, 1942.

Scott, Allen. "Origins and Growth of the Hollywood Motion-Picture Industry: The First Decade." In Pontus Braunerhjelm and Maryann P. Feldman, eds., *Cluster Genesis: Technology-Based Industrial Development*, pp. 17–37. London: Oxford University Press, 2006.

Sieg, Holger, V. Kerry Smith, H. Spencer Banzhaf, and Randy Walsh. "Estimating the General Equilibrium Benefi ts of Large Changes in Spatially Delineated Public Goods." *International Economic Review* 45, no. 4 (November 2004): 1047–77.

Sorenson, Olav, and Toby E. Stuart. "Syndication Networks and the Spatial Distribution of Venture Capital Investment." *American Journal of Sociology* 106, no. 6 (May 2001): 1546–88.

Tam, Pui-Wing. "Technology Companies Look Beyond Region for New Hires." *Wall Street Journal*, September 23, 2010.

Thiel, Peter. "The End of the Future." *National Review*, October 3, 2011.

Thompson, Peter. "Patent Citations and the Geography of Knowledge Spillovers: Evidence from Inventor- and Examiner-added Citations." *Review of Economics and Statistics* 88, no. 2 (May 2006): 383–88.

Tice, Carol. "Geeks of a Feather." *Washington CEO*, March 2008.

U.S. Bureau of Labor Statistics. "Career Guide to Industries, 2010–2011 Edition." 2011.

———. "Industry Output and Employment Projections to 2018." *Monthly Labor Review*, November 2009.

———. "Occupational Employment Projections to 2018." *Monthly Labor Review*, November 2009.

———. *Occupational Outlook Handbook*. 2010–2011.

U.S. Patent and Trademark Offi ce, Technology Assessment and Forecast Branch. "United States Patent Grants — Number of Grants per 100,000 Population, by Metropolitan Area, 1998."

Van Reenen, John. "The Creation and Capture of Rents: Wages and Innovation in a Panel of U.K. Companies." *Quarterly Journal of Economics* 11, no. 1 (February 1996): 195–226.

Vara, Vauhini. "Clean Tech Arrives, with Limited Payoff." *Wall Street Journal*, January 20, 2011.

———. "Red Flags for Green Energy." *Wall Street Journal*, October 12, 2011.

Wessel, David. "Big U.S. Firms Shift Hiring Abroad." *Wall Street Journal*, April 19, 2011.

———. "The Factory Floor Has a Ceiling on Job Creation." *Wall Street Journal*, January 12, 2012.

Wheeler, Christopher H. "Cities and the Growth of Wages Among Young Workers: Evidence from the NLSY." *Journal of Urban Economics* 60, no. 2 (September 2006): 162–84.

———. "Job Flows and Productivity Dynamics: Evidence from U.S. Manufacturing." *Macroeconomics Dynamics* 11, no. 2 (April 2007): 175–201.

———. "Local Market Scale and the Pattern of Job Changes Among Young Men." *Regional Science and Urban Economics* 38, no. 2 (March 2008): 101–18.

Wilson, William Julius. *The Truly Disadvantaged: The Inner City, the Underclass, and Public Policy*. Chicago: University of Chicago Press, 1987.

Wozniak, Abigail. "Are College Graduates More Responsive to Distant Labor Market Opportunities?" *Journal of Human Resources* 45, no. 4 (Fall 2010): 944–70.

Zucker, Lynne G., and Michael R. Darby. "Capturing Technological Opportunity via Japan's Star Scientists: Evidence from Japanese Firms' Biotech Patents and Products." *Journal of Technology Transfer* 26, no. 1–2 (January 2001): 37–58.

———. "Movement of Star Scientists and Engineers and High-Tech Firm Entry." NBER Working Paper 12172. National Bureau of Economic Research, 2006.

———. "Present at the Biotechnological Revolution: Transformation of Technological Identity for a Large Incumbent Pharmaceutical Firm." *Research Policy* 26, no. 4–5 (December 1997): 429–46.

Zucker, Lynne G., Michael R. Darby, and Jeff S. Armstrong. "Commercializing Knowledge: University Science, Knowledge Capture and Firm Performance in Biotechnology." *Management Science* 48, no. 1 (January 2002): 138–53.

———. "Geographically Localized Knowledge: Spillovers or Markets?" *Economic Inquiry* 36, no. 1 (January 1998): 65–86.

Zucker, Lynne G., Michael R. Darby, and Marilynn B. Brewer. "Intellectual Human Capital and the Birth of U.S. Biotechnology Enterprises." *American Economic Review* 88, no. 1 (March 1998): 290–306.

Zucker, Lynne G., et al. "Minerva Unbound: Knowledge Stocks, Knowledge Flows and New Knowledge Production." *Research Policy* 36, no. 6 (July 2007): 850–63.